AMAZÔNIA
ARQUIVO DAS ALMAS

AMAZÔNIA
ARQUIVO DAS ALMAS

PAUL FABIEN

© Publicado em 2013 pela Editora Isis Ltda.

Supervisor geral: Gustavo L. Caballero
Ilustração da capa: Raqsonu
Revisão e leitura crítica: Gustavo Drago e Nelson Magrini
Apoio: Anderson Barges, Juliana Schettino, Italo Cassini, Nana B. Poetisa, Alex Silva
Capa e diagramação: Décio Lopes

DADOS DE CATALOGAÇÃO DA PUBLICAÇÃO

Fabine, Paul
Amazônia – Arquivo das Almas/Paul Fabien | 1ª edição | São Paulo, SP | Editora Isis, 2013.

ISBN: 978-85-8189-025-8

1. Romance 2. Literatura Brasileira I. Título.

Proibida a reprodução total ou parcial desta obra, de qualquer forma ou por qualquer meio seja eletrônico ou mecânico, inclusive por meio de processos xerográficos, incluindo ainda o uso da internet sem a permissão expressa da Editora Isis, na pessoa de seu editor (Lei nº 9.610, de 19.02.1998).

Direitos exclusivos reservados para Editora Isis

Sumário

1. Base-Torre 7
2. Vitã na Tribo 10
3. Passeio no Pão de Açúcar 17
4. Espírito dos Antigos 22
5. Despedida 26
6. Vitã Encontra Lemos 29
7. Uma Questão de Conduta 32
8. Reunião na Base-Torre 40
9. Missão Japurá 47
10. Sib 41 e o Clone Transgênico 57
11. Tribo em Chamas 75
12. O Conselheiro 96
13. Base de Japurá 104
14. Jantar em Japurá 111
15. Voo Sobre o Deserto 117
16. Miriti-Paraná 126
17. Pousando em Abisinia 137
18. Perante o Imperador 139
19. Base Inimiga 145
20. Em Corredor Inimigo 177

21. Arquivo das Almas 181
22. O Voo do Milênio 214
23. Fuga de Abisinia 225
24. O Bem e o Mal 257
25. Ataque na Torre 288
Epílogo 328

1
Base-Torre

Do centro da Floresta Amazônica espalhava-se um extenso manto verde. Naquele paraíso, tudo estava sempre tranquilo. O solo era repleto de riquezas minerais e dele brotavam árvores enormes, centenárias e até raras. Gigantescos rios cruzavam a mata e abasteciam todo o ecossistema. As mais variadas espécies de animais eram vistas por lá.

Os animais terrestres corriam em busca de suas presas, como a onça negra que, se esgueirando por trechos escuros, espreitava sua próxima vítima. Pássaros carnívoros riscavam rapidamente o ar atrás de pequenas espécies da cadeia alimentar. Uma cobra de pele esverdeada e escamosa arrastava-se por entre pedras e raízes, e se escondia por trás da névoa úmida do amanhecer. Os humanos daquela área se agrupavam em alguns pontos isolados e, por isso, era difícil vê-los, exceto quando estavam em busca de vegetais, frutos ou de caças. No resto do planeta não existia mais tamanha biodiversidade. A evolução da humanidade devastara tudo.

Era exatamente nesse cenário utópico e fascinante que se localizava a mega-arquitetura de defesa, a surpreendente base-torre de Codajás, uma inimaginável fortaleza militar de 200 andares. Em seu lado externo, milhares de aeronaves trafegavam em suas missões, saindo do subsolo e zunindo como se fossem insetos gigantes. Em volta de toda a base-torre havia armas de defesa dos mais variados tipos, como canhões de plasma, mísseis e tanques, além de um grande contingente de soldados e um sistema intrincado que protegia todo aquele perímetro.

No lado interno havia milhares de departamentos, civis e militares, e amplos corredores bem climatizados que, graças a uma arquitetura avançada, se interligavam harmonicamente. O verde da natureza predominava em todos os andares. Cientistas renomados e militares de várias patentes conviviam naquele ambiente. Todos os setores da estrutura visavam a elaboração de projetos em benefício da humanidade. Alguns programas eram de concepção mais complexa, enquanto outros, de fácil aplicação no dia a dia.

Num desses setores, no 190º andar, dentro do centro de pesquisas de biotecnologia, encontrava-se o comandante Lemos, homem de idade avançada, possuidor de uma experiência notável, adquirida através de seus 36 anos nas Forças Armadas. De cabelos e barba grisalhos, ele impunha respeito. Percebia-se no seu olhar as características de uma pessoa rígida, e todos sabiam que ele respirava disciplina e segurança. Lemos estava muito elegante, usando seu uniforme militar com traços futurísticos.

Ele se dirigiu em direção a um dos elevadores, sendo saudado por todos à volta. No caminho, Lemos recebeu um sinal do seu aparelho de comunicação, retirou o pequeno mecanismo da cintura e ativou a tela, que se expandiu, mostrando a imagem de um oficial.

– O que houve, tenente? – perguntou Lemos, apreensivo.

– Senhor, os cientistas da área de botânica pedem permissão para participar da reunião.

– Nelson, eu conheço bem esses pesquisadores e não gostaria de ficar discutindo vegetais transgênicos da classe 3 com eles. Eu sei que essas plantas não produzem mais alergias e nem geram mutações nos insetos polinizadores, mas espero que, em breve, a Amazônia possa suprir e substituir essas culturas patenteadas. Entretanto, apesar dessa minha posição, infelizmente, tenho que permitir que esses pesquisadores participem da reunião. Mas... transmita a eles a minha insatisfação sobre o assunto.

– Sim, senhor! Vou encontrá-los agora e informar que seus nomes estarão incluídos na reunião de amanhã.

– Obrigado – ele agradeceu. – Tenente, antes que eu me esqueça... por favor, localize a major Helena e o major Vitã. Quero saber onde eles estão.

– Entendido, senhor. Mais alguma ordem?

– Não... por hora é só.

A imagem do tenente-coronel desapareceu do comunicador.

Ainda em frente ao elevador, o comandante encaixou o aparelho no seu cinto eletrônico e disse:

– Aqui é o comandante Lemos. Desejo ir para a central, agora!

O elevador reconheceu a presença do comandante e obedeceu a sua ordem, transmitindo uma mensagem em voz metálica:

– Boa tarde, comandante No momento, estou no 20º andar, com 70 passageiros e subindo. Devo passar pelo senhor daqui a cinco minutos. Deseja ver imagens?

– Sim.

O sistema ativou um pequeno projetor holográfico, embutido na parede, e cenas de bichos da Amazônia foram expostas para o comandante, que se distraiu vendo aquelas imagens flutuantes.

Alguns segundos se passaram e o comunicador tornou-se ativo novamente, atraindo a atenção do comandante que o desencaixou de seu cinto.

– O que houve, Nelson? – perguntou. – Entrou em contato com os oficiais?

– Sim, comandante. Acionei os satélites de rastreamento e tenho a geoposição dos oficiais.

– Pode dizer.

– A major Helena foi localizada no estado do Rio de Janeiro, no bairro-torre do Leblon. E o major Vitã, bem... está dentro de uma tribo indígena, a 80 quilômetros daqui. O senhor deseja que eu entre em contato com eles?

– Sim. Convoque-os para amanhã. Quero encontrá-los uma hora antes da reunião. Preciso urgentemente mostrar-lhes a missão da base de Japurá.

– Certo, senhor. Mais alguma ordem?

– Não... no momento, não. Estou subindo para a central, agora. Pode ir.

– Certo, senhor... desligando.

Novamente, a imagem do oficial desapareceu do comunicador portátil. Mais alguns segundos se passaram e o comandante finalmente entrou no elevador de inteligência artificial, seguindo até o andar desejado.

2

Vitã na Tribo

Malocas, ocas, canoas e artefatos de caça e pesca eram os instrumentos de sobrevivência dos filhos da terra. Vários apetrechos confeccionados manualmente auxiliavam e facilitavam suas vidas, uma vida sem muito conforto e tecnologia, mas com respeito à natureza.

De súbito, um pequeno veículo aéreo, sobrevoando o grande terreiro, se aproximou daquela tribo, atraindo a atenção de todos os indígenas.

– Grande Trovão! Grande Trovão chegou! – berravam os curumins, alegres, vendo a aeronave aterrissar no grande terreiro.

Os índios, curiosos, correram e se agruparam em volta da pequena nave. As portas do veículo se elevaram, dando passagem ao jovem major e suas amigas. Eles desembarcaram e o cacique surgiu, usando um belo cocar de penas de arara, aproximando-se dos visitantes, a face enfeitada por pequenos objetos modelados. Em seu lábio inferior, um disco artesanal de madeira. No pescoço, coloridos colares de sementes e dentes mostravam a sua importância. Ele era o chefe supremo da tribo.

O cacique segurou o antebraço esquerdo do forte major, o militar fazendo o mesmo, ambos se cumprimentando, demonstrando sincero respeito e admiração.

– Tupã, na sua luz, trazer Trovão da Mata para perto de nós.

– Cacique Araripe! Meu coração se alegra em voltar aqui e ver vocês! – disse Vitã.

– Eu sinto o mesmo, Vitã. Quem é a mulher?

– Araripe, esta é minha amiga. Ela se chama Marisa. E esta pequena criança é a cria dela.

– Sim, Trovão! – assentiu o chefe da tribo. – Você sempre chega na hora certa – ele sorriu.

– Araripe, eu tentei não me atrasar para a comemoração..

– Isso bom, Trovão, e vejo que esta cada vez mais forte. O que anda fazendo?

– Eu ando treinando muito na base. Preciso sempre estar em forma – comentou, olhando em volta.

– Venha... vamos para meio do terreiro. Você vai precisar da sua força hoje.

Vitã ficou curioso com a última frase do Cacique, que seguiu para o meio do terreiro lotado de indígenas.

Os curumins olhavam intrigados para a pequena menina branca, filha de Marisa. Alguns índios tateavam, impressionados, o veículo voador de Vitã, observando, com certo receio, as luzes que piscavam em seu interior. Não podia ser diferente... os visitantes eram uma atração à parte.

– Gostei da hora em que você disse *"esta pequena criança é a cria dela!"* – sussurrou Marisa, sorrindo.

– Desculpe. É um costume que tenho.

– Não... estou brincando com você, Vitã. – Ela fez uma pausa e depois comentou, colocando o braço sobre a cintura do jovem major – Eu não sabia que os índios o adoravam tanto.

– Ah, sim, isso? – perguntou, meio sem jeito. – É que praticamente cresci com eles. Ficava aqui o tempo todo, quando não estava no colégio militar. Meu pai trabalhou alguns anos nesta região, recolhendo artefatos arqueológicos, e sempre me deixava por aqui, quando pequeno. Ele confia muito nestes índios; são uma família para nós.

– Eu sei que seu pai é um grande arqueólogo – Marisa lhe sorriu. – Por onde ele anda agora?

– Meu pai? – Vitã soltou uma gargalhada. – Ele não para! O danado está em algum lugar da Turquia. Parece que ele e sua equipe descobriram vestígios de uma cidade subterrânea. Essas coisas impressionantes que bons arqueólogos fazem – Relatou, brincando com Daniela, que estava no colo de Marisa, agitada com as novidades.

– Hum... interessante. Então, por viver nessas tribos... – Marisa olhou ao redor, fascinada – você deve conhecer muito bem os costumes indígenas.

– Sim, conheço, e nos meus vinte e cinco anos de vida nunca vi a tradição deles ser modificada.

– Graças à base torre, né?

– Sim, graças à base torre, também – respondeu, olhando à volta com satisfação. – Este lugar em especial é meu refúgio.

– Entendi. E por que te chamam de Grande Trovão da Mata? – Perguntou, ajeitando a filha no colo, com a curiosidade estampada no rosto.

– Pensei que você tivesse desconfiado – brincou Vitã. – Sempre que vinha do colégio militar, quebrava a barreira do som aqui por cima. Você precisa ver... faz um barulho danado, e eles vibram com isso! Daí o apelido. Mas venha, melhor irmos para perto deles. Depois te conto mais coisas – comentou, abraçando a amiga e sua filha, levando-as para perto do índios.

Em pouco tempo, o restante da tribo havia se agrupado em volta do terreiro, junto ao cacique e aos ilustres convidados. Iria começar a grande festa. Alguns índios enfeitados saíram de uma grande maloca; eles iam e vinham, soprando uma flauta de tamanho considerável. As índias os seguiam por trás, segurando em seus ombros, contagiadas pelo ritmo ritualístico.

Vitã sentou-se ao lado da amiga e do cacique, o casal observando toda a movimentação, com interesse. Ao findar do cerimonial, os indígenas retornaram à grande maloca e, em seguida, de dentro saíram quatro índios extremamente fortes, os corpos pintados com temas de guerra.

– Vitã, eles vão lutar? – perguntou Marisa.

– Vão, sim – respondeu. – Como percebeu?

– Notei as pinturas. São iguais a algumas que vi em um documentário.

– Isso mesmo, Marisa – respondeu, olhando para os temas de guerra pintados nos corpos dos indígenas que se aproximavam.

No meio do terreiro, os dois índios mais corpulentos já entravam em combate, cada um segurando os braços do outro, permanecendo assim por algum tempo, medindo forças. Inesperadamente, começaram a se arrastar de um lado para o outro, com os pés patinando no chão de terra batida.

De súbito, o mais robusto aplicou o primeiro golpe, forçando a queda do adversário, que se levantou rapidamente e reagiu com outro golpe, ainda com mais destreza, levando o mais robusto também ao chão. No entanto, o índio mais forte não se deu por vencido, conseguindo se levantar e derrubar em definitivo o adversário, dando fim àquele combate.

A tribo gritava com euforia, reverenciando o vencedor. Contudo, as vozes logo se calaram com a chegada do verdadeiro campeão invicto. Ao perceber quem se apresentava ao combate, o ganhador da luta se retirou, evitando desafiar o novo e enorme oponente, de quase dois metros de altura.

De súbito, o cacique se levantou e declarou em voz alta:

– Quero convocar para combate... O Guerreiro Trovão!

Neste momento, Vitã ficou surpreso, a amiga o encarando, intrigada.

– Poxa! Então foi por isso que ele falou que eu ia precisar da minha força? O cara vai me transformar em carne moída! – comentou, um tanto desconcertado.

Marisa, mesmo preocupada, achou graça da reação de Vitã.

– Vitã, se você quiser, pode dizer não. A escolha é sua – Marisa o lembrou, encarando-o.

– É claro que sim... mas adoro esses índios e não gostaria de desapontá-los. É um convite muito importante para eles.

– E agora, Vitã?

– Tudo bem... vou encarar essa! – decidiu, com firmeza no olhar.

– Pode ser perigoso! – alertou Marisa, preocupada e segurando o braço do amigo. – Tem certeza?

Naquele momento, a pequena Daniela se agarrou à perna de Vitã, e o major a puxou para o seu colo, sorrindo.

– Bonequinha, eu vou fazer um pouquinho de ginástica com o índio grandalhão. Daqui a pouco, eu volto, tá? – brincou ele.

– Tá bom, titio. Eu sei que o senhor vai vencer a luta, eu sei! – afirmou Daniela, confortando o major.

– Tá vendo? – disse, piscando para a amiga. – Ela está por dentro das coisas.

Marisa riu, e o major lhe entregou a garotinha e se afastou.

– Vitã, tenha cuidado!

Ele assentiu com a cabeça, se dirigindo até um dos cantos do terreiro. Alguns índios saíram da grande maloca, trazendo tintas naturais para a pintura do corpo. Vitã retirou sua roupa, expondo o físico forte e bem definido, e deixou que lhe decorassem o corpo com os mesmos temas de guerra.

Logo, a pele do major ganhou formas simbólicas. Ele vestiu uma pequena tanga, e os encarregados da preparação envolveram-lhe o joelho e o antebraço com correias de fibra vegetal. Estava tudo preparado, porém, antes do início da luta, o cacique chamou seu convidado e disse-lhe ao ouvido:

— Não esquecer, Grande Trovão. Mesmo sem Pássaro de Fogo, vencerá luta. Você ainda é jovem, mas tem o espírito dos antigos guerreiros — Ele o abraçou.

O major refletiu sobre as palavras do líder da tribo e se concentrou para o combate. Decidido, partiu na direção do truculento campeão indígena, bem mais alto e forte.

Em volta do terreiro, se encontravam reunidos vários índios de diferentes tribos, todos observando com reverência o grande acontecimento. O desafio fora lançado. O jovem major, o herói tecnológico, investiu contra o forte guerreiro das tribos.

Marisa, com a pequena Dani nos braços, se mostrava nervosa, com o início do combate. E não era pra menos, pois o major havia sido agarrado rapidamente pelo indígena, que lhe apertava os ossos do braço com demasiada pressão.

— É isso aí! Vamos nessa, seu rolo compressor! — disse Vitã, em tom sarcástico, tentando se livrar do primeiro golpe. — É só isso o que você sabe fazer?

Vitã tentava disfarçar a dor, em vão, deixando transparecer, em sua face, sinais de agonia.

— Meu Deus! Tenha cuidado, Vitã! — exclamou Marisa, quase em pânico.

— Vai, tio! O senhor vai conseguir! — gritava a pequena Daniela, se levantando e pulando no colo da mãe, para poder assistir melhor ao combate.

Vitã se esforçou e conseguiu se livrar do golpe, sofrendo uma nova investida, em seguida, porém, se esquivando com extrema habilidade. Ele girou e tentou dar um contragolpe com a perna no rival, mas este pulou, deixando o impacto se perder, e permaneceu em pé. Eles se atracaram ferozmente e, após alguns minutos, Vitã recebeu uma resposta poderosa. O índio imobilizou o seu antebraço e a coxa, desequilibrando-o, fazendo-o cair de joelhos no barro batido.

As fêmeas da tribo admiravam a força do campeão invicto. Vitã, já enfraquecido, se levantou bufando e tentou investir novamente contra o grandalhão. Deu mais uns golpes com a perna, uma para cada lado, mas novamente o índio escapou pulando para trás. Vitã bufou de novo e partiu alucinado de encontro ao adversário. Porém, acabou imobilizado mais uma vez. Ele arrastou o major de um lado para o outro, forçando-o ao chão. Diante daquele acontecimento, Daniela fechou seus olhos com as mãos soltando um lastimante "*ai, ai, ai, titio!*"

Vitã, de joelhos, muito fatigado e quase se entregando, lembrou-se do que o cacique lhe falara. Ele entendeu que mesmo sem os seus equipamentos militares de alta tecnologia teria que achar forças em seu interior para vencer aquele desafio. Então, o major apelou para o que lhe restou de energia, pensando em não desapontar as pessoas à sua volta e, principalmente, Daniela e o cacique da tribo. Fazendo uso da concentração das artes marciais que aprendera na base torre e pela força da emoção, ele conseguiu, cambaleante, ficar de pé mais uma vez. Os índios ao redor do combate sacudiram seus arcos e urraram, ao ver o que parecia impossível, Vitã se levantando.

O truculento campeão nem se importou com a persistência do adversário e partiu em sua direção para vencê-lo de uma vez, tendo certeza que já estava com a vitória assegurada. Antes disso, porém, o major extremamente concentrado em seus pensamentos o surpreendeu, indo ao seu encontro. Eles se chocaram e se golpearam. O representante dos filhos da terra, com extrema força, tentou agarrar o major novamente. Porém, Vitã parecendo revigorado, de maneira ágil girou em torno do índio, deixando-lhe perplexo com aquela investida.

O jovem major se aproveitou da ocasião e travou a sua perna no joelho do campeão e, com uma das mãos, segurou-lhe o ombro esquerdo, forçando sua queda. Sem perda de tempo, ele o agarrou por trás, imobilizando-o com uma espécie de chave de braço. O indígena se debateu em vão, não conseguindo se livrar. Vitã apertou ainda mais o golpe, e a única alternativa do adversário foi se render ao Grande Trovão da Mata, batendo com a mão no solo desesperadamente.

Todos os índios reunidos ficaram impressionados com a cena. Eles nunca tinham visto algo como aquilo. Ouviu-se, então, uma explosão de alegria, com gritos e pulos de euforia. A tribo, em peso, bradava a plenos pulmões:

– Trovão! Trovão! Trovão!

Eles comemoravam a vitória do herói.

Marisa foi ao encontro do amigo, que ofegava. Ele recebeu um forte e sincero abraço e um carinhoso beijo no rosto.

– Você está bem, titio? – perguntou a pequena Daniela.

– Estou! Viu? É por isso que eu digo que é bom comer legumes... – aconselhou Vitã, ao sentar-se exausto, amparando a garotinha.

Daniele sorriu encarando o major.

– Poxa! Eu fiquei muito nervosa com isso tudo! Você está se sentindo bem, mesmo? Não fraturou nada? – perguntou Marisa, muito preocupada.

– Eu estou legal, Marisa... já passei por coisas bem piores. Estou apenas cansado e com alguns arranhões... nada sério.

O índio, agora ex-invicto, levantou-se derrotado, limpando-se da poeira que impregnara o seu corpo durante a luta. Em pé, no meio do terreiro, olhou firme para o major. Ele sabia que tinha sido derrotado por um grande guerreiro.

O cacique se aproximou e disse:

– Eu ficar contente, Jovem Trovão, que você vencer luta. Você ter grande espírito de antigos guerreiros... eu sempre soube!

Vitã apenas lhe sorriu. Era difícil conter sua alegria

Araripe, então, muito satisfeito, levou o casal para dentro da grande maloca. Eles foram acompanhados por quase toda a risonha tribo. Enfim, a hora da merecida comemoração. Dentro, uma fartura de frutas, raízes, tapioca, mingau de banana, biju, peixes assados e algumas bebidas os aguardavam, complementando, com seus sabores, um dia deveras especial e inesquecível para a tribo. Afinal, Vitã era como se fosse um deles.

3

Passeio no Pão de Açúcar

Um jipe militar futurístico flutuava sobre os trilhos de energia dos gigantescos viadutos, carregando os três passageiros para o seu destino e desbravando aquele cenário superpovoado. Olhando para baixo, Helena tinha a impressão de estar vendo um enorme formigueiro.

Também pudera, o Rio de Janeiro estava repleto de bairros-torres altíssimos e, embaixo das torres, aglomerados de shopping centers. Era possível se ver, dali de cima, milhares de turistas entrando e saindo das lojas, transitando pelos numerosos corredores transparentes que uniam os megacentros de compras.

O mais impressionante naquele cenário eram as imensas cúpulas blindadas, suspensas uns 200 andares. Tais estruturas lembravam cogumelos gigantes e se interligavam através dos megaviadutos, formando rotas no ar. Esses caminhos eram as estradas dos veículos tecnológicos urbanos, como o jipe que transportava a major Helena.

Alguns caminhões, ao rodarem com propulsores antigos, produziam um forte ruído. Jovens irresponsáveis trafegavam velozmente em carros esportivos, com seus aparelhos de som no volume máximo. Na pista em que Helena estava havia um grande engarrafamento de veículos flutuantes. Do outro lado, no sentido contrário, buzinas eram disparadas, transformando o ambiente em uma verdadeira loucura.

Helena franziu a testa e serrou os dentes, com raiva daquele trânsito aéreo caótico. Dona Ena, sentindo a impaciência da sobrinha, colocou a mão sobre o seu ombro, assustando-a sem querer. Então, disse:

– Desculpa querida, não queria assustá-la assim, mas é que já estamos chegando ao morro do Pão de Açúcar – ela apontou em direção a ele. – Olha... veja!

Helena se virou rapidamente e olhou para onde a tia apontava, sentindo-se aliviada.

– Helena, vejo que você está meio tensa estes últimos dias – prosseguiu sua tia. – Quer conversar comigo?

– Tia... sinceramente... eu tenho que desabafar com a senhora...

– Diga, Helena... eu posso ajudar! Houve alguma coisa em Codajás?

– Não, a força aérea só me traz felicidade, e depois da academia militar e com as promoções, ando bem com a profissão.

– Eu sei, querida, mas então, o que está te deixando tão tristinha assim? – perguntou dona Ena, passando a mão no rosto da sobrinha

– Só estou aborrecida em ter que deixa pra lá mais um relacionamento frustrado – comentou, segurando a mão da tia.

– Nossa, vai me dizer que o Wilson falhou com você?

– Sim tia, nunca mais quero vê-lo! – seguiu ela, cabisbaixa. – Sabe o que ele teve a coragem de me dizer nesses últimos dias?

– O quê ele disse, querida?

– Ele teve a audácia de me dar a mesma desculpa, igual da última vez, de falar que o trabalho tinha acumulado naquele dia e que não sobrou tempo para ele ir ao teatro me encontrar.

– Mas querida, porque você acha que foi uma desculpa? Será que ele não estava mesmo atarefado? – disse, dando afagos.

– Eu andei chateada alguns dias e até tentei acreditar nisso. Se fosse real, não teria problema algum, eu iria entender a situação dele, mas infelizmente descobri a verdade.

– Poxa, minha filha, então, ele estava mentindo para você?

– Sim, fiquei sabendo através de uma amiga que ele estava saindo com a antiga namorada. Eles voltaram a ficar juntos, e eu, igual a uma boba, lhe esperando. Ai, que raiva! Não sei por que ele fez isso comigo, não consigo entender, e agora sinto raiva! Eu não gosto de sentir raiva! – disse Helena, com olhos lacrimejantes.

– Que coisa! – surpreendeu-se a tia. – Querida, não fique assim – disse dona Ena, alisando os cabelos da sobrinha, que deitou em seu colo.

– Ah, eu fiquei com muito ódio daquele idiota e pretendo passar um bom tempo sem arrumar namorado! Não quero atrapalhar minha carreira por causa dessas coisas.

– Mas querida, você não pode pensar assim. Você é jovem e estuda muito, precisa de alguém que a ame de verdade. Existem jovens sensatos que dariam tudo pelo seu amor, acredite! Não se guie pelo mau caráter de alguns.

– Não sei, não, tia, não consigo encontrar alguém bacana. Só queria uma pessoa legal e em quem eu pudesse confiar. Não gosto de aventuras, como fazem algumas de minhas colegas de trabalho, detesto isso. Acho que sou muito parecida com a senhora nesse sentido, que amou meu tio todos esses anos. Não quero saber de rapaz nenhum sem caráter. Melhor eu me concentrar só no trabalho e viver minha vida militar. É o melhor que faço.

– Helena, não fique assim, com toda essa raiva no coração. Você é uma jovem especial e merece uma pessoa especial, minha filha. Você estudou muito para vencer, e o que conseguiu na Força Aérea não é brincadeira, e não deve se martirizar pelas pessoas que não te merecem. Acredito que, quando menos você esperar, irá encontrar uma pessoa especial. Tem muita coisa boa para acontecer em sua vida, ainda. Apesar de tudo, você ainda é muito jovem. Às vezes, penso que tem mais idade do que aparenta, com suas conquistas e perseverança tão importantes. Não deixe que uma pessoa sem dignidade embaralhe seus pensamentos; você é especial, querida – disse dona Ena, acariciando e limpando as lágrimas do rosto da sobrinha.

– Minha tia, só a senhora mesmo para me livrar desses pensamentos.

– Tenha calma, querida, tudo irá se acertando com o tempo – disse dona Ena, afagando-lhe os cabelos.

– Eu te amo, tia – disse Helena, se recompondo e dando um beijo forte no rosto da tia

O veículo militar flutuante desceu por entre pontes colossais e parou na Praia Vermelha, em frente à bilheteria do Pão de Açúcar. Soldados abriram a porta do veículo. A major Helena, apesar de estar triste, era uma linda morena de olhos azuis, com apenas 24 anos, e trajava um belo vestido de tecido florido, com uma bolsa a tiracolo.

Ainda se recompondo, ela saiu do veículo junto com sua tia, de sessenta anos, uma senhora de rosto rosado e ar jovial. Mas antes que pudessem ingressar nos bondinhos seculares do Pão de Açúcar, o telefone de Helena chamou a sua atenção.

– Só um minuto, tia, deixe-me ver quem é – Helena pegou o telefone em sua bolsa.

A pequena tela do aparelho se projetou por meio de holografia, mostrando a imagem de um oficial fardado.

– Bom dia, tenente. Aconteceu alguma coisa? – perguntou.

– Bom dia, major Helena. O comandante achou necessária a sua presença aqui. Ele pede que você compareça à base, amanhã, às 11h40m.

Helena mordiscou os lábios, pensativa.

– Entendi, Nelson. Diga ao comandante que estarei na base torre no horário estipulado.

– Obrigado pela atenção, major Helena. Até amanhã.

– Até.

A imagem do oficial se diluiu na pequena tela de energia.

"Nossa! O Comandante quer me ver?", pensou Helena.

– O que houve, minha querida? Algum problema?

– Uma informação da base da Amazônia. Eles pedem para que eu esteja lá, amanhã.

– Poxa... não era para ficar 20 dias? Será que aconteceu algo de muito grave, minha filha? Se eles estão te chamando dessa forma, é porque deve ter havido, no mínimo, algum imprevisto.

– Nada, tia, deve ser algum equipamento a ser testado ou um novo treinamento de que devo participar, não se preocupe – a bela major permanecia pensativa.

– Será que é só isso mesmo, querida?

– Sim, tia, isso sempre acontece comigo lá em Codajás. Muito treinamento e novos equipamentos para serem testados. Melhor não pensarmos nisso agora. Não fique preocupada, vamos aproveitar para nos divertir bastante hoje – disfarçou Helena, desviando o assunto ao se apoiar no ombro da tia. – O que estávamos falando, mesmo?

– Minha querida sobrinha, eu gostaria de lhe fazer um pedido.

– Sim, faço que a senhora quiser – falou, tentando esboçar um sorriso.

– É o seguinte: já estamos aqui, será que depois do almoço poderíamos assistir à peça de teatro que está passando lá em cima, no morro do Pão de Açúcar? Sempre quis ver essa peça, mas nunca houve oportunidade. Ficaria muito contente de ir com você.

– Claro que sim, tia! Tudo o que eu mais quero no momento é ver a senhora feliz.

Dona Ena soltou um largo sorriso. Sabia que a sobrinha estava há meses tentando ver aquela peça e a abraçou. Ao lado de alguns turistas, ambas entraram no bondinho.

4
Espírito dos Antigos

As horas avançavam rapidamente na grande floresta tropical, trazendo a noite em seu rastro. Enquanto isso, de dentro da grande maloca, a maioria dos indígenas observava as ações poderosas do velho pajé da tribo, que executava suas artes de cura.

Ele recuperava um jovem guerreiro que acabara de lutar contra uma grande onça negra. A vítima apresentava febre, devido aos ferimentos causados pelas garras do animal. Ele suava bastante e balbuciava algumas palavras sem nexo. O cacique, agora ao lado de Vitã e suas amigas, acompanhava de perto. Ele sabia que as ervas medicinais e rezas do curandeiro nunca falharam, mesmo em momentos difíceis.

– Vitã... o que será que o pajé está falando para o índio? – perguntou Marisa, com Daniela no colo.

– É difícil saber o que eles falam exatamente. As artes mágicas só são reveladas para seus discípulos, quando os curandeiros estão perto de morrer.

O jovem deitado na rede, ainda suando bastante, começou a tremer. O experiente pajé colocou algumas folhas dentro de uma pequena cuia e as esmagou, criando um grosso caldo esverdeado.

O doente bebeu aquela poção com dificuldade, mas grato pelo auxílio do xamã.

De repente, todos os presentes àquele ritual de cura assistiram a algo surpreendente. O guerreiro se sentou na rede e, com os olhos vidrados, olhou alarmado para o cacique e para Vitã. O pajé percebeu que o jovem queria dizer algo e se aproximou dele. Ele segurou o seu ramo de folhas e o balançou, fazendo um tipo de prece. Colocou fogo nas folhas que estavam dentro de uma outra cuia e soltou bastante fumaça em volta do jovem indígena.

Enquanto isso, dentro da grande maloca, pairava um silêncio perturbador. O cacique seguia acompanhando tudo atenciosamente. Vitã e suas amigas também.

O jovem indígena, ainda sentado na rede, olhou para o curandeiro e lhe dirigiu palavras em dialeto nativo. Por alguns instantes, o ritual foi interrompido. Todos estavam apreensivos. O pajé, preocupado, pediu ao cacique para se aproximar.

– O que acontece, Yanã? Por que me chama?

– Recebi informação dos antigos espíritos da mata, através deste guerreiro – disse o xamã, enquanto fazia o jovem se deitar novamente na rede.

O cacique, recebendo aquele aviso, demonstrou espanto e preocupação.

– E o que antigos espíritos querem com esta tribo? – indagou, pegando no braço esquerdo do pajé.

O pajé respondeu usando o seu dialeto com o cacique:

– Antigos espíritos dizem que o coração da floresta será mortalmente ameaçado, como nunca fora antes. Daqui a algumas luas, grande demônio da nuvem negra tentará destruir mãe floresta e nossos irmãos. Haverá grande batalha no céu, e guerreiros da luz, guerreiros da grande torre, terão de lutar contra mal eterno que se aproxima!

Araripe escutou o relato e puxou Vitã para perto deles, a fim de que o major também pudesse ouvir as palavras de Yanã.

– O que houve? – perguntou o major, um pouco espantado.

O pajé, então, contou para ele a mensagem do índio ferido. Vitã ficou curioso com a informação, olhando para o indígena deitado na rede.

– Grande trovão – disse o cacique –, espíritos do além dizer que guerreiro terá forte combate. Proteja coração da floresta ameaçada, quando terceira lua vier.

Aquela revelação do cacique deixou Vitã intrigado. O jovem indígena, deitado na rede, parou de tremer e adormeceu com uma expressão suave em seu rosto.

– Terminei cura... o guerreiro ficará bom – disse o pajé, saindo da maloca.

Araripe também deixou a maloca, sendo acompanhado por quase toda a tribo.

– O que houve Vitã? Por que o cacique lhe chamou? – perguntou Marisa, curiosa, também saindo da grande maloca.

– Ele me passou uma informação esquisita.

– Sim... mas o que ele falou? – insistiu, impaciente.

– Ele disse algo sobre proteger o coração da floresta, que será ameaçado. E que vou lutar muito para defender essas coisas fantásticas, das quais eles sempre falam... Sei lá! – disfarçou Vitã, rindo e tentando distrair a atenção da amiga. Ele sabia que as previsões dos indígenas sempre eram corretas.

– Mamãe! Mamãe! Eu quero ir brincar! – pediu a pequena Daniela, puxando o braço de Marisa e interrompendo a conversa.

– Já é tarde, Daniela – disse Marisa. – Está na hora de você descansar.

– Mas mãe, eu queria brincar um pouco mais...

– Depois... depois, tá? – respondeu Marisa, carinhosamente.

Mais alguns segundos se passaram e o casal parou do lado de fora da grande maloca. Já era noite quando o telefone de Vitã soou, chamando sua atenção. Vitã o retirou da cintura, e sua tela se expandiu por meio de holografia, mostrando o rosto de um oficial fardado.

– Boa noite, major Vitã!

– Boa noite, Nelson. O que houve?

– Senhor, o comandante pede a sua presença para amanhã, às 11h40m. Ele quer conversar a respeito de uma importante missão que surgiu.

– Diga a ele que já estou saindo da tribo. Vou descansar e amanhã estarei aí, com certeza.

– Entendido, major.

A imagem do tenente desapareceu. Vitã guardou o telefone no bolso e se voltou para Marisa, que perguntava preocupada:

– Aconteceu alguma coisa?

– Não, nada de mais, Marisa, apenas rotina. Apesar de estar de folga, estou doido para voltar à ação – disse rindo e encarando a bela amiga.

De repente, o cacique se aproximou.

– Temos de ir embora, Araripe. Preciso descansar para uma nova missão pela manhã. Se importa se eu for agora?

– Não... mas antes, venha comigo, Trovão! – respondeu o cacique, carregando o major para um canto e lhe entregando um pequeno cordão, enfeitado com um símbolo que, na linguagem indígena, representava os grandes guerreiros.

– Mas cacique... – disse Vitã. – Isto é muito valioso!

– Trovão, você saber que é o melhor de todos guerreiros. Leve isto com você.

Vitã assentiu timidamente com um gesto de cabeça, se emocionando, em seguida, com a atitude do chefe da tribo. Segurou o amuleto e o apertou firmemente de encontro ao peito.

– Fico feliz... e farei sempre o melhor por essa gente e por toda a Amazônia!

Por fim, o major deu um forte abraço no cacique.

Vitã foi ao encontro de Marisa e se despediu de todos com um aceno, enquanto se dirigia à pequena aeronave esportiva. Após se acomodarem nos assentos, Marisa e a filha acenaram para os índios, dando adeus. Mais alguns segundos e o veículo começou a flutuar para fora da tribo. Uma enorme algazarra feita pelos índios foi ouvida com clareza, saudando os companheiros que partiam.

– Até mais, pessoal! – despediu-se Vitã, com o auxílio do amplificador vocal do veículo, imprimindo força aos motores.

O pequeno veículo levantou voo em noventa graus, acelerou e se distanciou da tribo, sobrevoando rapidamente as copas das árvores, rumo ao condomínio militar de Codajás. Vitã sabia que um novo desafio estava prestes a surgir. Talvez... o maior de toda a sua vida. E aquilo estava lhe deixando preocupado, muito preocupado.

5
Despedida

Eram 8 horas da noite, quando Helena desceu as escadas do casarão carregando duas malas eletrônicas. Dona Ena assistia a tevê holográfica e avistou a sobrinha, vindo apressada do andar de cima rumo à sala de estar.

– Minha filha, você precisa ir mesmo agora? Por que não fica e dorme aqui? – sugeriu a tia.

– Não posso. É melhor acordar na Amazônia – respondeu Helena, abraçando dona Ena.

– Minha querida, confesso que fiquei preocupada com o telefonema que recebeu de sua base ontem. Será mesmo só treinamento?

– Creio que sim; são tarefas muito importantes. Não dê importância a isso, tia – disse Helena, disfarçando a própria preocupação. – Gostei de ver a peça maravilhosa e os atores. Foi muito bom ir com a senhora.

– Querida, eu adorei ir ao teatro do Pão de Açúcar com você também.

As duas se abraçaram outra vez, porém, foram interrompidas pelo noticiário que acabava de começar na tevê holográfica. Helena apoiou sua cabeça no ombro da tia e prestou atenção ao repórter.

– Boa noite! O jornal "A Esfera" está no ar. E estas são as principais notícias de hoje...

Em seguida, a imagem trocou para uma bela repórter, que passou a fazer a narração.

– Esforços para a libertação dos escravos em Nova Mesopotâmia não surtiram o efeito desejado. Um confronto armado, contra os soldados do império, adiou os planos para um novo acordo na região.

Dona Ena olhou apreensiva para a sobrinha, que disse:

– Meu Deus, de todas as notícias ruins, essa é a pior. Como ainda pode haver escravidão e um ditador tão perverso no Oriente Médio? Será que não aprenderam com os erros do passado?

– Pois é, Helena. Só sei que o homem, por seus sonhos de grandeza, sempre cometeu muitas injustiças durante a História. E, infelizmente, estamos vivenciando mais uma delas... apesar de todos os nossos avanços em se conseguir a paz mundial – lamentou dona Ena.

– Acho incrível que ninguém faça nada para impedi-los. Isso é inconcebível, na época em que vivemos. Eu não sei o que a ONU está fazendo, que não vê essa calamidade! – reagiu Helena, nervosa, olhando para as imagens do noticiário.

– Pois é, minha filha. Hoje em dia, a ONU já não pode fazer muita coisa. O jogo político dos poderosos a enfraqueceu demais.

– A senhora tem razão. Ainda mais com esse império tão poderoso controlando a mídia de massa. Eles devem controlar muita gente.

– É verdade. E eles estão invadindo países vizinhos. Daqui a pouco, ficarão ainda mais poderosos.

– Não vejo saída para esse problema, minha tia... infelizmente.

– Nem eu, minha querida. Como dizia um filósofo da Antiguidade, "só um deus poderá nos ajudar"!

Os repórteres continuavam a transmitir informações. Tia e sobrinha prestavam atenção, apreensivas. Alguns minutos se passaram, e um veículo militar surgiu à frente do módulo-casarão de dona Ena. Os soldados saíram do carro e ficaram parados, esperando as ordens da major Helena. Dentro do solar, Helena olhou para o veículo. Em seguida, beijou a tia e lhe deu um abraço bem apertado.

– Tenho que ir agora. O carro chegou. Eles vão me levar para o aeroporto.

– Eu sei, querida. Mas... você não vai comer nada antes de ir?

– No avião, eu como alguma coisa, tia.

– Certo. Então, deixe-me acompanhá-la até o carro.

Elas saíram do casarão, passando pelo jardim florido.

– Helena, quando você volta?

– Se tudo correr bem, sábado pela manhã.

– Ótimo. Esperarei por você, ansiosa. Olha, minha filha, não fique tão desapontada com os jovens. Você só não deu sorte ainda, mas sinto que em breve você encontrará seu par perfeito e será feliz. Tenho certeza disso.

Helena deu um abraço ainda mais forte na tia, que ficou emocionada, os olhos lacrimejantes.

– Obrigada, tia. Foi ótimo vir aqui. A senhora me ajudou bastante. Agradeço pelos conselhos e acredito na senhora.

Os soldados se aproximaram da major, com um deles passando a carregar suas malas, e entraram no carro. Ela aproveitou o momento para dar um último beijo na tia, ainda que pela janela.

O veículo militar começou a flutuar a poucos centímetros do solo, e dona Ena recuou para lhes dar passagem. Helena se despediu acenando e o carro partiu velozmente do bairro do Leblon, ingressando em um colossal viaduto, rumo ao aeroporto da Baía de Guanabara.

6

Vitã Encontra Lemos

Os habitantes de Codajás, os militares e os cientistas já estavam acordados quando surgiram os primeiros raios de sol. Vitã também despertara cedo e caminhava dentro da megaestrutura da base torre, já no andar de comando.

A movimentação naquele largo corredor era intensa. Muitos oficiais transitavam, indo e vindo apressados dos seus respectivos setores. O sistema de segurança reconheceu o major Vitã, parado do lado externo da imensa sala de comando e, após rastreá-lo, liberou sua passagem, através de um pequeno ruído mecânico.

Ao entrar, Vitã foi saudado pelos oficiais ali sentados, operando seus consoles holográficos. Ele avistou um homem de idade avançada, posicionado de costas, em pé, observando os gráficos flutuantes em três dimensões, que giravam dentro de uma grande tela projetada no ar. O major foi em direção a ele.

Sentindo a sua presença, o comandante Lemos se virou. Vitã, obedecendo à hierarquia, parou e prestou-lhe continência.

– Fique à vontade, major Vitã.

– Obrigado. Eu sei que o senhor participará agora da reunião mensal, por isso cheguei mais cedo. Creio que esteja querendo falar comigo.

– Como passou o sábado? – perguntou o comandante com a voz calma.

– Foi bom, senhor. Fui informado ontem sobre o seu pedido.

Lemos olhou para seu relógio de pulso, demonstrando preocupação com as horas, e prosseguiu:

– Meu caro, estou atrasado para a reunião que já começou. Preciso que você me faça um favor.

– Perfeitamente, senhor – assentiu Vitã.

– Eu gostaria que você fosse buscar uma oficial.

– Sim, senhor... me dê o endereço. Eu irei buscá-la.

– Certo, major, só um instante – disse Lemos, que com um aceno, solicitou a presença de um outro oficial.

– O que deseja, senhor? – indagou o oficial, ao se aproximar, cumprimentado a ambos.

– Nelson, gostaria que apressasse a major Helena. Diga pra ela se preparar rapidamente.

– Sim, senhor.

– Também forneça seu endereço ao major Vitã. Ele irá buscá-la.

– Prontamente, senhor – disse o tenente-coronel, mexendo em sua pequena prancheta tecnológica.

– Você sabe, Vitã, que não é costume um major buscar outro em sua residência... mas, neste caso, abro uma exceção. Vocês vão trabalhar juntos – informou, misterioso. – No momento certo, revelarei muitas coisas. Agora, faça o seguinte: vá logo buscá-la, e quando retornar, participe da nossa reunião. Gostaria que vocês dois ficassem a par de tudo. Quero mostrar o real motivo desta nossa nova missão.

– Sim, senhor. – assentiu Vitã

Vitã prestou continência e girou nos calcanhares, saindo da sala de comando. Lemos, então, partiu em direção ao seu posto, quando foi abordado pelo engenheiro-chefe.

– Comandante, há novas informações – disse o engenheiro. – Certo Samuel, estou indo para uma reunião me acompanhe me fale sobre a liberação da nova armadura.

Comandante caminha pelo corredor acompanhado pelo engenheiro-chefe.

– Como o senhor me pediu, eu e minha equipe testamos profundamente cada detalhe da nova armadura de energia corpórea. – ele fez uma pausa. – Dias atrás, fizemos os testes finais e tudo saiu como previsto. Já podemos afirmar que em poucos dias todos os oficiais em campanha poderão usá-las. Os relatórios dos testes já foram enviados para seu banco de dados.

–Samuel, isso é ótimo. Depois, lerei os relatórios com mais calma. Se você tem certeza, libere dois trajes para mim. Vamos ativá-los!

– Sim, senhor... mas para quais oficiais eu fornecerei esses equipamentos?

– Peça as fichas dos majores Helena e Vitã. Meus encarregados irão passar todos os dados, ok?

– Agora me lembro, senhor... – disse Samuel. – Eles treinaram com esses mesmos equipamentos.

– Correto, Samuel. Eles são ótimos oficiais.

– Vou repassar o pedido à minha equipe imediatamente.

– Positivo. Tenho uma reunião importante, agora... deixe-me ir – concluiu ele, preocupado com as horas.

– Sim, senhor.

O oficial prestou continência e se afastou, saindo do salão, o comandante seguindo apressado para a sala de reunião.

7
Uma Questão de Conduta

Helena acabara de sair do banho, com a toalha enrolada no corpo. A major caminhava para o quarto, quando ouviu a voz sintetizada do sistema de segurança alertando para a presença de uma pessoa do lado de fora da moradia. Ela olhou para o estreito visor do aparelho e viu um oficial parado de costas na porta de entrada.

"Poxa, mal descansei este final de semana e ainda tenho que me aprontar rápido pra ir à reunião!", pensou, segurando a toalha. Ela deu um comando vocal e a porta eletrônica foi suspensa. O oficial girou nos calcanhares e, ao olhar para Helena só de toalha, agiu como se levasse um duro golpe. Ele ficou estático com tamanha beleza. *"Mas que mulher linda!"*, exclamou em pensamentos.

– Pois não, o que deseja? – perguntou Helena, meio impaciente com o estado hipnótico de Vitã. – Oi! O que deseja? – repetiu ela.

– Senhora... v-vim... vim buscá-la – gaguejou Vitã.

– Mas... você é um major! Eu esperava algum soldado, como de costume. Por que o enviaram? – perguntou, a impaciência aumentando.

– O comandante me pediu para levá-la – respondeu o major, nesse momento, invadido por uma satisfação plena, seu rosto demonstrando isso.

– Vitã? É esse o nome que estou lendo no seu uniforme?

– Sim, senhora – ele sorriu, com olhos brilhantes.

– Você não é aquele oficial que apareceu no jornal "A Esfera"?

– Sim, sou eu.

– Eu vi que a sua equipe derrotou alguns biopiratas dentro da floresta.

– Isso mesmo!

– Eu só acho que você foi meio violento com os inimigos. Ainda mais, na frente das câmeras!

– Senhora, eu não poderia agir de outra forma naquele momento. Como é de seu conhecimento, nossas missões dentro da Amazônia são muito perigosas e, naquela hora, que tivemos de revidar, estávamos em menor número, mas não se preocupe, nunca usamos armas letais. Prendemos os bandidos sem provocar baixas.

– Certo, eu não posso julgá-lo porque só participei algumas vezes dessas missões em terra. Gostaria que depois me contasse essa história.

– Com todo prazer, senhora.

– Vitã, meu nome é Helena – apresentou-se a bela jovem. – E, por favor, vamos deixar a "senhora" de lado. Não tenho idade para isso, e fica bem melhor.

– Sim, senho... perdão, Helena. – Vitã soltou um largo sorriso. – "Helena"... gostei do seu nome. Você é lin... ou melhor, é lindo!

– Quê? – ela se surpreendeu. Depois, reclamou em pensamentos: *"droga, ainda tenho que aturar isso!"*. Por fim, Helena ajeitou a toalha, que insistia em escorregar. – Major, entre, por favor. Eu vou colocar o uniforme. Fique à vontade.

Helena, meio sem-graça por estar usando só uma toalha enrolada no corpo, deixou o major na sala e se retirou aos seus aposentos. Vitã estava um pouco perturbado pela visão de beleza que acabara de ter. Ele vagava pelo módulo, observando as obras de arte. Havia esculturas e pinturas de beija-flores espalhadas por todos os cantos. Porém, a obra que lhe chamou mais a atenção foi um beija-flor de cristal, localizado no corredor inferior daquela casa.

Vitã continuava a andar distraído, admirando a residência, quando olhou sem querer por entre a brecha de uma porta, que fora deixada semiaberta, e viu Helena vestida com uma malha fina, que realçavam as belas curvas de seu corpo. Ela estava de costas, se arrumando, por isso não havia lhe notado... mas Vitã, sim. E se ele já tinha ficado desconcertado quando a viu de toalha, mais ainda agora.

"Que deusa! Que corpo!", pensou. Vitã até cogitou em espiá-la melhor, mas lembrou-se da sua boa conduta a tempo e disfarçou, completamente encabulado,

voltando rapidinho para o cômodo, onde havia sido deixado à espera, no entanto sem perceber que uma minicâmera escondida lhe filmava atentamente.

Alguns minutos se passaram e Helena retornou, vestida com um unifome militar azul.

– Major Vitã, podemos ir. Já estou pronta.

– Perfeitamente.

– Ah... já ia me esquecendo. Não sei se vou voltar logo, melhor deixar o sistema de segurança ligado – disse, pressionando a sua digital na pequena tela na parede, que se iluminou. Depois, instruiu, com um comando de voz:

– Sistema de segurança, fique alerta. Estou saindo agora.

– Srta. Helena, registrei em meus arquivos um homem andando pelos setores não autorizados da casa – informou o sistema de segurança.

– Quê? Quando foi isso? No sábado?

– Não, o registro ocorreu há 14 minutos.

– Mostre-me, sistema.

– Sim, senhorita.

Nas imagens arquivadas, a imagem do major Vitã espiando-a foi revelada, e provocou a fúria de Helena.

– Major, venha até aqui. Gostaria de lhe mostrar uma coisa – disse ela.

– Pois não.

Como o mais inocente dos mortais, Vitã foi até lá. E quando descobriu o motivo de ter sido chamado, teve a sua face desfigurada por uma expressão de espanto.

– O que significa isto, major? Por que estava me olhando? – inquiria Helena, revoltada. – É algum tipo de brincadeira de mau gosto? Explique-se, vamos!

Vitã ficou paralisado, ao ver as provas do ocorrido, e não soube o que dizer.

– Nã...não é o que vo...você está pensando – gaguejou.

– Homem é tudo igual... é sempre a mesma coisa! Você é mesmo um pervertido! Que decepção! Venha, vamos embora! – esbravejou Helena, empurrando Vitã violentamente casa afora.

"Que burrice! O que eu fui fazer lá?", pensava ele, ouvindo uma série de xingamentos e pragas de uma major possessa.

– Ouça, Helena... eu posso explicar! – insistiu Vitã, tentando segurá-la pelo braço para que ela o ouvisse.
– Não precisa explicar nada! Qualquer tipo de explicação agora só vai piorar a sua situação! Vamos esquecer o assunto! Não quero me aborrecer! – vociferou ela, encarando Vitã com rancor. – Também não precisa se preocupar, não vou levá-lo à corte marcial pelo crime de assédio sexual... não sou tão rigorosa assim!
Sem opção, Vitã a seguia, calado, indo pelo meio da multidão, dentro de um dos imensos corredores da base-torre. Aquele andar fervilhava de pessoas, incluindo centenas de militares e cientistas. Alguns iam para os seus departamentos e outros voltavam para suas habitações.
Muitos usavam as miniplataformas flutuantes para chegar rapidamente aos seus destinos. Naquela área, havia também milhares de esfero-câmeras e robôs de manutenção que sobrevoavam a turba.
À medida em que os dois avançavam por dentro do pavilhão, era possível ir apreciando um hipnotizante e luminoso jardim, protegido por paredes de metal transparente. Dentro dele, havia um pequeno córrego que desembocava em um lago artificial de águas cristalinas, repleto de peixes de diversas formas e cores. Assim como o lago, o jardim também possuía exemplares de várias plantas que remetiam à impressionante e rara diversidade da Amazônia.
Helena e Vitã caminharam por mais uns duzentos metros, até passarem por um grande portal que, ao se abrir, irradiava luzes multicoloridas, revelando em seu interior uma colossal e impressionante coluna de metal. Essa megaestrutura eletrônica servia de trilho aos gigantescos elevadores eletromagnéticos que desciam e subiam rapidamente.
Helena e Vitã entraram juntos com mais vários cientistas e militares em um dos imensos elevadores. Helena anunciou aonde queria ir e o sistema registrou sua informação, que se acumulou com o pedido dos outros passageiros.
Vitã, já sentado, olhava pra Helena, à sua frente, ainda em pé. O major percebia o quanto que ela estava séria. *"Mulheres e suas esquisitices..."*, refletiu, calado, balançando negativamente a cabeça. *"Corte marcial? Assédio? Eu não ouvi isso"*!

O elevador esperou os usuários se acomodarem e, através do eletromagnetismo, alterou a gravidade. Em segundos, deixou seu primeiro passageiro no andar 25.

De repente, Helena levou um susto. Alguém lhe tocava o ombro, por trás. Espantada, olhou imediatamente para Vitã, que balançou a cabeça, negativamente, rindo. Então, ela percebeu que era apenas uma amiga sua, lhe chamando lá dentro.

– Oi, Helena! Como tem passado, minha amiga?

A major se refez do susto e, espichando o pescoço para trás, deu atenção à conhecida.

– Bem, Márcia. E você?

– Tudo bem, Helena. Eu fiquei sabendo que você esteve no Rio. Como foi a viagem?

– Foi tranquila. O clima bastante quente, como sempre. E as praias estavam lotadas!

– Você foi à praia?

– Não, Márcia. Infelizmente, não deu tempo. Mas se tudo correr bem, voltarei na próxima semana. E você? Já conhece o Rio de Janeiro?

– Sim. Adorei passear nessa Cidade! Arrumei até um namorado lá! – confidenciou, rindo a valer.

– Márcia, Márcia... vou lhe dar um toque: cuidado com esses homens cariocas!

– Ah, Helena... imagina! Eu apenas fiquei com um surfista por alguns dias, só isso.

– Só você... Continua a mesma, né?

– Que isso... ultimamente eu tenho andado muito na minha, amiga...

Vitã escutava discretamente as duas colegas conversando e, de vez em quando, soltava um sorriso irônico. Logo, Márcia notou a presença do major.

– Minha nossa, Helena! Mudando de assunto, como você conheceu o gato do Vitã? – sussurrou ela, quase ao pé do ouvido da amiga, a surpreendendo novamente.

– Você conhece esse carinha?

– Lógico! Quem não conhece o Vitã? Você não o viu na reportagem da semana passada, quando ele capturou traficantes de animais e biopiratas dentro da floresta? Ele é dinâmico, forte, bonitão... – elogiava, empolgada.

Vitã ouviu aquelas considerações e arregalou os olhos, encarando Márcia com certa curiosidade. Enquanto isso, o elevador emitia os seus comunicados, prosseguindo com suas rápidas escalas pelos andares da base-torre.

– Márcia, infelizmente eu também o vi no noticiário das oito.

– Por que "infelizmente"? O cara é um gato! Eu queria que você me apresentasse a ele! – Ela seguia cochichando nervosamente no ouvido da amiga e balançando o ombro de Helena. – Vai... faz isso pela sua amiguinha aqui.

"Caramba! Essas minhas amigas estão cada vez mais malucas da cabeça!", pensou Helena, se preparando para apresentar, a contragosto, Márcia ao major.

– Vitã, gostaria que conhecesse a minha amiga Márcia – disse Helena de maneira seca, constrangida com aquele clima.

Vitã se aproximou, esbanjando simpatia. Márcia o cumprimentou, beijando seu rosto. Ele retribuiu o carinho, também com um beijo, segurando sua mão por alguns instantes. Depois, disse:

– É um prazer conhecer tão bela mulher. Você trabalha aqui mesmo, na torre?

– Sim, major. Eu trabalho no setor de Neurociência. Ajudo a desenvolver novos equipamentos.

– Ahn... a propósito... você é francesa ou descendente de franceses, ou estou errado?

– Está certo, meus pais são franceses. Eu vim para o Brasil, ainda pequena.

– Percebi pelo seu rosto... os seus traços lembram muito o estilo europeu.

– É... Helena já me disse isso.

– Vocês se conhecem há muito tempo?

– Sim... – respondeu Márcia com sorriso sensual

– Tipo... – Vitã olhou sarcástico para Helena e não perdendo a chance de provocá-la, disparou: – Receber um desconhecido enrolado apenas em uma toalha?

Helena ouviu o comentário e, exalando desprezo, balançou a cabeça negativamente.

Márcia respondeu sorridente:

– Ah... pensei que ela só fizesse isso comigo!

Ambos riram e o elevador parou no 180º andar, interrompendo o diálogo de Vitã e Márcia. Uma pena, pois Vitã se divertia com as caretas de desprezo que Helena fazia, à medida que a conversa entre eles fluía.

– Major, adorei conhecê-lo. Apareça no meu setor qualquer dia. Pena que lá não poderei recebê-lo enrolada em uma toalha – disse, dando uma risadinha insinuante e um beijo no rosto dele, que quase tocou seus lábios.

– Vou aparecer, sim – concluiu Vitã. – Eu sempre almoço na área de recreação. Depois de amanhã, devo passar por lá. Se quiser me encontrar, é só me esperar.

– Certo... combinado!

"*Que decepção, essa minha amiga!*", pensou Helena, olhando indignada para frente. Márcia se despediu do casal e saiu do elevador, junto com alguns passageiros. Com isso, o assento ao lado de Helena ficou vago, e Vitã aproveitou para ocupá-lo.

– Helena, gostei muito da sua amiga. Ela é muito simpática – comentou ele, olhando para a major, que assumia feições cada vez mais sisudas.

Então, Helena, sem ao menos virar o pescoço para falar, avisou-lhe:

– Por favor, eu não o conheço direito e não gostaria que fizesse comentários sobre o que aconteceu entre nós! – Helena cruzou os braços invocada.

– Certo... me perdoe. Não está mais aqui quem falou! – tergiversou ele, voltando para o assento em que antes estava sentado.

"*Nossa! Mas que mulher nervosa! Acho melhor eu ficar quietinho no meu canto!*".

Após dezenas de escalas, o elevador chegou ao seu destino, o último andar da base-fortaleza, o 200º, sede do comando. Ao alcançar o salão de controle, desembarcaram os poucos oficiais ainda restantes, que foram direto para frente de uma enorme escotilha. Eles pararam diante do sistema de segurança, que rastreou seus corpos e liberou os acessos.

A grande porta blindada se elevou, abrindo caminho para todos. Logo, as presenças de Helena e Vitã foram notadas por um oficial com traços indígenas. De imediato, eles prestaram continência.

O oficial se aproximou e os cumprimentou, dizendo:

– Senhores, o comandante está em reunião e pediu para levá-los até ele. Venham por aqui, por favor.

Vitã e Helena seguiram pelo caminho indicado, calados e sem sequer se olharem.

8
Reunião na Base-Torre

O grupo caminhou por alguns segundos por um corredor e, por fim, adentrou no salão de reuniões, repleto de participantes, todos sentados em volta de uma grande mesa tecnológica, e prestaram continência ao avistar o grupo de oficiais.

A impressão dos majores era que aquele ambiente transpirava vida. Dentro, havia centenas de pontos luminosos, gráficos e holografias sendo aplicados em toda sua extensão, graças à ajuda do Sistema Neuro Operativo (SNO), que organizava e orientava os equipamentos com precisão e rapidez lógica, tornando prático o evento.

– Bem, senhores, vamos interromper um pouco a reunião, pois gostaria que conhecessem estes dois prodígios, nossos melhores e mais jovens oficiais em suas patentes aqui da torre. Como já devem conhecer pelos noticiários, este é o major Vitã... – disse Lemos, apresentando seus renomados convidados.

Ouviu-se saudações.

–...e a jovem à direita é a major Helena. E não se deixem enganar por sua idade, a major tem se destacado muito em suas campanhas e tem um grande potencial.

Os participantes a cumprimentaram e ela agradeceu com sorrisos. Helena estava impressionada ao ver o comandante e todos aqueles militares e cientistas importantes.

– Senhores, por favor, há duas vagas ali do lado direito – indicou o comandante Lemos para o casal de majores, mostrando os assentos postos em volta da mesa.

Helena, sem opção, se instalou ao lado de Vitã, que procurou não encará-la.

– Major Helena, quero aproveitar a ocasião para dizer que fiz umas pesquisas sobre os melhores oficiais – disse Lemos. – Sabe o que eu descobri?

– Não, senhor, o quê?

– Recebi ótimos relatórios sobre a senhora e percebi que a major tem se destacado muito em suas campanhas aéreas, contribuído para o bem estar das nossas fronteiras aqui na Amazônia.

– Obrigada, comandante, é uma honra.

– Major Helena, esses resultados positivos em suas missões me deixaram muito satisfeito. Então, resolvi chamá-la também para dizer que, daqui por diante, a incluirei em nossas principais tarefas. A senhora fará parte do grupo de oficiais de ar e terra, e receberá ordens diretas minhas... certo?

– Certo, senhor! – Helena ficou surpresa e contente com a notícia.

Os participantes aplaudiram.

– Comandante, não tenho palavras para expressar tamanha felicidade. Fico muito agradecida por sua aprovação ao meu trabalho. Prometo que, daqui para frente, vou me empenhar ainda mais nas tarefas em terra. Espero cooperar ao máximo junto ao novo grupo do qual farei parte – disse, com olhos brilhantes.

– Bonitas palavras, major – comentou Lemos, observando a pequena luz que piscava em seu aparelho posto na cintura. – Tenho certeza de que irá gostar de pertencer ao grupo de elite das operações terra-ar. E para início de sua nova carreira, incluirei você em uma próxima missão, junto ao major Vitã.

Helena se surpreendeu mais uma vez. Ela sabia que se desempenhasse um bom papel a partir daquele momento, mesmo que ao lado de Vitã, poderia ser promovida rapidamente.

Vitã notou a felicidade de Helena que, ao vê-lo, correspondeu discretamente com um esboço de sorriso.

– Já estamos no final da reunião. Daqui a pouco, darei detalhes sobre o assunto principal – prosseguiu o comandante. – Senhores, agora, por favor, continuem. Exponham seus relatórios.

Um cientista se levantou.

– Comandante, como eu ia dizendo, meus relatórios já estão inseridos no neuroprograma, e há vários detalhes interessantes que gostaria de mostrar ao senhor, incluindo recentes pesquisas.

– Certo, Renan. SNO apresente os relatórios do centro de Biotecnologia – ordenou Lemos.

O programa de inteligência artificial expôs os documentos por meio de desenhos tridimensionais, sobre uma grande tela projetada que se formara no ar, em meio aos participantes. As figuras eram representações de moléculas, gráficos matemáticos e vários dados técnicos.

– O centro de Biotecnologia finalizou, nestes últimos meses, três novos tipos de remédios – relatava o neuroprograma, com uma fria voz sintetizada. – O chefe do setor requer permissão para a aprovação e a comercialização desses produtos.

– SNO, gostaria de saber mais detalhes sobre a matéria – pediu o comandante.

O neuroprograma carregou mais arquivos de imagem mostrando-os aos participantes.

– Senhor, o primeiro é um poderoso anestésico, gerado a partir de substâncias venenosas de um novo cogumelo, encontrado em pequenas grutas escondidas aqui na Amazônia, perto da reserva de Uriruarama. Esse novo anestésico é semelhante ao nosso medicamento A-36, porém, sem os efeitos colaterais – prosseguia o SNO.

A imagem da planta e sua estrutura molecular giraram no grande ecrã.

– O anestésico A-36 salvou várias vidas em cirurgias perigosas, apesar de ainda produzir pequenos efeitos colaterais em alguns pacientes. Com a produção do novo anestésico, o A-36 poderá ser deixado de lado. Os usuários terão menos sofrimento com a substituição.

– Maravilhoso! SNO, repasse os detalhes desse novo produto para o diretório dos participantes – instruiu o comandante.

– Sim, senhor. Passando agora.

– Vamos ao próximo, SNO – solicitou o comandante.

– Senhor, o segundo é um medicamento que foi produzido a partir da substância extraída das folhas de uma planta carnívora, encontrada após três anos de investigações por nossos pesquisadores. Essa planta possui uma poderosa essência com propriedades de regenerar completamente as células danificadas do pulmão. Com isso, será possível tratar melhor os pacientes com bronquite, tuberculose, enfisema pulmonar e alguns tipos de tumores no pulmão.

Os gráficos sobre a composição dos remédios continuavam a flutuar sucessivamente pelo salão. Logo, começou um burburinho. Os participantes estavam empolgados com as descobertas e começaram a debatê-las. O chefe da biotecnologia se mostrou contente com os resultados e com a forma pela qual o neuroprograma exibia a matéria.

– O terceiro medicamento, descoberto pelas linhas de pesquisa, é um poderoso antidepressivo. Ele atua rapidamente no sistema neurológico, solucionando com incrível eficiência os problemas de esquizofrenia e paranoia.

O SNO mostrou casos de pacientes com problemas mentais e explicou como eles foram tratados com a ajuda dos novos remédios. Os participantes ficaram surpresos, quando viram imagens de pessoas curadas.

– Senhores, essa substância foi encontrada em um peixe raro, nos rios da região do Pico da Neblina, aqui na Amazônia.

A descrição e a demonstração dos produtos causaram forte impacto em Helena e Vitã. Mais alguns minutos se passaram, e o chefe da equipe de biotecnologia foi ovacionado por todos.

Através de acenos gentis, ele agradeceu.

– Comandante, seria muito importante saber quando esses novos medicamentos serão industrializados. – Bem, como todos nós sabemos, o Presidente e sua equipe de ministros já oficializaram 705 dos 800 remédios produzidos aqui na Amazônia, alguns deles são fornecidos gratuitamente para alguns países com as patentes livres – respondeu Lemos. – É só uma questão de tempo para que eles aprovem com cuidado essas novas substâncias.

– Por fim, senhor – seguiu o chefe de biotecnologia –, gostaria que se manifestasse sobre o teor de nossas recentes pesquisas.

– O Dr. Willian e eu ficamos preocupados com este último remédio... O antidepressivo – disse Lemos.

– Por que, senhor?

– Não sei ao certo... Esse medicamento talvez leve mais tempo para ser aprovado. Como sabemos, essas fórmulas que mexem com o sistema nervoso podem ser adaptadas a novas drogas...

– Entendo, comandante.

– Mas farei o possível para que o Conselho libere a aprovação, certo?

– Certo, senhor. Obrigado.

O chefe de biotecnologia voltou ao seu lugar, e outro cientista se levantou, visivelmente empolgado.

– Senhor, creio que esteja a par de minhas novas descobertas. Gostaria de compartilhá-las com todos aqui presentes. Esta ideia poderá expandir ainda mais a área de medicamentos.

O comandante Lemos demonstrou surpresa com a presença do pesquisador.

– Ivan, estamos em uma reunião democrática – disse. – Por favor, exponha suas ideias.

– Bem, eu sei que as leis aqui na Amazônia são rigorosas e proíbem os transgênicos, mas se pudéssemos combinar plantas medicinais já existentes, umas com as outras, daríamos origem a novas plantas com poderosos princípios ativos e poderíamos gerar novos e potentes medicamentos. Com isso, abriríamos uma gama bem maior de possibilidades.

O semblante de Lemos se transformou. Ele perdeu o sorriso para uma expressão de aborrecimento.

– Senhor Ivan, como todos nós sabemos, os transgênicos da classe três não apresentam tantos efeitos colaterais como os seus antecessores, mas ainda provocam mutações nos insetos polinizadores. É por isso que eles estão proibidos aqui.

– Sei perfeitamente, comandante Lemos, mas é apenas uma experiência que eu gostaria de desenvolver. O teste seria plausível?

– Ivan, sinceramente, confesso que, por mim, eu não daria andamento a esse perigoso projeto, mas como a decisão não depende só de mim, conversarei com o Presidente sobre uma possível solução, talvez a médio prazo.

– Comandante, isso será muito importante para nossas linhas de pesquisa.
Lemos ficou pensativo.
– Bem, senhores... o tempo está se esgotando. Creio que os principais pontos de nossa reunião já tenham sido expostos. Terei de resolver alguns problemas sérios daqui a pouco – disse o comandante, olhando para seu relógio de pulso. – Gostaria que o SNO resumisse para nós os próximos documentos, se os senhores concordarem, é claro.
Todos concordaram e Lemos prosseguiu:
– Então, SNO... nos dê o resumo dos trabalhos de todos os setores executados por nossa base este mês.
O programa inteligente organizou, e com auxílio das holografias expôs dezenas de pequenas telas, contendo relatórios dos mais variados setores, e começou a mostrar o resumo por data.
– Senhores participantes, no começo deste mês, nosso centro de vigilância territorial identificou áreas ocupadas ilicitamente. As tropas especiais entraram em ação, destruindo pequenos abrigos dentro da floresta. Nossos centros de prevenção erradicaram focos de doenças em algumas tribos. No dia 17, descobrimos pequenas áreas, dentro da floresta, para o refino de drogas transgênicas. Os laboratórios foram localizados em abrigos subterrâneos de narcotraficantes. Na ocasião, houve confronto com produtores.
À medida que o SNO cumpria com sua função, muitas imagens surgiam flutuando à frente dos presentes.
– No dia 28 recebemos relatório de que uma de nossas embarcações, o Ecoplan 32-W, foi afundado por um grupo armado de biopiratas. Enviamos tropas de fronteira para aquela região e os derrotamos. Ontem, dia 29, o General Vespasiano, das tropas especiais de fronteira, da base de Japurá, pediu reforços. Foram enviados ao local oito oficiais de elite, com seus caças Armadillo-A5 para operações especiais. Comandante e senhores participantes, esses foram os resumos dos itens do relatório. Sem mais informações para o momento.
– Senhores, como vimos, nossa luta diária está rendendo bons frutos – reassumiu Lemos. – Alguns detalhes aqui discutidos serão armazenados em suas pastas. Gostaria de agradecer mais uma vez a cada chefe de setor

presente e, para qualquer pergunta, me procurem. Declaro encerrada a reunião mensal.

Os membros do encontro se levantaram e prestaram continência ao comandante, que agradeceu a atenção de todos.

– SNO, desativar! – ordenou Lemos, satisfeito com o transcorrer daquela reunião.

9

Missão Japurá

Terminada a reunião, ainda com todos os presentes em processo de retirada, o comandante Lemos levou o casal de oficiais para uma cabine sigilosa, feita de metal à prova de som, localizada ao fundo do salão de reuniões.

Vitã e Helena entraram e se acomodaram em estreitos assentos, ao lado de Lemos.

– SNO, ative a pasta Japurá – pediu o comandante.

– *Ordem recebida, comandante* – respondeu o sistema, lacrando a cabine e ativando o seu subprograma anti-hacker.

Helena ficou intrigada com aquele procedimento.

Vitã percebeu pesadas escotilhas de metal fechando-se em sua retaguarda.

– Estes documentos, que mostrarei pra vocês, foram vistos apenas pelo Presidente. Nem o Conselho tomou conhecimento deste material, ainda... sei que posso confiar em vocês – disse o comandante. – O Presidente supõe que existam espiões infiltrados em nossos setores e no Conselho. Ele não quer que tais documentos vazem antes de tentar resolver o caso.

– Entendi. As informações não podem cair em mãos erradas.

– Isso mesmo, Helena. Mas vamos ao ponto principal. – Lemos pigarreou. – O que vou relatar aqui é inédito para vocês e fará parte de suas missões.

Com uma luva paramétrica, o comandante ativou imagens virtuais e digitou no ar os seis dígitos de sua senha. O neuroprograma decifrou o código e entrou em modo de segurança, bloqueando qualquer contato externo com outros meios eletrônicos. Feito isso, passou a expor videodocumentos ultrassecretos que retratavam pesquisadores na floresta se locomovendo com um pequeno equipamento eletrônico nas mãos. O mecanismo, em funcionamento, girava uma espécie de antena-radar.

— Senhores, com estas imagens de nossos meteorologistas, quero mostrar que, há 20 dias, eles captaram acidentalmente estranhas aeronaves entrando na floresta.

— Acidentalmente? Aeronaves? – repetiu Helena, curiosa.

— Sim. Dois de nossos meteorologistas estavam estudando e testando um novo tipo de equipamento, um pequeno aparelho capaz de fazer a decomposição de cores ao rastrear a atmosfera amazônica. Foi quando perceberam, acidentalmente, pequenas interferências na atmosfera. Pontos rasgando velozmente a massa de ar sobre a região.

Os majores observaram, na pequena tela projetada, linhas vermelhas que eram traçadas por cima da Amazônia, passando pela fronteira do Brasil.

— Como podem ver, os meteorologistas registram essa anomalia e, ao mesmo tempo, entram em contato com as torres de controle espalhadas pela Amazônia. Eles notaram que, pela natureza do evento, poderiam ser aeronaves, mas não obtiveram nenhuma resposta. Todos os radares e satélites de vigilância da Amazônia desconheciam o fato. Neste momento, fiquei intrigado. Um episódio estranho e curioso estava ocorrendo.

— E eram as tais naves, senhor? – perguntou Vitã.

— Sim, major. Pasmem! Caças da base de fronteira em Japurá, seguindo as coordenadas dadas pelos meteorologistas, se aproximaram do evento... e vocês não vão acreditar o que eles descobriram.

Um ar de suspense e mistério invadiu a cabine transparente. Os oficiais ficaram na expectativa.

— SNO, mostre as imagens secretas da pasta de Japurá – pediu o comandante Lemos.

O sistema projetou as imagens na frente deles. Na tela, um piloto guiava o seu caça, seguido por outra aeronave.

Os majores ficaram admirados com tudo aquilo. Eles conseguiram ver uma estranha aeronave verde-metálica, com aspecto de inseto, que passava à frente do caça militar, riscando o ar velozmente, produzindo uma fina energia azul e vibrante, projetada de suas laterais.

— Senhores, como eu disse, o material que vocês estão tomando conhecimento foi fornecido pela base de Japurá. Um piloto estava fazendo o patrulhamento aéreo naquele local e conseguiu obter essa gravação.

– Minha nossa! Isso é inacreditável! – reagiu Helena espantada.
– Incrível! E os biorradares, senhor? – perguntou Vitã. – Não mostraram nenhuma forma orgânica dentro do veículo?
– Não, Vitã. Infelizmente, o aparelho passou totalmente despercebido pelo caça.
– Inacreditável!
– Pois é... Mas trata-se da realidade dos fatos.
– Entendo, senhor.
– Como eu ia dizendo, o piloto que registrou essas cenas decidiu perseguir o objeto não identificado, apenas tentando visualizá-lo, porque seu equipamento não registrava nada – explicou o comandante. – Vocês vão ver agora uma impressionante gravação feita na base de Japurá, no exato momento em que o veículo fugia do nosso caça. A nave, na tentativa de escapar, passou acidentalmente por dentro da nossa base de fronteira. – Lemos fez uma pausa. – SNO, mostre-nos a invasão de Japurá.

De súbito, um som de sirene estridente foi ouvido, e os majores assistiram ao veículo com forma de inseto cruzando os limites da floresta, voando por cima da base, que reagiu, disparando sua artilharia antiaérea. O ÓVNI foi atingido de raspão, e teve uma pequena parte da fuselagem danificada. Mesmo assim, o caça prosseguiu com sua perseguição.

A gravação chegou ao final, mostrando a nave-inseto aumentando ainda mais a velocidade, mudando de rota e se distanciando rapidamente do caça. Por fim, tornou-se um pequeno ponto cinza no horizonte, deixando um rastro de fumaça.

– Comandante, esses veículos são muito mais velozes do que os nossos. – comentou Vitã.

– Eu sei, major. Como vimos, a base de Japurá foi invadida e só pôde revidar com o aviso do piloto que estava fazendo a perseguição. E revidaram muito em cima da hora. Imaginem se uma esquadrilha dessas aeronaves resolvesse nos atacar? Eles nos pegariam de surpresa.

– E agora? O que faremos, se não podemos enxergá-los? – perguntou Vitã, preocupado.

–Felizmente, a situação não é tão desesperadora. Já desenvolvemos um pequeno radar capaz de detectá-los.

— Um radar? — interveio Helena.

— Sim, Helena. Dois técnicos e um engenheiro de minha confiança, analisando o aparelho dos meteorologistas, conseguiram rapidamente desenvolver um pequeno radar, que já está em operação em alguns caças, que enviei para Japurá.

— Que bom! Então, já podemos ver os inimigos — comemorou Helena.

— Sim, podemos ver, mas com muitas limitações. O pequeno radar desenvolvido tem um raio de atuação muito limitado. Enviamos um projeto maior para o Ministério da Defesa, a fim de adaptar esses aparelhos aos satélites de vigilância. Vai demorar, mas ficará pronto.

— Senhor, alguém conseguiu descobrir a real intenção destes intrusos? O porquê de estarem sobrevoando a Amazônia?

— Boa pergunta, major. Dias atrás, um dos caças de Japurá, com o novo radar, também passou a perseguir o intruso discretamente.

— E colheram algum resultado significativo? — perguntou Helena, com o olhar fixo no comandante.

— Sim. Nosso piloto, durante a vigília, descobriu que esses veículos entram e saem da Colômbia.

— Colômbia? — indagou Vitã, curioso.

— É, eu não sei por que, mas eles estão indo para a Colômbia. Como vocês sabem, existe nessa região uma base militar do império da Nova Mesopotâmia.

— Sempre fico imaginando como eles conseguiram...

— Por meio de esquemas políticos, Helena. Eles enganaram o Presidente colombiano e conseguiram montar uma grande base perto de nossas fronteiras. Confesso que isso vem tirando meu sono há alguns dias. Não sei por qual motivo eles criaram essa plataforma, mas outros países também já manifestaram insatisfação. Infelizmente, não vivo no jogo político e, internamente, não tenho poder para resolver a questão. O Presidente e seus assessores estão tentando descobrir a razão desse projeto... Bem, mas não vamos nos desviar de nosso assunto. Desconfio que esses veículos aéreos estejam rumando para aquela base, mas não quero tirar conclusões precipitadas.

— Não há como enviar pilotos para a região, com esse novo radar?

O comandante sorriu, olhando para Vitã, e depois prosseguiu:

– Meu caro, você deve saber que existem acordos militares que nos impedem de fazer tal operação. Não podemos invadir o espaço aéreo de outros países. Mesmo a Colômbia nos dando consentimento, esta nova base se tornou um pequeno território estrangeiro.

– É muito intrigante, senhor, a Colômbia ter permitido a entrada desses estrangeiros em suas regiões – disse Vitã.

– Infelizmente, meu caro, não sei que armadilha política pregaram em nosso país vizinho... Mas, mudando de assunto, quero enfatizar aos senhores que poucas pessoas estão cientes desses fatos. Além do Presidente, aqui na torre, somente eu e mais três oficiais. E, em Japurá, só o general Vespasiano e seu piloto de confiança sabem dos acontecimentos.

Os oficiais se entreolharam, apreensivos.

– A missão de vocês, como eu disse, será baseada nesses documentos, e não será simples. Para começar, terão de voar até Japurá e se juntar às aeronaves que enviei para aquela base de fronteira. Quando chegarem, levantarão voo com a esquadrilha e irão para a Colômbia, rumo à reserva indígena de Miriti Paraná, onde irão ajudar a escolher um carregamento de medicamentos e um grupo de médicos. O governo colombiano está a par de nossa ida para a reserva, e nos deu permissão para trabalharmos na região. Nossos especialistas estão tratando os índios Yucuna, que foram acometidos de uma epidemia, semanas atrás.

– Epidemia?

– Sim, Vitã. Depois explicarei melhor esse fato.

– Positivo, senhor.

– Como ia dizendo, vocês voarão até a reserva, fazendo a escolta dos médicos e, quando pousarem, deverão esperar pelo sinal do general Vespasiano. Ele os avisará sobre o momento certo para que sigam um dos veículos não catalogados.

– Entendi senhor. Seguiremos o intruso disfarçadamente em território colombiano – disse Helena, pensativa.

– Sim. Vocês, na realidade, só entrarão na reserva para esperarem o inimigo... e depois segui-lo. O objetivo principal da missão é registrar a trajetória da aeronave e monitorar a sua movimentação na Colômbia.

Precisamos desvendar a natureza desses voos, para que o Presidente possa tomar decisões a respeito.

Os majores estavam concentrados nas palavras do comandante.

– Bem... o tempo urge – seguia Lemos. – Dentro da base, não conseguirei adiantar todos os detalhes da missão. Então, recapitulando, quero que voem até a base de fronteira do rio Japurá, na divisa com a Colômbia, e cumpram suas tarefas. Major Vitã, você conhece bem aquela região, estou certo?

– Sim, senhor. Já participei de algumas missões por lá.

– Muito bem, o general Vespasiano está encarregado dessa ação. Ele também participou da elaboração do plano junto ao Presidente e, posteriormente, fornecerá a vocês mais detalhes. Perfeito, senhores?

– Ok, comandante – assentiu Helena.

– Conte com a gente! – acrescentou o major.

– Ótimo. Então, se apressem. Quero enviá-los agora mesmo.

– Sim, senhor. Se depender de mim, já estou pronto – disse Vitã, prestando continência.

– Comandante, também estou pronta – disse Helena.

– Senhores, temos de nos lembrar que há um grande risco envolvido, não só de suas vidas, mas também em termos políticos. Vocês, ao saírem da reserva indígena para seguir esses supostos ÓVNIS, infringirão regras e, em nenhuma hipótese, poderão ser descobertos. Se isso acontecer, estaremos em maus lençóis. Causaremos um grande problema para os diplomatas.

– Entendido, senhor. Mas como passaremos despercebidos pelas autoridades do país? – perguntou Helena.

– Boa pergunta. Como irão participar diretamente dessa perigosa missão, o Presidente achou por bem oferecer o que há de melhor em termos de equipamentos militares atualmente.

– Perfeito, senhor – disse Helena.

– Comandante, em que nave voaremos?

– Caro major, além de novos trajes e armas, vocês voarão em nossa nave de inteligência artificial, a SIB 41. Espero que esteja familiarizado.

– Beleza! – comemorou Vitã, empolgado, dando um soco no ar, demonstrando a sua alegria em ter o privilégio de comandar a nave mais cobiçada do mundo.

Em pensamento, Helena julgou infantil o gesto de seu colega de trabalho e conteve uma possível expressão de ironia. Por outro lado, o comandante Lemos soltou um riso.

– Desculpe senhor, acho que fiquei um pouco empolgado – Vitã tentou se justificar, sem graça.

– Sei que você já pilotou uma destas estou certo?

– Sim, comandante. Além de testar as novas armas e a armadura há um ano, se não me falha a memória, para fazer uns testes. Aliás, foi o senhor mesmo quem me enviou... Não lembra?

– Ah, sim me recordo agora.

– O interessante é que, durante o voo com o protótipo, eu tinha a sensação de que estava falando com uma pessoa de verdade.

– Certo, major, mas gostaria que Helena, como é mais experiente nesse veículo, tomasse conta do voo.

– Você já pilotou essa nave? – indagou Vitã, coçando a cabeça, surpreso.

– Sim, major. Foi a minha tarefa deste mês nos testes de artilharia em voo. Os cientistas e programadores implementaram nessa aeronave uma cópia básica do neuroprograma, o SNO.

– Bem, majores... não temos muito tempo – disse o comandante Lemos. – Vocês precisam ir.

– Estamos prontos! – garantiu Vitã.

– Espero que tudo corra bem e que vocês possam trazer bons resultados. O plano de voo e os equipamentos estão prontos no hangar do pavilhão 7. Um de meus auxiliares já cuidou de tudo. Podem ir. Que Deus os proteja.

– Obrigada, comandante – agradeceu Helena, tão orgulhosa que nem lembrava mais do seu desentendimento com Vitã.

Os oficiais prestaram continência e saíram juntos do salão de comando, embarcando no amplo elevador eletromagnético.

E o elevador da base-torre elevou sua escotilha, dando passagem à dupla de oficiais, que chegava à parte subterrânea da base militar. Eles alcançaram o corredor tecnológico, junto a um grupo de cientistas.

Os majores se aproximaram da passagem do vestiário, o sistema de segurança projetando um holograma e iniciando o diálogo com ambos.

– Bom dia, senhores. O que desejam?

– Controle, sou major Vitã... e esta é a major Helena. Estamos iniciando uma nova missão. Por favor, verifique.

– Pedido em andamento, major. – O sistema rastreou seu banco de dados e rapidamente obteve a resposta. – Os senhores têm prioridade azul. Por favor, entrem no tubo de bioanálise que está sendo acionado.

– Obrigada, controle – agradeceu Helena.

A dupla ingressou no iluminado corredor do tubo e caminhou lentamente por ele. Mais adiante, pararam em frente a um médico que operava seu avançado console, utilizando óculos quadrivetor e luvas paramétricas.

O especialista observava através dos gráficos clínicos o estado de saúde dos oficiais.

– Major Vitã, bom dia. Vejo que sua saúde está boa, mas percebo que há pequenos pontos de estresse em algumas células de sua pele, nas regiões da perna, costas e braço. O que houve? Sofreu alguma queda?

Vitã ficou pensativo por alguns instantes e resolveu falar a verdade.

– Bem, eu, ontem, participei de uma pequena luta numa tribo indígena. Não foi nada sério, apenas um ritual.

– Entendo major. Por favor, se posicione e levante os braços.

Vitã obedeceu e, do alto, apareceram duas antenas de metal, que localizaram as áreas lesadas no corpo do oficial. As pontas entraram em contato com a pele do paciente, injetaram um líquido esverdeado e se recolheram. A vermelhidão dos arranhões desapareceu como que por encanto, deixando o oficial mais aliviado.

– Bem, major, esse problema não é muito grave – disse o especialista. – Permitirei sua passagem.

Vitã fora aprovado, e Helena ficou de frente para o médico, que fez uma varredura no corpo da major, através de um feixe de energia.

– Major Helena, você também pode passar. O seu quadro clínico está dentro do padrão. Por favor, entrem na cabine 12. A equipe está aguardando vocês com os trajes.

Eles saíram do tubo de bioanálise, cumprimentando o médico, e foram para o setor principal do vestiário. Ali havia centenas de cabines eletrônicas agrupadas paralelamente, onde se percebia uma grande movimentação de pilotos que, com seus trajes de ponta, entravam e saíam daqueles compartimentos.

Os majores caminharam mais um pouco e logo acharam a cabine número 12. Ao entrarem, foram recepcionados por ajudantes vestidos de branco, que levaram os oficiais para as cápsulas de troca de roupa.

Helena entrou na cabine da esquerda e Vitã à direita. Logo depois, se despiram. Feito esse procedimento, o sistema de descontaminação realizou o seu trabalho, expelindo uma leve fumaça amarelada e livrando os corpos dos majores de possíveis microrganismos.

Mais alguns instantes e um robô apareceu dentro das cápsulas, carregando armaduras eletrônicas de cor verde-escura e com desenhos de camuflagem. Nas vestimentas inteligentes havia dúzias de diminutas ventosas e uma faixa branca nas laterais, que brilhava ao contato da fumaça.

Os oficiais as vestiram e saíram das cabines, indo ao encontro dos ajudantes. O sistema de segurança abriu a parte interna do vestiário e exibiu sofisticados equipamentos de defesa. Os auxiliares com luvas, máscaras e toucas brancas, sem demora, retiraram os formidáveis mini-instrumentos da cabine energizada e começaram a encaixá-los nas armaduras dos majores. Ao final, conectaram, nas costas, os microgeradores de conflito de partículas. Com isso, as formidáveis armaduras foram ativadas.

Vitã era só alegria passando a mão sobre a cobiçada vestimenta de alta tecnologia.

– Senhores, os trajes estão completos. Por favor, coloquem os capacetes e vamos checar seus sistemas – ordenou o chefe de equipe.

Dito isso, Vitã e Helena se dirigiram para o canto esquerdo da cabine. O major subiu em uma pequena plataforma futurística circular, com milhares de diminutos pontos de luz avermelhada.

– Major, por favor, inicie o relatório – pediu o líder, que operava um miniconsole portátil.

– Entendido. Sistema UN-1, mostre-me a lista de funções – solicitou Vitã ao programa inteligente de seu traje eletrônico.

– Sistema de status iniciando. Conexões de equipamentos. Força do microgerador de partículas ativada. Sistema de inteligência artificial do traje funcionando corretamente. Arma retaliadora em espera de comando. Conectores de saída, para revestimento de energia da armadura, preparados. Compartimento de sobrevida a espera de comando. Iniciando a análise de funções do capacete. Visão de longa distância, correta. Visão noturna, correta. Visão de termografia, correta. Visão de realidade virtual pronta para ser processada pelo computador do traje. Projetor de trajetórias pronto para ser processado pelo computador do traje. Link com o satélite a espera de comando para ser ativado. Bioidentificador de geoposição global a espera de comando para ser ativado. Mecanismos de rastreamento aerotransceptor e macro robô em espera de comando. Análise de sistema vocal e visual e tradução no banco de dados do traje completadas. Sistema UN-1 finalizando avaliação. Dados corretos.

O chefe da equipe verificou os dados que passavam simultaneamente em seu console portátil e disse:

– Major, seu traje está aprovado. Major Helena, posicione-se, por favor.

Vitã desceu da pequena plataforma, dando lugar a Helena, que subiu para o mesmo processo de avaliação.

Alguns minutos se passaram e o chefe de equipe aprovou também o traje da major.

– Vocês estão liberados – disse. – Sigam para o veículo que os levarão à aeronave.

Os oficiais se despediram da equipe do vestiário e saíram daquele setor, levando seus capacetes debaixo dos braços, por fim embarcando rumo a um ambiente inimaginável, prestes a levantarem voo.

10
Sib 41 e o Clone Transgênico

Dentro do colossal hangar subterrâneo, a movimentação era intensa. Dezenas de plataformas de cargas flutuavam, transportando os sofisticados equipamentos militares. Os operadores das plataformas, posicionados em frente a consoles holográficos, vestiam uniformes cor de abóbora e se mostravam atentos a todos os detalhes. Alguns veículos andarilhos transitavam por ali, ajudando na locomoção de pilotos.

Um desses veículos carregava oito oficiais e passou bem próximo a Vitã e Helena. Ao ver os majores sendo levados em direção à nave, o grupo fez um aceno para ambos e foi correspondido com simpatia.

Velozes robôs de manutenção, com garras de ferramentas e sirenes ligadas, produziam um ruído perturbador, enquanto voavam para seus destinos. Um veículo bípede, de grande porte e operado à distância, arrastava parte da fuselagem danificada de uma aeronave. A certa distância, no extenso andar abaixo, caças levantavam voo, passando por um túnel vertical. Titânicas plataformas de lançamento auxiliavam as naves de grande porte a subir até o solo. Outras aeronaves também chegavam ao aeroporto subterrâneo.

Finalmente, os majores chegaram ao ponto de partida, onde foram abordados por um oficial que usava um sofisticado aparelho de *headfone* e segurava uma prancheta eletrônica. Vitã ficou admirado com a visão da espetacular aeronave de inteligência artificial SIB 41. Seu desenho aerodinâmico arrojado e suas asas curtas causavam forte impacto.

Naquele momento, ele lembrou-se das horas de treinamento em que passou a bordo da possante máquina dos ares. Vitã tinha plena convicção de que estava diante do melhor caça de todos os tempos. Por outro lado, Helena observava a aeronave sem demonstrar muita emoção.

– Helena, não é magnífico esse aparelho?

– Sim, major... é – respondeu friamente.

Vitã tentou encará-la, mas não conseguiu, tamanha era a sua seriedade. Rapidamente, ela se esquivou para dar atenção ao operador que se aproximava.

"Caramba, que mulher difícil!", pensou Vitã. *"Vai ser fogo trabalhar com ela se permanecer o tempo todo nervosa comigo! Tenho que arrumar um jeito de reverter essa situação..."*

– Senhores, boa tarde. Eu estava esperando por vocês há alguns minutos e já tenho a permissão para saírem da base – disse o operador.

– Certo – assentiu Vitã.

O operador pediu aos oficiais que colocassem as mãos sobre uma prancheta eletrônica e, com uma pequena caneta de luz, escaneou a íris dos oficiais. O sistema fez o registro.

– Tudo ok... podem ir. A nave está liberada – disse o operador. – Os equipamentos e a energia estão em ordem. Coloquei geradores de reserva para qualquer eventualidade. Boa viagem!

Os majores se despediram e entraram na aeronave pela parte de baixo. Eles acomodaram-se nos assentos e, em alguns segundos, o painel de controle se tornou ativo automaticamente. O sistema de inteligência artificial da aeronave reconheceu os oficiais. Os consoles foram acionados.

– Boa tarde, senhores. Eu sou o SIB 41 e estou preparado para auxiliá-los em suas missões. Meus sistemas internos estão perfeitos e energizados. O comando já forneceu a rota a seguir em meu banco de dados, e toda a aeronave está pronta para o voo.

– SIB, estou curioso para saber que armas foram instaladas nesta aeronave – disse Vitã.

– Nas laterais, devidamente embutidos, há mísseis rastreadores de trajetória. À frente, o senhor poderá ver as metralhadoras de plasma de última geração. Na parte de trás, carrego os flares de energia e os impulsos hipersônicos. Por cima da aeronave, há um novo sistema de defesa antiaéreo, um pequeno míssil que mistura a energia do plasma e alta velocidade. É o "Brilho de Fogo".

– Com essa arma tão poderosa, teremos uma grande responsabilidade nas mãos. Será que estão escondendo alguma coisa de nós? – indagou Helena, preocupada.

– Se for o que estou pensando, dizem que esse míssil é capaz de destruir uma nave-mãe em apenas uma investida – comentou Vitã.

– Eu sei disto, SIB, se, por caso, lançarmos esse míssil, você sofrera baixa de potência?

– Correto, major Helena. Essa operação é complexa. Eu teria que disponibilizar toda a energia da aeronave e meus sistemas ficariam debilitados, fornecendo perigo aos seus ocupantes.

– Helena, é só tomarmos cuidado – disse Vitã.

– Não acredito que precisaremos lançar esse míssil, major – garantiu Helena, séria.

– Espero que não – Vitã fez uma pausa. – SIB, existe alguma arma portátil a bordo? Pergunto, porque no treinamento de voo, em seu protótipo, não vi nenhuma.

– Sim, major. Há mais armas nos compartimentos.

Tão logo Vitã acabou de falar, um pequeno mecanismo, embutido em seu assento, foi acionado, emitindo uma luz interna e projetando-se, expondo uma arma futurística.

– Major Vitã, o multifuzil está a seu dispor – informou-lhe o neuroprograma.

– Mal posso acreditar! É a famosa arma de elite de tempos atrás, totalmente reformulada! Já treinei com uma dessas e agora vou poder usá-la. Fantástico! – empolgou-se, com brilho nos olhos.

– Vejo que gosta de violência, major – criticou Helena.

Vitã se surpreendeu com a observação de Helena e respondeu:

– Eu não gosto de violência, Helena. Espero não precisar usar o modulo letal desta arma, e apenas uma ferramenta de trabalho. Como vou confrontar o inimigo se não estiver bem equipado?

– Entendi, major... Percebo que fui infeliz em minha observação.

– Você está chateada com alguma coisa? Eu não acredito que ainda esteja aborrecida com aquele incidente?

– Muito engraçado, major. Você invade minha privacidade, o meu quarto, me vê quase nua e tem a petulância de dizer que isso foi apenas um "incidente"? Que falta de respeito, major! Sinceramente!

– Helena, não tive a intenção de espreitá-la! Aconteceu por acaso. Eu só estava apreciando suas obras de arte...

– Agora, só me faltava essa! – Ela cruzou os braços, invocada. – Minha intimidade virou uma obra de arte! Elogio lamentável, major!

– E quem disse que estou fazendo elogios, major? Estou me referindo aos beija-flores nas paredes.

– Ah, tá! Por favor, major... me poupe das suas frustradas tentativas de se justificar! – disparou Helena, irritada. – Parece que você não teve infância!

– Quem está sendo infantil é você. Ficou toda chateada só porque a vi, sem querer.

– Major, eu vou ser muito clara agora: não admitirei que você volte a falar desse assunto nunca mais! Somos adultos o suficiente para esquecer isso tudo. Desculpe se estou sendo ríspida, mas é que ando meio chateada com outras coisas e pretendo não me estressar com acontecimentos fúteis daqui por diante. O mais importante, agora, é a nossa missão. Estamos combinados?

– Ok. Se é assim que deseja, não vou mais incomodar.

– Já que acabaram... vamos continuar com o procedimento de decolagem – interveio o neuroprograma da nave. – Senhores, a central de controle aéreo está nos dando permissão para voar. Temos de partir neste momento.

Os oficiais calaram-se um tanto embaraçados e colocaram os capacetes, que se integraram ao traje, sendo ativados. Eles ajustaram os assentos e se prepararam para a decolagem. Em seguida, o neuroprograma da nave acionou os mecanismos de voo, e o incrível veículo aéreo fechou as escotilhas. Agora, um grande guindaste se conectava à aeronave, levando-a para a plataforma de lançamento.

Do interior da cabine de pilotagem, os oficiais observavam o hangar numa visão panorâmica. Eles percebiam outras aeronaves de caça rumando

para suas plataformas. Todas estavam sendo inclinadas pelos guindastes-
-robôs, até atingirem o ângulo vertical e, depois, eram disparadas em movimento ascendente.

Em poucos minutos, a SIB 41 começou a repetir os mesmos movimentos.

– Senhores, estou acionando o módulo de gravidade artificial, aumentando a pressão das turbinas e me preparando para sair do hangar. Posso proceder? – relatou o neuroprograma SIB.

– Sim, continue o procedimento.

– Positivo, major Helena. Procedimento em andamento.

Os oficiais encostaram as cabeças no assento e as poderosas turbinas receberam carga máxima e, ao se ouvir um forte estampido, a formidável aeronave de caça subiu, saiu do subsolo e percorreu alucinadamente o extenso túnel de lançamento. Em segundos, ela surgiu do lado externo da base-torre de Codajás, cruzando o espaço aéreo da Amazônia.

– Senhores, eu tenho em meu banco de dados informações sobre o plano de voo até Japurá. Devo prosseguir?

– Vá em frente, SIB... e siga essas diretrizes – ordenou Helena.

– Ordem recebida, major. Estou analisando o curso. Pelos dados meteorológicos e do tráfego aéreo, devemos chegar em meia hora.

– Proceda em velocidade de cruzeiro. Não precisamos forçar os equipamentos – ordenou Vitã.

– Sim, senhor. Reformulando velocidade.

A aeronave deu uma pequena guinada, mudando seu curso por sobre a floresta e diminuiu a velocidade.

– Tempo estimado de voo: 1 hora e 15 minutos – informou a SIB.

– Comandante, a nave acabou de sair do hangar e está se dirigindo para a base de Japurá – informou um tenente-coronel, se aproximando de Lemos, em pé, no meio do grande salão de comando.

– Obrigado por me avisar, Nelson. Meus melhores oficiais estão dentro dessa aeronave e deverão participar da maior de todas as missões – comentou Lemos, que observava a Floresta Amazônica através de uma enorme escotilha transparente, deixando escapar um ar de preocupação.

E a volumosa massa de ar, por cima da Amazônia, seguia sendo cortada velozmente pela aeronave de combate SIB 41.

– Senhores, o general Vespasiano, das tropas especiais de fronteira, da base de Japurá, pede contato – informou a nave.

– Ok, SIB... faça a passagem – disse Helena.

– Sim, senhora.

O sistema transferiu a ligação para o console à frente dos oficiais. Uma pequena tela foi projetada, mostrando a figura do general.

– Bom dia, major. Vejo que trouxe uma amiga – disse o general.

Helena sorriu.

– Bom dia, general. Esta é a major Helena. Estamos indo para a missão em sua base. Como vão as operações por aí?

– Nada bem, Vitã. É por isso que estou entrando em contato.

– Achei surpreendente o que aconteceu em sua base.

– É, major, confesso que o fato me deixou nervoso. É a primeira vez que noto uma certa fraqueza em nossas defesas. Todavia, é melhor discutirmos este assunto pessoalmente.

– Entendo a sua preocupação general... e esperamos corresponder plenamente às expectativas, assim que chegarmos – disse Vitã, quando um estridente sinal foi ouvido dentro da nave.

– Que houve, SIB? Por que disparou o sinal de alerta? – interveio Helena.

– Senhores... acabei de rastrear a presença de um equipamento não autorizado na região do Lago Badajós.

– Como? – indagou Vitã.

Os oficiais ficaram curiosos com a informação.

– General, um minuto, por favor. Surgiu um imprevisto – pediu Helena.

– Fique à vontade, major. Eu aguardo na linha.

– Certo.

– SIB, mostre-nos o equipamento – seguia Helena.

– Sim, major – obedeceu o sistema, acionando outra pequena tela projetada sobre o console, que mostrava o *design* da máquina. – É um reflorestador – observou a SIB.

– Mas isso é impossível! Aqui, nessa região, é desnecessária a presença desses equipamentos. Como ele chegou até aqui? Veja se algum satélite de defesa detectou a presença dele – ordenou a major.

Prontamente, SIB entrou em contato com os operadores do satélite na base-torre e, após alguns segundos, retornou com a informação.

– Senhores, os satélites de vigilância não sabem como esse equipamento surgiu nesse ponto.

– Não pode ser! – exclamou Vitã. – É possível esta ocorrência, major Helena? Os satélites deveriam ter avisado.

– Eu sei. Eles deviam ter dado um alerta

– Bem, senhores, vejo que o caso é sério – disse o general. – Vou desligar. Quando chegarem aqui, detalharemos melhor a nova operação.

– Certo general, desculpe-nos – disse Vitã, prestando continência.

O gesto foi repetido por Helena.

– Aguardo vocês – encerrou o general.

A imagem do general Vespasiano sumiu da pequena tela projetada. Helena deixou transparecer um ar de preocupação em seu semblante. Vitã acionou o console à frente e, através da projeção holográfica, estudou o desenho do aparelho reflorestador.

– Senhores, entrei em contato com a torre de vigília do Pico da Neblina, e eles informam que também não notaram o deslocamento desse robô – informou a SIB. – Dizem que agora podem detectá-lo.

–Impossível! – resmungou Helena, estalando os dedos. – SIB... faça um link com o reflorestador – pediu a major.

Enquanto isso, Vitã continuava a analisar o projeto da máquina pela holografia.

– Senhores, não estou conseguindo fazer o link.

– Melhor entrarmos em contato com o comandante. Ele deve ficar a par desta situação – decidiu Helena, olhando para os gráficos no console.

– Ok – concordou Vitã.

– SIB, acione o comandante Lemos, imediatamente– solicitou Helena.

– Ordem recebida, senhora.

Alguns segundos se passaram, e a figura do comandante Lemos surgiu em uma tela de energia. Os majores prestaram continência.

– Senhor, desculpe incomodar... – disse Helena. – Localizamos um aparelho andarilho reflorestador, há alguns minutos da região do Lago Badajós... e os satélites de nossa base não sabem como ele apareceu naquele ponto.

– Como isso foi acontecer? – surpreendeu-se o comandante.

– O esquisito, senhor, é que somente agora a SIB conseguiu localizá-lo – acrescentou Vitã.

– Realmente, é um fato muito estranho, majores.

– Temos de saber o que está acontecendo – seguiu Helena. – Se o senhor me permite, gostaria de investigar esse caso.

– Lógico major! Como vocês já estão próximos da ocorrência, deem uma averiguada. Avisarei ao general Vespasiano que vocês se atrasarão um pouco. Esse tipo de registro nunca ocorreu dentro da Amazônia. Vão até lá e descubram o que está acontecendo. Não vamos deixar esse fato passar despercebido.

– Obrigado, comandante.

– Perfeito, major. Tenham cuidado e mantenham contato.

– Sim, senhor – concluiu Helena, prestando nova continência.

Com isso, a imagem do comandante desapareceu da tela, que se extinguiu em seguida.

– Helena, temos de resolver este problema antes de chegarmos em Japurá.

– É... não temos outra alternativa – disse, no comando da nave, acionando o controle principal. – Vou pedir à SIB para mudar o curso da aeronave e nos posicionar acima da região, onde o aparelho foi registrado.

– Certo, Helena.

– SIB, trace rota em relação ao reflorestador encontrado e volte ao local do incidente.

– Sim, Major. Operação em andamento.

A reluzente aeronave deu outra pequena guinada e mergulhou velozmente em direção à floresta, retornando ao ponto do Lago Badajós onde fora localizado o reflorestador, finalizando a rota e flutuando sobre a copa das árvores.

– Senhores, chegamos. Este é o ponto-alvo – indicou a SIB.
– Perfeito. Descerei já – informou Vitã, deixando seu acento.
– Eu o acompanho, major.
– Helena, pode ser perigoso. Acho melhor você ficar.
– Agradeço sua preocupação, mas prefiro ir. Não se esqueça de que isso também faz parte do meu trabalho.
– Certo, então, vamos – disse Vitã, concluindo em pensamento: "*Ô oficial difícil!*".

A escotilha embaixo da aeronave se abriu e os majores conectaram finos cabos em seus trajes.
– SIB, iniciar descida. – ordenou Vitã.

Pendurados por resistentes cabos translúcidos, os oficiais, antes de atingirem o solo, passaram por entre folhas e galhos de milenares árvores da antiga floresta Amazônica. Ao concluírem a descida, desconectaram os cabos.
– SIB, dê-me as coordenadas – pediu Vitã, através de seu comunicador.
– *A vibração da máquina está vindo a 200 metros deste local* – registrou SIB, passando todos os dados para os sistemas instalados nos capacetes disponibilizando aquelas informações para leitura no visor do acessório *tecnológico*. Os majores caminharam mata adentro. O mau tempo escurecia o cenário, dificultando bastante a visibilidade. Após alguns instantes, chegaram a uma clareira e avistaram a intrigante máquina.
– UN-1, ativar multianalisador. Gere relatório desse equipamento – ordenou Vitã ao neuroprograma de seu traje.

O ecrã do capacete foi acionado e se abaixou, cobrindo seus olhos e mostrando vários dados em forma de gráficos.
– Major, o reflorestador está desligado e em ótimo estado de funcionamento. Não há marcas digitais em seus mecanismos. O registro indica que ferramentas foram usadas na estrutura. O aparelho foi desmontado. A parte de microrrobótica e os neuroligamentos foram recompostos fielmente – informava UN-1, com voz sintética, mostrando gráficos no visor do capacete.

"*Acho que alguém está interessado em nossa tecnologia*", pensou Vitã, olhando para o aparelho.

– Major, descobri vestígios que saem da clareira – informou Helena, também recebendo os dados virtuais em seu ecrã. – Vou seguir essas pistas.

– Certo. Mas tenha cuidado!

Helena acenou, concordando com Vitã, e seguiu adiante, por entre a úmida e densa floresta.

Enquanto Vitã fazia uma detalhada pesquisa no mecanismo reflorestador, os minutos se passavam. Helena, de arma em punho, continuava caminhando mata a dentro. Utilizando com frequência a visão artificial de seu ecrã, ela analisava tudo à volta.

– Senhora, não há nenhum tipo de radiação. O oxigênio está intacto. Não sinto presença de química alguma ou poluentes. Não percebo nenhum sinal de depredações. Mas, espere...

– O que houve, UN-2?

– Meus sensores informam que há um mecanismo a 10 metros daqui, de material desconhecido. Há também o registro de uma estranha fonte de energia em volta desse mecanismo. Dados totalizados – informava o sistema.

Ao ouvir aquilo, Helena, sem perda de tempo, correu ao local indicado por seu aparelho. Ela percebeu que o mecanismo em questão era uma aeronave, o mesmo veículo com forma de inseto, que observara nas gravações, e que aparentava ter sofrido uma queda.

Preocupada, Helena entrou em contato com Vitã, através do comunicador no capacete.

– Major, por favor, venha até minha localização. Preciso de apoio. Meu identificador localizou uma aeronave caída. Venha, temos que...

Porém, antes que Helena pudesse concluir o pedido, o major Vitã interveio, nervoso:

– Major, venha rápido! Preciso de ajuda, urgente! Venha agora! Há uma enorme forma orgânica se movendo por entre as árvores. Meu sistema está confuso e não consegue classificar o organismo.

De repente, Vitã se calou, escutando barulho de pisadas dentro da mata. Um vulto gigantesco se aproximava lentamente por trás da escurecida floresta, espantando os pássaros ao redor. A coisa se protegia na escuridão da mata fechada. Preocupado, Vitã pediu mais uma vez auxílio ao neuroprograma de seu uniforme, mas o equipamento desconhecia tal fato. De súbito, a forma saltou com grande força, saindo do breu da mata e entrando na clareira, com seu corpo bestial.

O major, naquele momento, conseguiu enxergar toda a extensão do terror. A fera era uma espécie de bípede. O corpo descomunal lembrava uma mistura de felino com primata. Uma gosma repugnante escorria de sua boca.

Vitã ficou estarrecido perante aquela visão.

"Caramba! De onde veio este monstro?" Pensou ele, afastado, olhando para a aberração com mais de dois metros de altura. A besta farejava o ar e emitia ruídos grotescos. Ela olhou para Vitã e partiu em disparada contra o oficial, que, sentindo o perigo de perto, gritou:

— Retaliador!

Rapidamente a arma, obedecendo ao comando vocal, gerou um pequeno ruído mecânico e se destravou do coldre eletrônico, informando:

— Configuração ativa!

O major agarrou a arma e a apontou em direção à fera, que se aproximava, prestes a atacá-lo. Do artefato bélico, saiu um reluzente miniprojétil de energia, que voou de encontro ao alvo.

No entanto, o ser bestial se esquivou do ataque. O plasma acertou apenas de raspão a sua pata esquerda. Com isso, o animal se tornou ainda mais violento. Ele parou a uns vinte metros do major, urrando, nervosamente.

Vitã observou aquela ação absurda e ficou ainda mais espantado. Ele pressentia que o poderoso monstro faria um novo ataque. Sem opção, disparou sua arma mais uma vez. Mas a fera captou o movimento do major e se esquivou habilmente, agora com absoluto sucesso.

Em frações de segundos, ela se deslocou indo, enfurecida, para cima do major. Vitã, se sentindo encurralado, ordenou em voz alta:

— Revestimento!

O sistema do traje forçou o minigerador à carga máxima nas ventosas eletrônicas, expelindo camadas de íons por elas, formando uma camada de energia translúcida sobre sua armadura, dando-lhe muito mais resistência.

A fera, já muito perto, impediu que ele fizesse um novo disparo. E, esbanjando ódio, aquele ser animalesco, com muita agilidade, atacou o major com um golpe de pata. Uma força tamanha atingiu Vitã, arremessando-o a quase dez metros.

Ele caiu voltado para o solo batendo com os cotovelos. Mas graças ao revestimento de energia na sua armadura, escapou de ser dilacerado pelo monstro. Porém a potência do traje se enfraqueceu, devido ao impacto, e a camada de energia se desfez, deixando-lhe o corpo desprotegido.

"Se eu não agir rapidamente, será o meu fim!", pensou Vitã, ofegante, tentando se levantar.

A besta, aproveitando-se da ocasião, deu um pulo para atingir as costas de Vitã. Ele tentou se virar, mas a fera já estava muito próxima em seu voo mortal. Seria mesmo o seu fim, se, um segundo antes do major ser atingido, algo mágico não acontecesse: uma espetacular e diminuta esfera azulada, zunindo como um pequeno tornado, saiu de dentro da escura floresta, acertando o peito do mostro em pleno ar, que caiu urrando, impulsionado para trás. Vitã não entendeu o que se passou, antes de desmaiar.

Helena, olhando para a fera, percebeu que seu disparo fora preciso. E, diante daquele cenário terrível, correu para socorrer o major Vitã, inconsciente e estirado de bruços ao chão.

– Major! Major, está me ouvindo? Você está bem? Major! – dizia Helena, preocupada e olhando para Vitã, que começava a se mover lentamente.

O major, muito tonto e com a respiração pesada, tentou se virar. Helena o ajudou.

– Você está bem, Vitã? Sente alguma dor? – perguntou, colocando a mão sobre o ombro da vítima.

– Não... Não estou sentindo nada. Estou meio tonto... Daqui a pouco fico bem... Ajude-me a levantar.

– Cuidado, Vitã! Você sofreu um forte impacto... pode ter quebrado alguma costela ou osso! É melhor não se levantar. Eu presenciei o ataque quando estava chegando aqui... e...

– Fique tranquila, Helena. Não estou sentindo nada demais... Só tonteira... Agradeço se puder me levantar.

– Ok, Vitã... – obedeceu Helena, erguendo o oficial com certa dificuldade.

– Não se preocupe, amiga. O revestimento me protegeu corretamente. Eu não sofri nenhum arranhão – disse, ao se levantar vagarosamente, tentando se limpar. – Caramba... o bicho conseguiu me nocautear pra valer! Se não fosse você, eu teria morrido. Chegou na hora certa. Fico te devendo essa...

– Certo, major... mas é melhor irmos para a nave. Eu não estou gostando nada deste ambiente. Nunca, em toda a minha vida, vi algo tão terrível. Confesso que estou com medo!

– Então, vamos, Helena. É melhor sairmos daqui o quanto antes. – disse Vitã, finalmente de pé, começando a se recuperar da tonteira.

Vitã se apoiou na major, que a ajudou a caminhar.

– SIB, por favor, venha nos buscar. – ordenou Helena, através do comando em seu capacete.

A aeronave se aproximou de uma clareira e pousou. Os oficiais entraram e desativaram seus equipamentos de combate. Vitã encostou-se no assento, que de imediato iniciou a reposição de energia em seu traje, enquanto ele procurava relaxar.

– SIB, fique em modo de alerta – pediu Helena.

– A senhora deseja que eu volte para o curso de voo agora?

– Daqui a pouco, SIB. Fique apenas em modo de alerta.

– Positivo – respondeu a nave, expondo suas armas e subindo a poucos metros do solo.

– Bem, major... seria bom tomar um medicamento. Afinal de contas, você passou por maus bocados... – aconselhou Helena.

– Não é necessário, Helena. Já estou me recuperando da tontura. Mas... me diga, o que aconteceu dentro da floresta, quando você entrou em contato comigo?

– Eu descobri uma pequena aeronave caída, à meia-hora daqui. Ela está desativada e aberta. O material que a reveste me parece ser de antidetecção, mas não identifiquei nada. Quando me aproximei do aparelho, foi como se ele não existisse.

– Bem, Helena... isto explica muita coisa – falou Vitã, mais uma vez tentando limpar seu traje.

– Suspeita de algo?

— Eu acho que essa aeronave poderia carregar o reflorestador... e esse robô, por algum motivo, caiu aqui nessa região. Quem sabe... aquele ÓVNI não tenha sido alvejado por um de nossos caças?

—Talvez você tenha razão, major.

— Eu gostaria de saber que criatura era aquela que me atacou. Nunca vi coisa tão terrível! Os sensores do meu traje ficaram confusos em classificar sua classe biológica. O que você acha de darmos uma olhada nessa coisa, antes de partimos?

— Não sei, Vitã. Você está cansado. Acho muito arriscado. E se houver mais espécies desse monstro por aqui? O que faremos?

— Dessa vez, poderemos deixar a nave cuidando de nossa retaguarda. Será mais tranquilo.

— Se você pensa assim... ok. Mas é melhor irmos com muita cautela.

Senhor reposição de energia do traje em quarenta por cento.

— Tudo bem SIB, desça. Vamos sair — ordenou Vitã, levantando-se de seu acento.

Helena também se aprontou para a nova tarefa. A nave pousou em seguida na clareira e o casal de oficiais, de armas em punho, voltou a sair da aeronave.

— SIB, rastreie-nos e defenda nosso perímetro. — solicitou o major.

— Mecanismos de defesa acionados... Perímetro sobre vigilância — informou o sistema com voz metálica.

— Vamos, Helena.

Os dois deixaram a SIB e seguiram em direção ao monstro abatido, e Helena acionou sua viseira eletrônica. Em seguida, a aeronave se ergueu e ficou levitando a uns três metros do solo. Algum tempo de caminhada e os majores chegaram enfim perto da fera.

Helena, através dos sinais emitidos por seu aparelho, atestou que a criatura estava fora de ação, e tentou descobrir a composição e a origem daquela forma orgânica. Rastreando-a com feixes tomográficos, expelidos pelo capacete, os órgãos internos da criatura apareceram em seu visor, girando em 3D. Mesmo assim, o equipamento não conseguia classificar a espécime.

Em seguida, a imagem do comandante Lemos apareceu na parte superior do ecrã dos oficiais.

– Descobriram por que o reflorestador caiu nesta área?

– Comandante, o senhor vai ficar impressionado... – disse Vitã.

– Por favor, não me deixe na expectativa.

– Senhor, vou mostrar uma estranha criatura e...

Vitã explicou o ocorrido, com detalhes. Enquanto isso, Lemos visualizava a fera, através dos registros.

– Bem, a situação é muito enigmática – disse Lemos. – Prefiro que saiam daí, imediatamente. Vou direcionar um dos satélites de observação para este ponto e enviarei uma equipe para recolher os equipamentos e o monstro, o mais rápido possível.

– Certo, senhor – respondeu Vitã, de costas, vigiando o perímetro.

– Major, o que vocês descobriram pode ter ligação com a aeronave não catalogada que foi atingida. Estou ansioso para recolher essas provas. Como disse, uma equipe irá buscar evidências. E prefiro que saiam logo daí!

– Sim, senhor! Entendido!

– Ótimo! Tenho que desligar. Vou pedir para o Centro de Biotecnologia estudar o caso. Ah... e gostaria de agradecer a vocês.

– É nosso dever, senhor!

– Prossigam na missão de Japurá e deixem tudo comigo.

– Perfeitamente, senhor. – concluiu Vitã.

O comandante finalizou o contato.

– Helena, vamos sair daqui imediatamente. SIB, precisamos nos retirar.

A aeronave desceu e se aproximou lentamente dos oficiais. A escotilha inferior foi aberta. Vitã e Helena entraram na nave, se acomodando em seus postos.

Por fim, a aeronave recolheu as armas em sua fuselagem e girou em seu eixo, subindo rapidamente e deixando a região da floresta para trás.

– Minha nossa, que coisa bizarra! Nunca pensei que ia ver um bicho tão estranho e violento como aquele. Não consigo entender como essa criatura possa existir– Disse Helena, de olhos arregalados e olhando para o console da aeronave, que mostrava as imagens captadas da criatura.

– Muito esquisito. Essa coisa parece ter saído de um filme de terror. Rápida e violenta. Se não fosse por sua ajuda, teria morrido – comentou Vitã

– Ainda bem que eu estava com a arma em punho naquela hora, e que tudo deu certo. Espero nunca mais ver algo igual na minha vida – concluiu Helena, olhando para o major, ainda perplexa com o ocorrido.

– Creio que este bicho tenha sido feito em laboratório, sabe como é. Hoje em dia, qualquer maluco quer brincar de deus e ficam abusando com os clones transgênicos – comentou Vitã, fixando o olhar em Helena.

– Entendi. Quer dizer que a criatura pode ser uma manipulação genética? – questionou, preocupada.

– Creio que sim. Essa e a explicação mais plausível no momento.

–Era o que faltava! Algum cientista doido fazendo criaturas como aquela!

–Não se preocupe com isso, Helena. Os cientistas da base torre irão resolver este enigma, fique tranquila – disse Vitã, colocando-lhe a mão no ombro, tentando reconfortá-la.

Helena concordou com um aceno de cabeça, virando-se para o console e procurando se concentrar no voo.

–Vamos em frente; temos muita coisa a fazer! – disse, por fim, disfarçando as preocupações e acionado pequenos dispositivos no console futurístico da aeronave.

– Senhor, a central de meteorologia acabou de passar os dados climáticos – informou o sistema SIB. – Há uma pequena tempestade vindo em nossa direção, devendo passar por aqui em poucos minutos. Como devo proceder?

– SIB, siga para a base de Japurá. Desvie do temporal, navegue em velocidade de cruzeiro

– Ordem recebida, major. Traçando nova rota. Pelos meus cálculos, perderemos 10 minutos, devido ao desvio. Devo proceder?

– Afirmativo, SIB – assentiu Vitã, largando o *manche*.

–Trajetória travada.

A espetacular aeronave traçando um novo curso riscava o céu seguindo seu novo destino.

Dentro da base-torre de Codajás, no interior do salão de comando, Lemos mostrava as imagens do monstro para o chefe do Centro de Biotecnologia, que as analisava rapidamente. Ambos conversavam via comunicador.

– Comandante, essa criatura tem características humanas e animais, mescla de algumas espécies – dizia Renan. – Dá para notar que é um clone transgênico. Mistura de animais com genes humanos.

Lemos ficou apreensivo com a informação.

– Tem certeza, Renan? – certificou-se ele.

– Certeza só terei quando tivermos acesso ao corpo, mas pelo vi nas imagens escaneadas, há noventa por cento de chance.

– Para você ver, Renan, mesmo com a proibição do Conselho de Ética, ainda estão fazendo essas experiências monstruosas.

– Entendo, comandante. Os clones transgênicos foram proibidos há muito tempo. Principalmente, os que envolvem genes humanos. Isso é mesmo uma monstruosidade.

– Renan, sei que há loucos espalhados pelo mundo. Querem misturar espécies e não consigo entender o porquê de tamanha crueldade. Para que mexer com a natureza? Por que não deixá-la quieta?

– Tem razão, senhor! Tudo isso é muito triste. Para se chegar a um resultado satisfatório, de um bom clone transgênico com genes humanos, seria necessário fazer experiências. E o que é pior, os testes envolveriam seres semi-humanos, e os mal formados não sobreviveriam.

– Como assim? Não entendi, Renan.

– Senhor... esses irresponsáveis, para produzirem um clone transgênico, inteligente e saudável, teriam que misturar um determinado animal a um ser humano. E o senhor sabe que, para isso, seria preciso realizar experiências com genes humanos...

– Sim, continue...

– Para se obter um bom exemplar transgênico, os seres humanos misturados aos animais que apresentassem anomalias, ao serem gerados, não sobreviveriam com o organismo incompleto.

O comandante se mostrava apreensivo com as informações.

— Senhor... — prosseguiu Renan — estou muito curioso quanto a esse fato. Assim que o corpo da criatura chegar, minha equipe irá decodificar seu DNA, para podermos fazer uma classificação mais detalhada.

— Certo, Renan... nossa equipe já está trazendo o corpo do monstro. Assim que chegar, irei ao Centro de Biotecnologia para vê-lo de perto.

— Sim, senhor.

— Muito bem. Se surgir algum fato novo sobre esse ser, me avise.

— Pode deixar. Estarei atento, senhor.

— Desligando.

E a imagem do cientista se desfez na tela projetada.

11
Tribo em Chamas

O céu, escuro e ameaçador, ficara para trás, juntamente com o temporal. Por sorte, a aeronave havia se desviado corretamente daquela tempestade tropical.

SIB acabara de sair da coluna de chuva, quando detectou algo e deu o alerta.

– Por que ativou o alerta, o que houve, SIB? – perguntou Helena, pressionando sua digital em um painel por cima de sua cabeça.

– Meus sensores captaram um grande foco de fumaça saindo da reserva indígena de Miratu, na tribo Miranha – SIB expôs imagens colhidas do satélite à frente dos oficiais

– Caramba! A tribo Miranha está em chamas, mesmo! – admirou-se Helena, olhando para o Major.

– Não! Isso não pode acontecer! – disse o major, nervoso, vendo as imagens.

– SIB... nos leve até lá, agora! – ordenou Helena à nave

Espero que não tenha acontecido nada com os nativos – comentou Vitã, preocupado, voltando-se para Helena.

A máquina fez uma leve curva, voltando-se em direção ao incidente e, em pouco tempo, os oficiais avistaram a enorme muralha de fumaça.

– Vitã, as coordenadas confirmam. Tribo Miranha – concluiu a major, analisando os gráficos e dados que giravam em uma pequena tela projetada à frente.

– SIB, pouse no terreno da tribo e acione o modo de vigilância. Vamos descer! – ordenou o major, agitado.

A nave se aproximou do local, dando um rápido giro em seu eixo. Ela acionou suas armas de defesa e, diminuindo a velocidade, atravessou a densa cortina de fumaça. Por fim, pousou verticalmente na aldeia destruída. Feito isso, os oficiais desembarcaram de armas em punho.

O cenário era desolador. Havia destruição por toda parte. Malocas pegavam fogo, e havia muitos índios desmaiados e feridos em meio a fumaça. O terror imperava na terra indígena de Miratu. Gemidos eram ouvidos.

– Como isso foi acontecer? Por que ninguém nos avisou a tempo? É um pesadelo – exclamou Vitã, os nervos à flor da pele.

Segurando o retaliador, ele caminhava de um lado para o outro, visivelmente transtornado, e chutando pedaços de madeira queimada.

– Calma! Fique calmo, major! Como poderemos resolver este problema se você ficar nervoso? Precisamos pensar numa saída!

– Eu sei, Helena, mas é difícil. Ninguém poderia ter feito isso com estes índios! Eu quero descobrir o responsável por essa tragédia!

De repente, SIB reergueu voo por cima dos oficiais, em modo de vigilância, dando um giro considerável em seu eixo e apontando as metralhadoras de plasma para determinada posição dentro da floresta, avisando rapidamente os tripulantes sobre uma ocorrência.

Pela viseira eletrônica, Vitã reconheceu indígenas que se aproximavam lentamente.

– SIB, retorne à vigilância! Estes são índios desta reserva – ordenou o major.

A aeronave então voltou à sua posição inicial, rastreando a região. De dentro da mata, saía um grupo indefeso. Um velho indígena carregava o pequeno curumim em seu colo, e uma anciã os seguia, puxando uma outra criança pelo braço.

Vitã percebeu que eles estavam bastante machucados.

– SIB, hora de aterrissar. Precisaremos de você aqui embaixo.

A aeronave baixou o trem de pouso e desceu, em sentido vertical, novamente no terreiro.

– Trovão da Mata! Trovão! Grande Trovão! – exclamava a velha índia.

Vitã tinha pouco contato com aquela tribo, mas os índios ficaram felizes em ver o major e o abraçaram. O nativo, estarrecido, em total estado de choque e com os olhos arregalados, agarrou Vitã e tentou se comunicar.

– Mapinguary! Mapinguary! Mapinguary!

– O que ele está falando, Vitã? – indagou Helena, com curiosidade.

– Ele se refere à uma lenda antiga da floresta, sobre um monstro que aterrorizava seus antepassados... que flecha nenhuma podia atravessar... e que nenhum guerreiro armado conseguia vencer.

– Grande Tupã trazer você, Trovão, para salvar nossa tribo e proteger crianças – disse o índio usando um português arrastado.

– Fique tranquilo! Eu vou ajudar vocês – prometeu Vitã. – Quero saber o que aconteceu por aqui. Venha, vamos entrar na aeronave.

– Sim, Trovão! Eu entrar em pássaro de fogo!

Helena segurou o curumim no colo e amparou a índia. Vitã e o nativo foram na frente. Já dentro do caça, os majores começaram a prestar os primeiros socorros.

– SIB... movimento ascendente, em modo de vigilância – comandou Vitã.

A nave subiu progressivamente e ficou estática sobre a tribo, a alguns metros de altura. Os visitantes, curiosos, observavam tudo com atenção e certo temor, mas a anciã e o homem se acalmaram, enquanto Helena medicava os seus ferimentos provocados pelo fogo.

No mesmo instante, o major conversava com o sistema e, após alguns segundos, localizou o caça de sua equipe mais próximo.

– Helena, uma aeronave de nossa equipe foi localizada a 180 quilômetros daqui, perto do Pico da Neblina. Eles avisaram que estão em missão, mas poderão ajudar, se o comando permitir.

– Então, entre em contato e o informe sobre nossa situação – pediu Helena, cuidando dos feridos.

– Agora mesmo! – confirmou Vitã, se precipitando em ativar o console, a pequena tela de energia elevando-se e mostrando a figura do comandante.

– Comandante, surgiu mas uma dificuldade a caminho de Japurá – informou Vitã.

– Diga o que está acontecendo desta vez, major.

Vitã narrou os fatos recentes a Lemos, que respondeu com certa revolta:

– Creio que aconteceu o que eu mais temia. Algum grupo resolveu atacar os índios. Eles concretizaram o maior de meus pesadelos.

– Entendo, senhor – respondeu Vitã, nervoso.

— Bem... reunindo esses fatos que você me contou, só posso chegar a uma conclusão.
— Qual, comandante?
— Que esse Mapinguary que o índio se refere é parecido com que vocês destruíram. Nossos pesquisadores descobriram que se trata de um ser transgênico, uma mistura de genes animais e humano.
—Foi o que deduzi, comandante. Eles introduziram essa criatura aqui por algum motivo.
— Converse com os índios para colher mais detalhes – sugeriu Lemos. – Deixe sua tela ativada. Vou participar do diálogo.
— Sim, senhor.
— Pode prosseguir.
Vitã puxou os índios para perto do console. Eles tomaram um susto com a figura do comandante sendo projetada, o que fez Vitã tranquiliza-los:
— Calma, calma! Este é o meu líder. Ele vai nos ajudar.
Em seguida, o major solicitou ao nativo alguns dados importantes, mas, naquele momento, ele se mostrava muito confuso e apavorado com o ocorrido. Então, a anciã que estava ao lado de Helena, resolveu se pronunciar:
— Grande Trovão, eu falar! Eu vi tudo! Vou falar! – A índia segurou o braço de Vitã e o encarou firmemente. – Grande Trovão, dois homens brancos, luas atrás, foram trazidos à nossa tribo para aprender artes de cura. Eles tinham papel com nome de chefe branco, e afirmaram que era coisa importante para respeitar. Tuxaua aceitou, e brancos ficaram na tribo, né, várias luas, aprendendo arte do pajé. Ficaram amigos dele e juntos colheram plantas e raízes para fazer cura. Brancos aprenderam muito e começaram a andar sozinho na mata. Um dia, pequeno filho de guerreiro seguiu homem branco e descobriu ovo de brilho de luz. Curumim trouxe ovo para cacique, e cacique quando abriu casca ficou com medo. Saiu fumaça fria do ovo, e filhote de macaco adormecido estava lá dentro. Cacique mandou pegar mais ovo de luz, e quando abria, saíam coisas feias. Pajé disse que era castigo de espíritos da mata.
— Que coisas feias eram essas?
— Ah, filho... muito bicho respirando de olho fechado. Aranha, filhotes de cobra, filhote de onça negra, pedaços de cipó e folhas, muitas plantas e

insetos. Tuxaua ficou com medo da fumaça fria que saia do ovo brilhante e falou para guerreiros prenderem homens brancos.

– Eles conseguiram?

– Sim. Tentaram se esconder na mata, mas guerreiros acharam eles. Índios viram brancos com coisa pequena... Pedra brilhante, né?

– Eu acho que já sei... – murmurou Helena.

– E o que é essa pedra brilhante? – perguntou Vitã.

– Talvez um videofone... – respondeu ela. – Ou algo do gênero.

– Pode ser.

E o índio prosseguiu:

– Cacique mandou amarrar brancos e prender na maloca durante dia. Mas, logo na noite, Mapinguary apareceu!

– E quando isso aconteceu? – perguntou Vitã.

– Quando era escuro, sem lua. Guerreiros lutar contra Mapinguary, mas lança e flecha não furar bicho. Três valentes foram pra mundo de Tupã. Tuxaua usar flecha de fogo e machucar Mapinguary. Guerreiros feridos fazer a mesma coisa e flechas queimar o bicho... queimar... queimar! Espírito ruim fugiu berrando pra dentro da mata!

– Minha nossa, Vitã! Coitada dessa gente!

– Helena, vamos escutar com atenção o resto da história. Continue, senhora.

– Coisa estranha aconteceu depois. Brancos com arma do mal entraram na aldeia e também lutaram com guerreiros. Atacaram todos os nossos irmãos. Eram amigos do demônio, demônio encarnado Mapinguary! Tuxaua usar flechas de fogo, mas flecha acertar as cabanas. Homens do mal com raiva acharam os prisioneiros e soltaram todos. Depois, lutaram Tuxaua. Eles levaram os pequenos da nossa tribo. Tragédia! Tragédia! Nosso deus pede vingança! – suplicou a velha índia, começando a chorar.

– Inacreditável! Como puderam fazer tamanha barbaridade? – indagou Helena, com expressão de tristeza, amparando a anciã.

– Nós temos de resolver isso, Helena. Eles não podiam ter feito isso com, o chefe dessa tribo e menos ainda ter sequestrado as crianças! – disse Vitã, com firmeza.

A índia, apesar de abalada, continuou a relatar:

– Eles levaram pajé e curumins para dentro da mata. Mapinguary foi com eles. A gente estava escondido na mata quando mirei Mapinguary obedecer homens brancos!

– E para onde eles foram, senhora? – perguntou Vitã.

– Homens com pajé e crianças foram naquela direção! – Ela apontou. – Foi isso, Trovão. Eles levaram meu curumim. Eu querer ele de volta! Trovão, ajuda a gente! Você ter grande força! Ajuda a gente! Quero minha criança de volta! – implorava, com os olhos cheios de lágrimas.

Vitã e Helena ficaram emocionados. O comandante Lemos, que por meio de projeção acompanhava tudo, também se mostrava bastante sensibilizado.

– Senhores, o problema apresenta um alto nível de gravidade e periculosidade – disse Lemos. – Eles não poderiam ter feito isso em hipótese alguma. Esses povos e esta floresta são protegidos. e tudo está sendo dizimado em nossa região. Isso, com certeza, não vai ficar assim. Vou enviar uma equipe para ajudá-los, imediatamente. Temos que detê-los, antes que escapem da floresta com as crianças.

– Comandante, eu mesmo posso resgatá-los. Temos que fazê-lo a tempo, antes que seja tarde – disse Vitã. – O ataque aconteceu de madrugada e eles vieram por terra.

– Tenho dúvidas, major. Você vai correr um grande perigo, sem o auxílio de uma tropa.

– Não se preocupe, senhor. Estou bem equipado, e a SIB 41 pode me dar cobertura.

– A escolha é sua, major. Mas volto a repetir, tome cuidado! – disse Lemos. – Mesmo assim, vou enviar uma esquadrilha para apoiar vocês.

– Certo, senhor.

– E mantenha o link, major. Estou bastante preocupado.

– Entendido. Fique tranquilo. Tudo dará certo.

– Ok, major. Cuide bem dos índios. Eles já sofreram demais.

– Correto. Vou deixá-los dentro da aeronave.

– Missão aprovada. Que Deus os proteja!

– Obrigado, senhor.

– Mantenha-me atualizado – pediu o comandante.

– Pode deixar – concluiu Vitã.

– Desativando comando – informou a SIB.

Vitã prestou continência, vendo a imagem do comandante Lemos se desvanecer.

– Helena, tenho que me preparar para enfrentar estes canalhas – disse Vitã.

– Eu vou com você.

– Não! – se precipitou Vitã, preocupado. – Devo ir sozinho desta vez! Desculpe por falar assim com você, mas esta missão é muito perigosa e, neste caso, indo sozinho, poderei agir melhor – explicou ele, encarando a major e segurando firme em seu braço.

– Mas...

– Helena, eu quero que você fique aqui, cuidando deles! Caso haja algum problema – insistiu Vitã

Helena, percebendo a seriedade do major, resolveu não insistir.

– Poderemos, então, ir pelo alto, na retaguarda.

– Eu entendo a sua preocupação, Helena. Mas levantar voo agora poderá atrair a atenção desses criminosos! Melhor eu ir sem a nave.

– Vitã, eles podem estar muito longe a essa hora. Você não deu nenhuma rastreada em suas posições. Como pretende pegá-los?

– Nesse ponto, você tem razão, Helena. Vamos usar o biorradar da SIB e tentar localizar a posição deles. Poderia ver isso para mim, enquanto me apronto?

– SIB, ative o biorradar – disse Helena.

– *Ordem em processo...* – informou a nave.

Ao ativar seu rastreador, o neuroprograma mostrou imagens por sobre o console. Um pequeno cilindro energético começava a exibir detalhes, através de holografias. Então, surgiu um relevo no deserto, onde apareceram milhares de corpos orgânicos de animais.

Helena pressionou sua digital em um ícone holográfico flutuante. Os gráficos se reformularam, minimizando as formas animalescas para dar destaque às formas humanas. Ela, então, viu centenas de índios espalhados pela floresta, no raio de alguns quilômetros. Olhando com mais atenção, observou um grupo de corpos humanos com anatomia diferente dos nativos.

Eles se deslocavam na mata, a 16 quilômetros dali. Eram homens altos, sendo um de aparência mais velha, e todos arrastavam consigo crianças indígenas.

– Vitã, consegui localizá-los!

– Ótimo, Helena! A que distância?

–Estão a 16 quilômetros daqui, se deslocando rapidamente na direção de um rio.

– Caramba! Pensei que estivessem mais perto. Não posso perder tempo. Teremos que voar e correr o risco de sermos localizados.

– E você acha que, mesmo com o nosso sistema de antidetecção, eles podem nos rastrear?

– É possível, sim. Não sabemos exatamente quais equipamentos eles utilizam.

– Então, corremos o risco de sermos alvo de mísseis portáteis.

– É exatamente isso que eu gostaria de evitar. Mas não há outro jeito. Vamos embora... e torcer para que não nos vejam. SIB, deixe-me a 2 quilômetros deles.

A nave levantou voo, abandonando a tribo destruída. Ela acionou o mecanismo antirrastreio. E, planando lentamente por cima da copa das árvores, SIB foi de encontro ao grupo inimigo. Seu sistema de pigmentação para camuflagem física funcionava corretamente, deixando-a quase invisível.

– Helena, você disse que o grupo está se deslocando em direção a um rio?

– Sim, major.

– Eles pretendem escapar pela água. Devem ter vindo por terra – Comentou Vitã.

– Creio que sim. Eles devem ter pousado nas proximidades do rio e ido a pé, para invadir a tribo, optando pelo elemento surpresa.

– Acho que você tem razão. E o pior é que não há nem sinal do veículo deles.

– Devem estar usando naves desconhecidas.

– Mas... me responda uma coisa, Helena – disse Vitã. – E o suposto Mapinguary? Por onde deve estar a essa hora?

Helena ficou pensativa por algum momento.

–Não podemos nos esquecer dessa criatura. Major, acho muito perigoso você explorar essa região sozinho.

– Helena, eu não tenho outra escolha. Eles podem matar os curumins e o pajé. Tenho que ajudá-los e rápido, antes que seja tarde!

– Tive uma ideia. Podemos usar os dados do monstro morto para carregar os sensores da SIB. Se essa nova fera tiver a mesma origem orgânica do monstro que matamos, será fácil localizá-la.

– Senhores, estou próximo aos intrusos – informou o sistema. – Minha geoposição em relação a eles é de 2 quilômetros. Devo prosseguir?

– SIB, trave diâmetro de 2 quilômetros em relação a eles – solicitou Vitã, verificando os mecanismos de seu traje eletrônico. – Permaneça assim. Por favor, Helena, transmita esses dados que você acabou de me passar para o SIB. Preciso descer, agora.

A major o encarou com desaprovação, mas sabia que qualquer tentativa sua para fazê-lo desistir seria inútil, diante da determinação do companheiro.

– Major, não tenho certeza de que minha ideia vá dar certo, e você terá problemas novamente com o monstro transgênico. Poderá haver um confronto na mata.

– Não se preocupe, Helena. Com os dados do biotipo dele, que você colheu, creio que vá dar certo, sim, e será fácil localizá-lo através do marcador da SIB. E, desta vez, estarei bem mais armado. – Vitã fez uma pausa e prosseguiu, quase aos berros: – SIB 41, libere o Multifuzil!

– Sim, senhor.

A aeronave também repassou uma boa quantidade de energia para o compartimento eletrônico na lateral do assento de Vitã. Os índios, no fundo da nave, observavam, com os olhos arregalados, a luz que saía por entre as frestas do repositório. De súbito, sua pequena tampa de metal se recolheu, fazendo surgir a imponente arma futurística. Pontos luminosos piscavam em seu corpo metálico, denunciando estar em pleno funcionamento.

– Multifuzil com carga máxima e sistemas de configurações operantes – anunciou SIB.

Vitã se sentiu mais confiante, vendo a poderosa arma à sua frente.

– Helena, vou descer. Fique atenta – pediu ele. – Estou deixando o meu sistema de comunicação em link. Não me perca de vista. Vou precisar de sua ajuda.

— Vitã, vou deixar a aeronave rastreando seu perímetro.

— Ótimo. Fique a 2 quilômetros distante de mim, e vamos torcer para que eles não nos vejam.

— Certo, amigo. Boa sorte. — Helena deixou escapar um leve sorriso ao colocar a mão sobre o ombro do major.

— Obrigado, Helena! — agradeceu Vitã, segurando rapidamente a mão da Major.

Ele encaixou um fino cabo translúcido em seu traje. A escotilha se abriu e o major se preparou para descer, pendurado pelo resistente acessório. Ele fez um sinal de "ok" para a amiga e começou a descer lentamente, passando por entre os galhos das árvores.

Após alguns segundos, chegou ao solo da floresta, caindo exatamente sobre a trilha deixada pelos inimigos.

— UN-1, ative o multianalisador — pediu Vitã ao traje.

O ecrã do capacete foi acionado, cobrindo seus olhos em ângulo panorâmico. O oficial viu o desenho de formas humanas representando os biopiratas. Os inimigos se deslocavam lentamente dentro da floresta, a menos de 2 quilômetros dali. Vendo aquelas imagens, o oficial segurou o multifuzil com firmeza e começou a correr em direção ao grupo.

— SIB, repasse os dados do monstro transgênico para nosso banco de dados e carregue o biotipo dele no multianalisador de Vitã. Ele irá precisar dessa informação — instruiu Helena.

— Dados armazenados — confirmou a voz metálica. — Meus sistemas estão classificando e agrupando esses registros no multianalisador do major Vitã.

— Ótimo! — disse ela, operando o avançado console.

Enquanto isso, os índios no fundo da nave continuavam espantados.

A floresta se mostrava escurecida e misteriosa, naquele ponto. Os poucos raios de sol que a penetravam eram fracos, de uma cor lavada. Um silêncio anormal pairava sobre aquele estranho cenário. E o valente major prosseguia em sua arriscada missão, correndo de encontro ao adversário. Por muitas vezes, ele afastava galhos e folhas do seu corpo e saltava várias raízes, durante o percurso irregular.

Preocupada, Helena fez o primeiro contato:

– Major, deu certo. Localizei a criatura. Ela está a 500 metros, esta correndo indo em sua direção.

– Obrigado, Helena – agradeceu Vitã, parando e olhando para trás. Orientado pelo visor eletrônico de seu capacete, ele sondava a densa mata. Gráficos virtuais em 3D denunciavam que o ser transgênico se aproximava velozmente, como Helena havia informado.

– Helena, posso ver a forma do maldito monstro! Ele está vindo! Me localizou de alguma forma!

– Major, tome cuidado!

– Fique tranquila, Helena. Vou montar tocaia.

O oficial, observando a posição do estranho animal, que se aproximava muito rapidamente, teve uma ideia:

– Multifuzil, ativar projétil de precisão com disparo silencioso. – ordenou ele.

A arma emitiu um quase imperceptível ruído mecânico, e luzes piscantes mudaram de cor.

– Projéteis de precisão e disparo silencioso, acionados, senhor – informou a arma, através do capacete.

O major mirou. Pelo visor do capacete, via uma bizarra forma em aproximação, representada por desenhos tridimensionais. O monstro corria cada vez mais. Ele estava agora a uns duzentos metros da área do oficial.

Percebendo a rapidez da fera, Vitã se posicionou de costas em relação à trajetória da criatura, e começou a montar uma armadilha. De olhos arregalados e com uma ansiedade cruel, a sua adrenalina subia. Agora, o major, devidamente armado e com sangue frio, esperava a besta se aproximar. De súbito, começou a ouvir barulho de galhos próximos quebrando e uma revoada de pássaros espantados, como se uma manada de touros enfurecidos invadisse a floresta.

Subitamente, tudo se tornou silencioso. Através do ecrã, Vitã sabia exatamente a distância da fera. Prestes a finalizar a armadilha, o oficial pressentiu que o vulto do monstro estava bem perto, pairando no breu da mata espessa. "Mapinguary", na tocaia, o sondava. A respiração ameaçadora tornara-se audível. Repentinamente, a horrenda figura saltou com violência de dentro das trevas para atingir as costas do major. Porém, Vitã, sabendo com acuidade do perigo que corria, utilizou sua destreza.

Com rapidez espantosa, se virou, fazendo uma base e segurou a arma firmemente com as duas mãos, apontando o multifuzil para o alto e mirando o alvo, com a ajuda de seu ecrã. Através do visor, ele enxergava uma mira e assim fez um disparo poderoso. O projétil, que liberava energia de um amarelo intenso, foi lançado. O clone transgênico recebeu o impacto diretamente em seu corpo. A potência do projétil o arremessou para uma zona pantanosa, a alguns metros dali. O ataque mortal da besta fracassara.

Vitã, saindo da sua posição, friccionou a digital em um dispositivo da arma, que parou de brilhar. Com certo espanto, observava ao longe o animal caído. Após alguns minutos, se aproximou aos poucos da fera tombada. Ao sondar cautelosamente o corpo do animal, com a ajuda do ecrã, e ainda de arma em punho, Vitã descobriu que "Mapinguary" estava sem sinais vitais. Então, soltou um suspiro de alívio, abaixou o fuzil e recolheu o visor.

– Major, você está bem? Major, fale comigo! Estou com dificuldades de comunicação! Não consigo imagens! – chamava Helena, angustiada.

– Estou bem, Helena, fique calma! Infelizmente, tive que neutralizar o monstro. Era ele ou eu, neste joguinho infeliz.

– Meu sistema acusou interferências. Não pude ver nada. Fico feliz que tudo tenha dado certo.

– Com certeza, major. Agora, tenho que prosseguir com a operação. Por favor, me informe sobre os acontecimentos. Se houver dificuldades na comunicação, fique tranquila, pois tenho meus rastreadores. Mas a sua ajuda é muito importante.

– Certo, major. Eu estarei vigiando.

– Perfeito. Até daqui a pouco.

– Boa sorte, Vitã.

– Obrigado, querida.

Ao ouvir as palavras carinhosas de Vitã, Helena ficou sem reação, e acabou deixando escapar um sorriso tímido.

Enquanto isso, na mata, o major abaixava novamente seu visor, notando através de gráficos tridimensionais que os biopiratas faziam uma pausa para a refeição. Vitã, por meio da realidade virtual, percebeu também que havia um pequeno relevo por cima dos inimigos.

Ele sabia que, se chegasse a tempo naquela área, poderia surpreendê-los. Consultando o sistema, foi informado de que sua localização, em relação ao grupo, era pouco mais de 500 metros dentro da floresta. O major visualizou a trilha e, usando as coordenadas, começou a correr, de arma em punho, em direção ao alvo.

Helena, pilotando a aeronave, rastreava os movimentos de Vitã. O modo de antidetecção tinha sido elaborado com a finalidade de garantir segurança aos tripulantes, quanto a possíveis adversidades, como a presença de inimigos, por exemplo. Enquanto isso, em terra, o major corria e enfrentava obstáculos na mata para alcançar os biopiratas. Afastava galhos... pulava troncos caídos... passou por cima de uma enorme rocha e, depois de algum tempo, chegou até determinado relevo.

Vitã deitou-se rapidamente no chão e localizou os malfeitores que acabavam de se alimentar, a poucos metros dali. Porém, não conseguiu identificar o traje claro daqueles soldados. Os curumins prisioneiros, acomodados no chão, eram devidamente vigiados.

– Helena, você consegue ver?

– Sim, major. Estou em link com seu ecrã.

– É incrível! Cada soldado está carregando um menino, e eles estão usando vestimentas não identificadas. Devem ser militares e não biopiratas comuns. Eu acho que o falso antropólogo é aquele de roupas civis e capacete... Espere só um minuto. – O major amplificou sua visão. – Consegue visualizar melhor, agora? – perguntou.

– Sim, Vitã... o pajé está algemado ao bandido. O que faremos?

– Deixa eu ver...

De repente, o falso antropólogo, regulando algo em seu capacete, deu uma ordem e o grupo se levantou. O líder dos bandidos seguiu à frente, algemado ao pajé. Ambos entraram na mata, seguidos pelo restante do grupo.

Vitã se irritou com aquela ação inesperada.

– Helena, fique atenta.

– Já planejou sua ação? – perguntou ela.

– Sim. Estou bem posicionado. Tenho o elemento surpresa a meu favor. Muita atenção, major!

– Certo.

O oficial esperou os dois últimos soldados ficarem para trás e, levantando-se rapidamente, correu por cima do relevo, rumo à parte superior.

Num piscar de olhos, Vitã fez disparos e pediu, gritando para os curumins, que eles se deitassem no chão. Os inimigos mal perceberam a presença do major, e foram atingidos por projéteis luminosos amarelos.

Os dois soldados que seguravam as crianças caíram, apagados ao solo, atigidos por projeteis de pura energia, e os garotos fugiram para dentro da mata. Os três soldados mais à frente se viraram de pronto, mas uma rajada de plasma acertou um deles, que tombou. O falso antropólogo olhou para trás e observou a cena absurda: um soldado de armadura tecnológica, por cima de um barranco, enfrentando cinco militares. Então, apavorado, correu para a densa floresta, arrastando o pajé algemado.

Refeitos da surpresa, os dois soldados restantes dispararam uma considerável bomba de energia no major que, com o impacto, foi jogado para cima, caindo atrás de um tronco de uma arvore morta.

–Esses malditos estão furiosos! Querem me matar de verdade com essas armas! – resmungou Vitã, meio tonto, vendo através de seu visor o projétil inimigo se aproximando em sua direção.

No espaço de alguns segundos, Vitã saiu do esconderijo e saltou para trás de uma pilha de rochas, pedindo auxílio a seu traje inteligente para que lhe fornecesse o revestimento de energia.

O disparo feito pelos biopiratas foi poderoso e abriu um enorme buraco no local onde o oficial antes se refugiara Os soldados, aproveitando a ocasião, correram para a área da explosão, a fim de localizar Vitã. Através da visão de termografia, descobriram o major agachado, escondido atrás das pedras e partiram para pegá-lo.

Com o sorriso da vitória estampado nas faces, os soldados prepararam suas armas letais para desferir o disparo final. Vitã, deitado, sabia que estava em desvantagem. Ele notava pelo visor que os inimigos usavam armas pesadas e o tinham localizado, e que aquela barreira não seria de grande serventia, se os militares resolvessem acertá-lo.

"Droga! Eles não podem atirar! Tenho que pensar em algo, e rápido!", pensou o major, aflito. Apesar de trajar a armadura de energia, Vitã não tinha certeza de que o potente armamento dos adversários não fosse capaz de desbloquear sua proteção.

E enquanto o major refletia, um soldado acenava para o outro, aprovando aquele ato de massacre. Então, de última hora, Vitã ordenou ao multifuzil:

– Ativar granadas de luz!

Vitã agilmente ergueu-se de trás das rochas enquanto um visor negro baixava sobre seus olhos, disparou três granadas de energia.

Os soldados antônitos olharam um para o outro e perceberam que o oficial se levantava eles fizeram vários disparos que ricochetearam na armadura do Major.

– Rapazes, olhem o passarinho! – debochou ele,

A artilharia luminosa esverdeada voou velozmente por sobre a cabeça dos soldados e, ao tocar seus corpos, explodiu, emitindo um ofuscante brilho esbranquiçado, cegando-os por algum tempo.

Vitã caiu com o impacto e, sem perda de tempo, emitiu mais uma ordem ao multifuzil:

– Tiro em eletricidade estática! Energia máxima!

O plasma de alimentação da arma assumiu outra coloração. Em suas laterais havia pequenos pontos brancos luminosos.

Enquanto isso, os soldados, bufando de ódio, ameaçavam com insultos e disparavam a esmo.

Vitã, aproveitando que os adversários estavam desorientados, mirou e lançou uma rajada de eletricidade estática. Os inimigos se transformaram, assim, em alvos fáceis.

– Rapazes, vamos agora à terapia de choque!

Os projéteis de eletricidade acertaram em cheio os dois soldados, que caíram, impulsionados para trás, desmaiados.

O major percebeu que os inimigos tinham sido enfim vencidos e, aproveitando a ocasião, retirou de seu traje uma diminuta cápsula transparente.

Ele quebrou sua pequena ponta, retirando duas agulhas, que foram imediatamente aplicadas nos inimigos.

– Pronto, senhores. Tenham bons sonhos! – disse, acabando de aplicar o sonífero.

Feito aquilo, ao olhar para frente, através do ecrã, Vitã percebeu que, num raio de 200 metros, havia apenas dois humanos se deslocando em direção ao rio.

– UN-1, cheque a energia armazenada.

– Reserva de energia para traje corpóreo a cinquenta e cinco por cento... e caindo.

"Caramba... vai demorar 15 minutos para que a capacidade máxima seja reposta!", pensou o major, com ar de preocupação.

– Major, registrei a operação – interveio Helena, pelo comunicador. –Você está bem?

– Sim, Helena. Consegui colocar dois biopiratas para dormir e os garotos fugiram para a mata.

– Perfeito. Vamos precisar desses bandidos para interrogatório. É preciso saber de onde eles vieram. Vou informar ao comandante. O biorradar da nave acusa que os dois homens estão indo na direção de uma grande cachoeira, perto de um rio.

– Confirmado – assentiu ele. – O falso antropólogo está tentando fugir com o pajé. Tenho que ir, Helena. Fique atenta.

– Certo, Vitã. Estou na vigilância. Se você quiser, posso distrair o bandido, disparando eletricidade estática.

– Boa ideia, Helena. Enquanto isso, darei a volta por trás do inimigo.

Usando os sensores do capacete, Vitã enxergou o caminho a seguir, e correu atrás do inimigo. O fugitivo, totalmente atordoado e sem a ajuda de seus soldados, corria apavorado, puxando o indefeso pajé pelo braço.

Ele tentava chegar ao rio, se aproximando da cachoeira e fugindo das rajadas lançadas pela nave. Ele olhava para trás incessantemente, tentando medir a aproximação do inimigo.

Alguns minutos de fuga se passaram e, bufando, o pesquisador do mal parou momentaneamente, a fim de recompor o fôlego. O velho pajé algemado também mostrava uma profunda expressão de cansaço.

E após um breve descanso, mas ainda respirando ofegante, o antropólogo regulou algo em seu capacete e reiniciou a sua fuga, arrastando seu prisioneiro. Apavorado, ele ficava furioso com os disparos e com toda aquela situação marcada pelo imprevisto. Frustrado pelo fracasso, começou a surrar o pajé.

– Malditos! Vocês podem ter derrotado os meus homens, mas não vão me pegar tão fácil assim! Vou acabar com este índio inútil! Se vocês se aproximarem, irei matá-lo! Estão me ouvindo? É melhor que estejam, seus miseráveis! Toma, desgraçado! – urrava ele, possesso, desferindo golpes no pajé.

O índio, já demonstrando sinais de sofrimento e dor, serrou os olhos. Sabia que a ajuda estava próxima. Porém, resolveu agir, mesmo correndo risco de vida. Ele puxando um saquinho de couro que estava amarrado na sua tanga, esmagou com a mão esquerda e o inimigo já ia lhe dar um novo golpe, mas foi surpreendido com um pó branco que o índio soprou rapidamente em seu rosto.

O antropólogo caiu para trás berrando, o pajé foi ao chão. Naquele momento, ocorreu um fato curioso: o pesquisador abriu os olhos e sentiu um volume crescer em suas costas. Atônito, tentou se livrar daquilo, se coçando com furor.

– Desgraçado! Que droga é essa? Parece um caroço! – berrava. – Tire isso de mim!

A ação teve êxito. O impostor não contava com aquilo. A protuberância ardia como água fervente, cortando a pele que se abria em ferida. Naquela hora, o enfeitiçado parecia estar enlouquecido. Girava, babando e com os olhos revirados, de um lado para o outro, tentando se livrar.

Sem saber que tudo era apenas uma ilusão, muito perturbado, ele soltou as algemas que lhe prendiam ao pajé para tentar se livrar daquela aflição. Tentou com as duas mãos e, depois, correu aos gritos e alucinado, pela mata. Mas o caroço e a ferida pareciam aumentar cada vez mais.

Por um momento, o pesquisador assumiu uma desfigurada expressão de horror. E, uivando como lobo, presenciou um fenômeno bestial. De suas costas, em meio ao tecido já apodrecido, emergiu uma espécie de ovo que se rompeu, liberando um imenso papagaio vermelho.

Berrando como um louco e sem nada entender, correu em direção ao rio, com o pássaro de olhos terríveis agarrados a si. Ainda com medo do inimigo e completamente transtornado, olhou várias vezes para trás, sem perceber que caminhava para uma pequena queda de cachoeira.

E quando o falso antropólogo virou-se para frente, ele enxergou a razão dos seus temores: A queda no precipício foi inevitável. Na velocidade das águas, ele caiu no rio caudaloso.

Vitã finalizou a corrida e parou em frente ao Pajé caído, através do visor de seu capacete presenciou a queda do inimigo na cachoeira e verificou, através do biorradar, que seus sinais vitais se apagaram..

– Menos um para o interrogatório. – lamentou Vitã, se abaixando amparando o pajé que estava caído

O som das poderosas turbinas da esquadrilha tucano cortou o céu. O pajé olhou para o alto, observando a movimentação. O velho índio se apoiou no ombro do major e se levantou.

– A equipe de apoio acabou de chegar. Você está bem? – perguntou Helena, preocupada.

– Isso aqui está parecendo filme americano. A cavalaria sempre chega atrasada! – brincou Vitã, rindo e feliz pelo sucesso da operação.

Helena sorriu aliviada.

– Estou bem, Helena. E muito feliz por pegar os inimigos. A missão está terminada. Resgatei o pajé com vida e os curumins devem estar voltando para a tribo. Por favor, informe ao líder tucano a posição dos inimigos sedados e peça aos nossos homens que os recolham. O comandante ficará feliz em interrogá-los.

– Certo, Vitã. Vou passar a informação aos rapazes. Eles irão buscar os biopiratas e o clone transgênico.

Helena pousou a nave em uma pequena clareira, e o major subiu a bordo, carregando o índio consigo.

– Obrigado, amiga... me ajude, por favor – pediu Vitã, entregando o índio para os devidos cuidados.

Vitã colocou o multifuzil de lado e retirou o capacete. Os índios que estavam sentados dentro da aeronave se levantaram e o abraçaram, sorrindo.

– Os garotos devem ter voltado para a tribo – disse o major, olhando para a anciã.

– Grande Trovão! Eu saber que você ajudar curumim! Você ter espírito forte! – disse a índia, confortando o major.

– SIB, por favor, retorne à tribo incendiada – pediu Helena.

Vitã olhou para o exausto pajé, que ainda segurava o seu antebraço.

– Grande Trovão, eu fazer feitiço para homem branco. Estava com muita, muita raiva e cansado. Espero que espíritos da mata me perdoem e aceitem alma de infeliz.

– Entendo. Você agiu certo. O homem branco ia nos matar.

– Grande Trovão ter grande luz de Tupã. Que espíritos da mata sempre o protejam e Tupã olhe por você.

– Muito obrigado. Fico agradecido e comovido por suas palavras.

Vitã acomodou melhor o índio na aeronave, que se elevava, flutuando lentamente por cima das árvores, indo em direção à tribo destruída. Tocando em uma diminuta lâmina luminosa, na lateral de seu assento. Rapidamente, um estreito compartimento se abriu, revelando um pequeno trilho energizado, onde o major encaixou a arma para recarregá-la.

– Finalizando tarefa. Sistema de manutenção e recarga em andamento – anunciou o sistema do multifuzil.

Vitã, vendo o instrumento de trabalho ser recolhido para o interior de seu assento.

Helena olhou para o major entusiasmado e sorriu. Mais alguns segundos e o sistema de inteligência artificial da aeronave avisou que o comandante Lemos iria aparecer. Diante de sua imagem, eles fizeram um relato detalhado sobre o sucesso da missão.

– Oficiais, vocês fizeram um excelente trabalho esta operação teve grande valor para nós. Nossos superiores ficaram felizes em saber que temos prisioneiros e que poderemos fazer um interrogatório. Vocês não têm ideia de como me deixaram satisfeito, e do quanto ajudaram. Por favor, retornem agora para descansar.

Os oficiais ficaram orgulhosos com aquela declaração.

– Comandante – disse Vitã –, com sua permissão, gostaria de continuar a caminho da nossa principal missão em Japurá. Estou ansioso para solucionar este mistério.

– E você, Helena? Quer ir para a missão ou prefere voltar para se recompor?

– Estou bem, comandante. Fiquei dentro da aeronave o tempo todo. Não me cansei... apenas fiquei apreensiva pela vida do major. Gostaria de seguir com ele.

Vitã se sentiu feliz com a ultima frase que Helena pronunciou.

– Então, se preferem assim, autorizo a ida de vocês... mas com uma condição.

– Qual, senhor? – perguntou Helena.

– Vocês precisarão descansar muito, quando chegarem lá... pois a missão à frente será grande e perigosa.

– Certo, comandante. – concordou o major.

– Prossigam com a tarefa, então, e deixem que o pessoal da esquadrilha Tucano se encarregue do resto por aí.

– Perfeito, senhor.

– Bom... prossigam com a operação e me mantenham informado.

– Perfeito, comandante. – assentiu Vitã, prestando continência, junto com Helena.

– Câmbio final.

A figura de Lemos desapareceu da pequena tela projetada, no momento em que a aeronave SIB 41 pousava no terreno da tribo, avisando os tripulantes. No solo da aldeia, aeronaves de caça pousadas e alguns oficiais da base-torre já davam apoio a alguns velhos índios que tinham se escondido na floresta.

Todos pulavam e gritavam de alegria, acenando para Vitã e Helena. Os majores saíram da aeronave com os índios e acenaram, com pompa, para os seus amigos. Vitã se despediu do feiticeiro e o entregou aos paramédicos de prontidão, que o levaram para sua maloca.

A aldeia explodia de emoção e felicidade com o retorno do pajé. Os indígenas formaram um círculo em torno dos oficiais, dançando e prestando as boas-vindas, com manifestações de puro carinho. Vitã sentou-se em um tronco caído e resolveu relaxar prestando atenção nas falas e na alegria dos indígenas, Helena sentou-se ao seu lado e ficou feliz pelo sucesso da operação.

Os indígenas estavam em polvorosa, cada um deles ansiosos em falar o que havia acontecido, uma das mulheres trazendo uma cabaça serviu água ao casal.

Vitã sorria e abraçava a todos Helena compartilhava sua alegria confortando os indígenas, uma das anciãs da estava sendo apoiada por Helena parecia apreensiva, olhava insistentemente em volta da multidão, como se tentasse localizar algo, quando teve sua atenção voltada para uma das aeronaves de apoio que terminava seu pouso no meio da tribo, ao abaixar a escotilha mostrou seus passageiros: eram os curumins. Eles correram em alvoroço em direção à anciã, que chorou de contentamento. Algumas crianças abraçaram os oficiais.

Vitã pegou um garoto no colo. Depois, a índia, muito feliz, o abraçou, em agradecimento. O major ficou com os olhos marejados de emoção, ao ver que as crianças estavam bem.

Mais alguns segundos e ele se despediu de todos. Helena beijou os indiozinhos.

– Colegas, partiremos para uma nova missão. Vocês sabem o que fazer? – perguntou Vitã ao oficial líder do grupo de apoio.

– Sim, major. O comandante nos passou as diretrizes. Fique tranquilo.

– Ótimo! Já estamos indo, então.

– Tudo de bom, senhores – concluiu o líder do grupo, prestando continência.

Os majores entraram na aeronave, ovacionados por todos, e deixaram a tribo aos cuidados dos seus amigos militares.

– Helena, finalmente poderemos ir para Japurá – disse Vitã, aliviado.

– Espero que sim, meu amigo, espero que sim – respondeu, deixando escapar um leve sorriso.

– Senhores, qual rota devo seguir?

– SIB, siga a rota anterior. Nos leve para Japurá – ordenou a major, olhando para o console.

– Diretriz em andamento, senhor – informou a nave. – O curso está se formando em direção a Japurá. Devemos chegar em 30 minutos.

– Correto – respondeu Vitã, que olhou discretamente para sua colega.

O reluzente aparelho voador disparou sua energia e descreveu uma órbita no céu amazônico, rumo ao seu destino.

12

O Conselheiro

Dez e meia da noite na Turquia. Era possível avistar imensas clareiras sendo abertas, em meio à árvores centenárias, imensas, arrancadas do solo por colossais guindastes bípedes, equipamentos de construção que promoviam uma verdadeira devastação em toda a área.

As máquinas produziam um barulho ensurdecedor ao extirpar as árvores pelas raízes, nítido o ranger de suas garras metálicas e o som de suas patas blindadas colidindo contra o solo. Em volta, veículos andarilhos de porte menor limpavam o chão e o preparavam para receber as placas de concreto.

A natureza, infelizmente, estava à mercê daquela ameaça tecnológica. Enormes templos de granito começavam a ser erguidos naquela região. No entanto, o mais espantoso, e o que chamava mais a atenção, era uma colossal estátua, com a semelhança de um homem em pé trajando uniforme militar.

O trabalho era árduo... muito árduo, os escravos forçados pelos oficiais a operarem tais veículos. Um militar, bastante irritado, aplicava pequenas ondas de energia através de seu bastão eletrônico no subalterno apavorado. Ele o forçava a recuar o guindaste, mas o escravo, já cansado e com medo, não conseguia operar o seu console perfeitamente. Este parecia danificado. O veículo transportava em suas garras uma imensa cabeça de granito, que seria encaixada na estátua mais importante daquele evento.

Subitamente, um ruído de metal se contorcendo se fez ouvir, e uma fumaça esverdeada começou a sair da imensa garra esquerda da máquina, justamente a que detinha uma carga valiosa, que oscilava perigosamente, e o inevitável aconteceu: o veículo sofreu uma pane em seus sistemas, e Solano, o escravo, perdeu sua mercadoria, deixando cair a cabeça de pedra por cima de outras estátuas, gerando um caos de poluição sonora e poeira.

Diante disso, os demais guindastes, operados pelos escravos, interromperam momentaneamente suas tarefas, obedecendo às ordens do oficial de campo. Todos observavam o trágico acidente. Havia uma reação de puro temor entre os trabalhadores. Solano enxergava toda a extensão do terror. Ele olhou para baixo e viu o imenso monumento do Quarto Conselheiro completamente destruído. Percebeu, então, que algo horrível iria lhe acontecer.

Um oficial, visivelmente transtornado, bateu com o bastão eletrônico nas costas do apavorado escravo, e ordenou que ele estacionasse o veículo. Solano, sem opção, obedeceu e conseguiu fazer o guindaste descer ao nível do solo. Bastante irritado, o militar agarrou o escravo por trás e o arrastou para perto do seu superior, que ali chegava.

– Diga, por que deixou isso acontecer em seu setor? – ameaçou o superior, bufando de raiva e apertando com força o ombro do oficial.

– Senhor, eu me esforcei ao máximo para evitar esse problema, mas o escravo tentou se rebelar e lutou comigo. Eu não pude fazer nada. Apenas tive que me defender, senhor!

O superior, com semblante de quem não queria saber de explicações ou justificativas, olhou para o escravo com raiva. Solano, falando em espanhol, tentou contar a verdade, alegando que não teria sido ele o culpado.

O irmão do escravo, acompanhado por seus dois filhos, demonstrava preocupação, observando a situação perigosa. Ele tentou se aproximar de Solano. No entanto, ele e os garotos foram barrados pelos guardas de plantão.

Enquanto isso, Solano seguia muito enrascado.

– Maldito seja você, por ter cometido essa blasfêmia! – esbravejou o superior. – Sargento, me passe os dados desse prisioneiro!

Sem demora, o oficial digitou códigos em seu bracelete eletrônico e forneceu informações ao seu superior.

– Senhor, o número dele é 6201 e se chama Solano. É um prisioneiro de guerra, capturado nas aldeias da Colômbia. Tem 43 anos.

– Muito bem. Mande-o para a Zona Zero, e veja se há algum parente dele neste setor.

O militar consultou novamente os dados e, após segundos, anunciou:

– Senhor, esse escravo tem três parentes neste campo de trabalho: 6202, 6203 e 6204. O primeiro número é de seu irmão Balbílio, de 49 anos, e os dois números seguintes são de seus sobrinhos Bartolo e Grispin. Um com 15 e outro com 16 anos.

– Pois bem, envie-os para a Zona Zero, também. Eu não quero que voltem aqui sem terem sido bem castigados. E você, sargento, tenha mais cuidado da próxima vez. Não quero me prejudicar por sua causa, entendeu?

– Perfeitamente, senhor! – respondeu ele, aliviado por não sofrer nenhum tipo de punição mais severa.

O escravo sabia que seu castigo seria severo, com trabalhos forçados e surras constantes. Porém, o pior seria ver seus parentes também passarem por tamanha crueldade.

– Peça à equipe de manutenção reforços para consertar o mais rápido possível esse estrago, antes que o Quarto Conselheiro chegue – ordenou o superior.

– Sim senhor! – concluiu o sargento.

Os parentes de Solano observavam de longe, com aflição, sentindo-se impotentes para esboçar qualquer tipo de reação diante daquilo tudo.

De súbito, na escuridão do céu, surgiu uma pequena esquadrilha de aeronaves com luzes cintilantes, dando voltas no ar e produzindo um ruído intenso.

A presença delas ali deixara os oficiais apreensivos, pois sabiam que a chegada do grande líder fora antecipada. Alguns segundos se passaram e a massa de ar em volta da região começou a ser empurrada, formando uma ligeira ventania. E quando uma grandiosa aeronave apareceu, cobrindo tudo à volta, todos ficaram temerosos. O veículo, do tamanho de um estádio de futebol, pairava no ar.

A estranha esquadrilha de caças, em formato de inseto, voando e zunindo, permaneceu nas alturas, compondo uma espécie de cinturão para proteger o perímetro aéreo.

O grupo resguardava a nave-mãe, de onde saiu um transporte que, em noventa graus, pousou sobre uma enorme plataforma de pedra, repleta de inscrições. Sua escotilha metálica se abaixou lenta e pesadamente, dando passagem a um pelotão de soldados, trajando uniformes de um tom esverdeado.

Eles marcharam enfileirados com armas em punho. Em seus antebraços havia um símbolo dourado, representando um martelo primitivo. Os militares pararam e se alinharam, formando um corredor humano bem à frente da abertura da aeronave.

Após uns instantes, um grupo de oficiais saiu do veículo e passou lentamente pelos soldados, que prestaram continência, obedecendo à hierarquia. Além do vestuário verde tradicional, os superiores carregavam, sobre os ombros, longas capas.

Seus capacetes também traziam estampado o martelo dourado, assim como nos antebraços, junto às divisas. Eles passaram em revista a tropa e pararam diante dos militares, à espera do líder.

Os escravos, obedecendo aos soldados de campo, interromperam suas tarefas e, assustados, se deitaram no solo, observando toda aquela movimentação. Por fim, de dentro da aeronave, saiu o Quarto Conselheiro, usando um uniforme militar branco, com capa azul clara, cheia de símbolos, e um cinto eletrônico.

Pequenos apetrechos foram acoplados ao traje. Na altura do peito, um misterioso emblema de ouro, com o desenho de uma roda alada. Com olhar diabólico, ele acompanhava os membros da comitiva, e tinha a seu lado um porta-voz. Também passou em revista a tropa.

Seu andar era imponente. Após alguns minutos em terra, percebeu sua gigantesca estátua quebrada, com a reprodução de sua cabeça caída no chão e o templo destruído. Diante do cenário, se tornou furioso.

– Maldito seja o blasfemador que provocou este desastre! Que os militares deste setor possam se explicar imediatamente!

De dentro da multidão, surgiu o oficial responsável, acompanhado pelo sargento e pelo escravo.

– Excelência, sinto informar que houve mesmo uma blasfêmia em meu setor, e já puni os culpados por esse ato – informou o temeroso oficial.

O Quarto Conselheiro olhou para o militar amedrontado.

– Oficial, isto realmente foi terrível. Estou profundamente irritado e gostaria de saber quem teve a coragem de cometer tal sacrilégio contra esse templo.

– Grande Hansemon, foi este escravo, o culpado! – seguia o oficial, apontando para o serviçal, que abaixou a cabeça em sinal de pavor.

O Quarto Conselheiro o observou com expressão dura. De longe, os parentes de Solano seguiam visivelmente preocupados com todos aqueles acontecimentos.

– Que sentença você deu a ele, oficial? – perguntou Hansemon, encarando o oficial.

– Excelência, eu o julguei culpado de blasfêmia e será castigado com trabalhos forçados na Zona Zero, junto com seus parentes – respondeu o oficial, com voz trêmula, engolindo a seco.

Ao ouvir o veredicto, o líder tornou-se ainda mais irado. Ele deu meia-volta e, ao se virar, já com arma em punho, disparou uma quantidade forte de energia arroxeada para cima do pobre escravo. O disparo fez seu corpo estremecer nervosamente, e ele caiu ao solo, em convulsões.

Seu rosto era somente dor, e em pouco tempo, desmaiou em meio à turba.

– Meu irmão! – berrou Balbílio, desesperado. – Seus malditos! O que fizeram com meu irmão?

Em prantos, ele tentou correr rapidamente em direção a Solano, mas já era tarde. Além do mais, os soldados barraram sua passagem. Os jovens Bartolo e Grispin correram para proteger o pai, mas os guardas também os seguraram.

A multidão de escravos ficou estarrecida com aquela cena. Por outro lado, os militares e a comitiva que lhe acompanhava observaram o espetáculo de violência com naturalidade, pois estavam acostumados com as atitudes de Hansemon Haddad, também conhecido por Quarto Conselheiro.

– Atenção! Retirem esse escravo daqui e levem ele para as câmaras de inércia, imediatamente! Espero que isso sirva de lição para vocês! Quando vão começar a respeitar este solo sagrado? – ameaçava Hansemon, olhando para a multidão em volta.

Muito temeroso, ao lado do Quarto Conselheiro, o militar responsável convocou alguns de seus soldados, que levantaram o escravo desmaiado e o levaram embora.

– Eu, em minha infinita compaixão, o deixarei sem punição desta vez, mas que isso não se repita! E... de uma vez por todas, aprenda: quando um escravo comete uma blasfêmia dessa magnitude, deve ser logo julgado e sentenciado à inércia. Isso está escrito em nossas leis, você entendeu? – questionou Hansemon, olhando para o oficial de campo.

– Sim, senhor! Perfeitamente!

– Agora, leve os parentes dele e mais alguns prisioneiros para a arena de demonstração, em Abisinia. Estão precisando de cobaias por lá.

– Prontamente, senhor! – bradou o oficial, assumindo ares de alívio, quando viu o Quarto Conselheiro virar de costas e ensaiar a sua saída.

Três soldados foram chamados e saíram da formação. Eles seguiram o oficial, que procurava os parentes de Solano entre os prisioneiros. De cassetete eletrônico na mão, os militares aplicavam rajadas de energia nos presos que viam pela frente. Em seguida, começaram a escolher as pessoas que iriam para a arena de demonstração.

Um a um, os prisioneiros apavorados, eram recolhidos pelo grupo. Alguns tentavam escapar da punição e corriam em direção a outros setores, gerando pequenos tumultos. Com isso, mais soldados foram convocados para conter a multidão, entre eles, o oficial que prendeu o irmão de Balbílio.

O Quarto Conselheiro virou-se, observou a rebelião e deixou escapar um sorriso maligno. Balbílio sabia que a câmara de inércia era um pesadelo na terra, onde vários de seus amigos e agora seu parente ia sofrer pesadelos assombrosos sem poder acordar, ate que o inimigo resolvesse fazer com eles. Com ódio na alma, Balbílio não coseguiu se controlar aproveitou a ocasião, localizou o oficial que entregou seu irmão e, em fração de segundos, investiu contra ele. Seus filhos Bartolo e Grispin, vendo aquilo, rapidamente correram para ajudá-lo.

Juntos, os três conseguiram derrubar e desarmar o militar. Eles começaram, então, a linchá-lo. Bartolo conseguiu pegar o cassetete do soldado, caído ao chão.

– Toma, seu maldito! – Balbílio esmurrou a cara do oficial que tentava se levantar.

– Vocês enviaram nosso tio para o pesadelo das câmaras de inércia. – disse Bartolo, que deu um choque na cabeça do inimigo tombado.

Alguns soldados correram para socorrer o militar caído. Agarraram Bartolo por trás, mas não conseguiram detê-lo. Grispin puxou rapidamente o cassetete de seu irmão e ajudou o pai, aplicando uma carga de energia no braço do segundo soldado que o segurava. Com o impacto, o adversário soltou a arma.

Logo, um soldado se aproximou pela retaguarda de Balbílio, para acertá-lo.

– Pai, cuidado! – gritou Bartolo, já livre resgatando seu apetrecho de combate. Correu, então, para ajudá-lo.

Balbílio, sem opção, se desviou do golpe desferido pelo soldado, rolando no chão. Logo, os pequenos e valentes garotos dispararam em direção ao agressor.

O militar, olhando para trás, percebeu a aproximação dos meninos e resolveu agredi-los. Bartolo e Grispin não se intimidaram com o adulto e, se esquivando do ataque, enfrentaram o grandalhão. Utilizando os cassetetes, eles conseguiram dar um choque na perna direita do inimigo, que caiu por terra.

Aproveitando o momento, Grispin acertou o crânio do oficial, que desmaiou. Com isso, Balbílio, já muito cansado com todo aquele esforço, se levantou, e seus dois filhos correram à sua frente para protegê-lo.

Naquele momento, o chefe de setor, já irritado e inconformado com aquela situação, olhou para as sentinelas das torres, fez um aceno e deu permissão para abrirem fogo.

Sem demora, as sentinelas nas torres miraram suas armas em direção aos corpos dos pequenos guerreiros. Repentinamente, um assovio muito agudo e alto foi ouvido pelos escravos que caíram ao solo.

Bartolo e Grispin tombaram, contorcidos de dor. Por fim, Balbílio também se entregou ao ruído ensurdecedor. Os soldados não perderam tempo, aproveitando-se do moemento e tentando chutá-los.

– Não façam isso! – bradou Hansemon.

Espantados ao ouvi-lo, os soldados refrearam a ação.

– Senhores, gostei desses escravos. Serão uma ótima presa na arena de demonstração. Que sejam imediatamente recolhidos e enviados para Abisinia.

Os militares, obedecendo ao pedido, marcharam por entre os prisioneiros, escolheram quinze pessoas, incluindo a cansada família, e os levaram para dentro de uma aeronave de carga, pousada próxima.

A presença do Quarto Conselheiro naquela área tinha um bom motivo: a inauguração de seu novo templo, que representava mais uma década de conquistas. Apesar dos contratempos, ele ficou satisfeito com as atitudes que tomara.

Os servidores e partidários, na comitiva à sua volta, o aplaudiam calorosamente. Após reconhecer as duras ações do Quarto Conselheiro, eles apostaram que os últimos acontecimentos, marcados pela violência, dariam força e mais glórias ao líder.

Em resposta à aclamação pública, Hansemon elevou os braços, retribuindo a ovação.

– Muito obrigado, senhores. Em breve, participaremos da inauguração deste templo. Assim que tudo se resolver.

Todos ficaram atentos ao pronunciamento. E após um curto período de silêncio quase fúnebre, uma voz irrompeu da multidão, saudando o Conselheiro a plenos pulmões. Isso provocou uma onda de urros e aplausos.

O líder reagiu com um movimento circular, em agradecimento. Sério, com os braços estendidos, virou-se rapidamente de costas, fazendo tremular sua capa azul.

Em seguida, passou novamente pelo corredor de soldados, que prestaram continência. Apressado, entrou em sua aeronave. Os partidários e os servidores também o saudavam. Os oficiais deixaram suas fileiras para proteger a retaguarda e a comitiva que embarcava no veículo.

A escotilha se fechou. O sistema de propulsão foi ativado e o aparelho subiu verticalmente, ingressando na grande nave-mãe, que emitia, de suas laterais, pequenos raios azuis de eletricidade estática.

A extensa fuselagem blindada gerou um ruído lancinante. Ao girar pesadamente, o veículo, escoltado pela esquadrilha-inseto, abandonou a região. Por fim, naves menores e a nave de carga, transportando escravos, voaram para Abisinia, uma região da Colômbia.

13
Base de Japurá

A vida sobre o horizonte verde estava silenciosa e um pouco soturna, com a presença da noite. Animais noturnos colocavam em prática suas habilidades de caça, espreitando suas presas. Morcegos furtivamente atacavam grandes mariposas que voavam por entre galhos de árvores retorcidas. Gordos marsupiais invadiam ninhos e comiam seus ovos.

E quando uma onça pintada mirava um filhote de porco do mato, prestes a agarrá-lo, um curioso ruído vindo do alto assustou todos os animais. Era uma espetacular aeronave de combate, com luzes cintilando em suas laterais, e que se aproximava aos poucos, riscando o espaço aéreo amazônico. Dentro do veículo, um casal de jovens militares.

– Senhora, estamos a 30 quilômetros da base de Japurá, e a torre de tráfego aéreo nos dá permissão para pouso. Se a senhora permitir, vou acionar a velocidade de cruzeiro e descer na plataforma designada – informou o neuro-programa.

– Correto, SIB... siga o procedimento.

– Ordem recebida, senhora. Previsão para pouso: 1 minuto e 15 segundos.

Helena balançou levemente o ombro de Vitã lhe acordando.

– Já chegamos? – indagou, ajustando seu acento.

– Sim. Vamos pousar na base de Japurá – avisou ela, olhando para o painel a sua frente, concentrada no voo.

– Obrigado por me avisar. Tenho que me recompor – respondeu, se espreguiçando.

– Senhores, pousaremos agora. Por favor, fiquem em seus assentos – informou a SIB.

Os majores se acomodaram e o caça deu uma pequena guinada, fazendo uma manobra repentina, orientado pelo oficial da pista de pouso. Então, a nave descreveu quase noventa graus e lentamente começou a pousar sobre a base das tropas de fronteira, na floresta Amazônica.

Após a aterrissagem, a escotilha lateral se abriu, dando passagem aos jovens militares. Helena e Vitã foram recepcionados pelo pelotão de operações especiais de fronteira, ali perfilado, sob a orientação de seu superior.

O general Vespasiano, líder daquela base, também recepcionou os majores, que prestaram continência.

– Fiquem à vontade – disse o general, um homem com os seus cinquenta e cinco anos, um metro e setenta e olhos azuis semicerrados. – Obrigado por terem vindo. Fico contente que estejam aqui. Helena, que bom conhecê-la... O comandante falou muito bem de você.

– É um prazer estar aqui – retribuiu a major, dando um aperto de mão no general.

– Bem, o comandante Lemos me falou sobre a tarefa que vocês desempenharam na floresta. Fiquei impressionado com o que ele me disse. Vocês devem estar cansados.

– Só um pouco... eu já descansei dentro da nave – respondeu Vitã.

– Senhores, estamos em cima da hora. Se não se importarem, gostaria de mostrar as diretrizes da missão.

– Sim vamos la senhor– afirmou o major Vitã.

– Ótimo. Então, me acompanhem.

Assim, os majores seguiram o general, que entrou em um jipe militar flutuante.

– Leve-nos para a sala de comando! – ordenou Vespasiano para o soldado ao volante.

O veículo passou pela pista do aeródromo blindado, onde havia dezenas de equipamentos militares. O jipe pairou sobre a base por instantes e depois passou próximo a elevadores, hangares e acessos eletrônicos, que revelavam um incrível maquinário.

Por uma das aberturas, via-se uma inimaginável tropa de andarilhos tanques-robôs, guiados por fortes oficiais. Aqueles veículos de combate terrestres se dirigiam enfileirados para as fronteiras da Floresta Amazônica. No interior dessas máquinas de duas pernas, fortemente armadas e protegidas por escudos, era possível ver oficiais de operações especiais.

Helena, de dentro do veículo, observava a movimentação no aeródromo. O jipe, após alguns segundos, entrou em um imenso elevador, do tamanho de um hangar, estacionando em frente a um grupo de sentinelas trajando uniformes de camuflagem. Eles prestaram continência ao superior e ativaram o elevador, que desceu.

– General, como estão as operações contra o cartel? Eu tive acesso a poucas informações sobre esse caso – perguntou Vitã.

– É, major, as coisas não andam nada boas. Com a criação de novas drogas transgênicas, eles estão se fortalecendo cada vez mais, e sempre insistem em nos confrontar.

– Eu não entendo por que os políticos não intervêm nesse assunto de uma maneira mais eficaz – disse Vitã.

– Cá entre nós, major, todos sabemos que há muita corrupção no poder e deve haver muitos políticos envolvidos nesse esquema dos transgênicos. Acho que essa guerra contra o cartel vai durar muito tempo ainda.

– Tem razão, senhor, ainda vamos ter que lutar muito contra o tráfico. Infelizmente os políticos corruptos que comandam a festa.

– É melhor não comentarmos esse assunto, agora, major. Vamos fazer a nossa parte. Isso é o que importa.

– Perfeito, general.

Helena ficou impressionada com aquela descida. Vitã percebeu a reação da major e soltou um sorriso inocente. Há tempos já se acostumara com esse processo.

O elevador, após alguns segundos, finalizou o trajeto, deixando os veículos militares no andar mais profundo da base subterrânea. Vários veículos saíram e cada um seguiu seu rumo.

O jipe do general parou em frente ao setor de comando. Vespasiano desembarcou com os majores, que passaram a ser acompanhados pelas sentinelas daquele departamento. Eles caminhavam por áreas restritas

Mais algum tempo, e o grupo entrou num amplo salão, onde um detalhado mapa holográfico projetado flutuava sobre uma grande mesa eletrônica. Ao redor dele, dois oficiais colhiam dados, quando foram interrompidos pela presença do general.

– Senhores, eu gostaria de utilizar a mesa, agora. Será que vocês poderiam parar por um instante? Gostaria de mostrar algo aos oficiais aqui presentes.

– Sim, senhor. Já terminamos nossa pesquisa – disse o oficial, em posição de respeito à autoridade.

– Agradeço a gentileza.

Os oficiais se despediram com formalidades e saíram do salão. O coronel, sem demora, vestiu uma pequena luva eletrônica paramétrica e pressionou sua digital diretamente em um ícone virtual, que pairava por cima da mesa tecnológica que reconheceu o oficial, e fez com que as passagens da sala de estratégia se fechassem automaticamente. O sistema ativou a vigilância da rede contra hackers e mostrou aos participantes daquela reunião documentos confidenciais.

O general, então, digitou vários códigos no teclado e a planta esquemática virtual da Amazônia surgiu gigantesca aos olhos de todos, em uma grande tela que se projetava. Outros ícones tridimensionais se formaram nas laterais do mapa.

Vespasiano tocou levemente seu indicador sobre um desses símbolos, que sofreu alteração, mostrando a linha de fronteira da Amazônia com a Colômbia (o desenho traçado lembrava uma cabeça de cachorro). Em seguida, o superior rastreou a planta até a reserva indígena Miriti Paraná, na Colômbia.

– Observem estas linhas em vermelho sendo desenhadas na nossa fronteira com a Colômbia... – disse o general.

– Estamos vendo, senhor. Isto significa que os supostos ÓVNIS estão sobrevoando a fronteira.

– Isso mesmo, major. Percebo que o comandante Lemos passou detalhes a vocês. O que mais estão sabendo?

– Ele também nos falou sobre o satélite meteorológico que descobriu os estranhos veículos aéreos em nosso país e sobre a invasão que esta base de fronteira enfrentou. E quanto ao plano que executaremos, o senhor irá nos fornecer os detalhes.

– Ótimo! É isso mesmo. Então, vou direto ao assunto principal deste documento.

– Certo, senhor – assentiu Helena.

– O objetivo de vocês, nesta importante missão, é descobrir de onde exatamente estão vindo essas aeronaves. Vocês seguirão um desses veículos não catalogados e irão registrar a localização exata de pouso deles. Até agora, só sabemos que essas naves entram na Colômbia. Já temos todo um plano traçado, que mostrarei a vocês neste momento – prosseguia o general, pressionando as teclas holográficas.

Mais imagens apareceram e se ampliaram na grande tela projetada.

– Bem... como vemos, neste ponto está localizada a reserva indígena de Miriti Paraná, dos índios Yucunas. Essa reserva está sofrendo uma estranha epidemia.

– Fiquei sabendo. Houve baixas de índios, senhor? – perguntou Vitã, com ar de preocupação.

– Infelizmente sim Major.

Vitã ficou pensativo naquele momento.

– Como eu ia dizendo, essa reserva fica dentro da Colômbia, e será o ponto de partida para a missão de vocês. Amanhã pela manhã, uma de nossas naves-cargueiros partirá, levando mais medicamentos para os índios. Nós estamos trabalhando em conjunto com o governo colombiano para erradicar os focos dessa nova doença. Vocês voarão com a esquadrilha que veio da base torre, escoltando a nave-cargueiro. O governo da Colômbia está ciente de nosso voo, com as equipes médicas. Vocês irão acompanhá-los até a reserva indígena, e ficarão esperando o meu contato para dar início à missão.

– Mas como vamos seguir esses ÓVNIS, se não temos ainda os rastreadores novos? – perguntou Vitã.

– Não se aflija, major. Os meus engenheiros estão, neste momento, instalando em sua aeronave os novos rastreadores. Eu sei que o comandante falou sobre isso com vocês.

– Sim, general, ele nos falou – confirmou Helena.
– Com esse mecanismo instalado, será fácil ver o inimigo e segui-los, entenderam?
– Perfeitamente – confirmou a major.
– Se não se importar, senhores, gostaria que repetissem a operação que acabei de explicar a vocês. Não repare. É apenas um costume meu.
– Sem problemas, general. Bem, nós iremos partir amanhã de manhã com a escolta. Voaremos com destino à Colômbia, até à reserva indígena Miriti Paraná, dos índios Yucunas, com o pretexto de levar medicamentos. Mas, na realidade, aguardaremos o sinal do senhor para darmos início à missão de perseguição a um dos veículos não identificados. Usaremos o rastreador de decomposição de cores para nos auxiliar nesse objetivo e, quando o ÓVNI pousar, registraremos a região do pouso.
– Isso mesmo, major Helena. E quando saírem da reserva para seguir o inimigo, não terão mais o aval das autoridades colombianas. Vocês voarão secretamente, infringindo as regras. Portanto, tenham cautela. Não pretendemos arrumar um conflito com esse país e também não queremos alertar os inimigos para nossa presença. Até agora, os deixamos à vontade, mas chegou a hora de agirmos. Não sabemos exatamente o perigo que corremos. Vocês nos ajudarão a resolver mais esse caso, entendido?
– Fique tranquilo, senhor; se depender de mim, tudo correrá bem – garantiu Vitã.
– General... o que faremos se a base militar da Colômbia, por acaso, nos detectar? – perguntou Helena.
– Eu não creio que possam ser localizados pelo sistema de vigilância deles. O novo sistema de pigmentação e os demais mecanismos de antidetecção da SIB 41 devem escondê-los até mesmo de um contato visual. Agora, prestem atenção: a precaução principal que eu quero que vocês tomem, quando forem perseguir o inimigo, é desativar todos os sistemas de comunicação e os links com satélite. Se não fizerem isso, realmente correrão o risco de serem descobertos.
–O senhor quer dizer que, quando levantarmos voo daquela reserva, estaremos por conta própria?

– Sim, major, é isso mesmo. E, para isso, foram escolhidos. O comandante confia em vocês. Nessa missão, estarão sozinhos. Não queremos que os rastreadores de ondas os localizem. Alguma pergunta?

– Não, general – respondeu Vitã.

– Avisarei o comandante sobre o começo da operação.

– Perfeito, senhor. – assentiram os majores ao mesmo tempo.

– A equipe médica e a esquadrilha estarão prontas ao alvorecer. O plano de voo e os códigos de comunicação serão registrados no banco de dados da nave e em seus trajes. Neste momento, a aeronave de vocês está recolhida no hangar para a adaptação do novo sistema. – Ele fez uma pausa e prosseguiu – Bom, creio que chegamos ao final de nossa pequena reunião. Confio que tudo irá dar certo. Bem, fiquem à vontade na base. No subsolo, temos o centro de recreação e um interessante restaurante, entre outras coisas para diverti-los. Ah... para que estou explicando estas coisas? O major Vitã já conhece nossos ambientes – sorriu o general, colocando a mão sobre o ombro do major.

Ele deu um aperto de mão nos oficiais.

– Por favor... encaminhem-se ao corredor. Vou pedir ao meus assistentes que os levem os vestiários para retirar suas armaduras e mostrarem os alojamentos.

Os oficiais, então, prestaram continência e foram para o fundo do corredor, acompanhados por suboficiais.

14

Jantar em Japurá

Dentro do inteligente salão de comando, dezenas de oficiais, acomodados em assentos eletrônicos, operavam avançados consoles holográficos. Uma oficial, carregando uma prancheta arroxeada translúcida, passou elegantemente por ali e se aproximou do comandante, ocupado em analisar gráficos na grande tela projetada no ar.

– O gerador de partículas está funcionando corretamente, senhor. Não existem problemas e, pelo que analisei, devemos ficar em super...

– Só um minuto, SNO. Já continuamos. Preciso ver o que a tenente trouxe para mim desta vez – disse o comandante para o Sistema Neuro Operativo que o auxiliava.

– *Positivo* – concordou SNO.

A tenente se aproximou do comandante e o cumprimentou.

– Senhor, desculpe interrompê-lo. Gostaria de passar os dados que acabaram de chegar da base de Japurá.

– Sim, Julia. Eu já aguardava essa informação.

– Comandante, o general Vespasiano tentou falar com o senhor. Mas, como estava em reunião, eu vim informá-lo pessoalmente.

– Correto. O que ele disse?

– Há poucos minutos, ele me informou que os majores Vitã e Helena chegaram à base e estão bem. Irão descansar. Essa foi a informação que recebi. Quer que eu entre em contato com ele?

– Diga a ele que daqui a pouco farei contato, certo?

– Sim, senhor deseja mais alguma coisa senhor?

Não no momento não pode ir.

| 111 |

Sim senhor

– A oficial prestou continência e girando nos calcanhares voltou aos seus afazeres.

–Vamos continuar com a análise do gerador central. SNO, continue o seu relatório.

– Dando prosseguimento... Os meus gráficos mostram que o grau de eficiência do sistema gerador de partículas é muito satisfatório, e a energia não sofreu nenhum tipo de anomalia. Durante este ano, os engenheiros...

– E assim, o neuroprograma continuou a apresentar seus relatórios sobre a fonte de energia da Base Torre.

Uma hora após de ter entrado no vestiário, Helena agora vestia uma roupa oficial leve, composta por um vestido azul e camisa branca de gola. Em seu ombro, as divisas mostravam sua patente. Ela passou suavemente as digitais na lâmina, fazendo a porta eletrônica do alojamento se elevar, e notou a presença do major do outro lado. Sem poder disfarçar, olhou surpresa para o oficial, elegante em seu traje e de braços cruzados, encostado na parede do corredor, mordendo um palito.

Vitã a encarou sorridente.

– Helena, desculpa estar aqui parado, em frente ao seu alojamento, mas pensei em te convidar para jantar. Gostaria muito de conversar um pouco com você.

Helena, muito surpresa, olhou para baixo e para os lados, parecendo encurralada com o convite.

– Não sei, não, Major, acho melhor descansarmos para a missão de amanhã. Você deve estar muito cansado –ponderou, com a seriedade estampada em seu rosto.

– Eu sei, Helena, mas eu queria só conversar um pouco com você, para me sentir melhor. Muita coisa hoje me deixou de cabeça cheia, não queria dormir relembrando tudo o que fiz. Aquilo me perturbou um pouco.

Helena cruzou os braços, colocando a mão sobre o queixo e olhou para baixo, pensativa.

– Está bem, mas que seja breve; não quero dormir tarde, certo? – proferiu, séria.

– Pode deixar. Prometo que não vamos demorar. Um pouco de distração e bater um papinho vai ser bom.

– Ta bem – concordou em resposta, olhando para ele.

Vitã a encaminhou pelo corredor, que fervilhava de oficiais e equipamentos de novíssima geração. Eles passaram pela área de recreação, onde alguns oficiais, mulheres e homens, jogavam sinuca; outros jogavam baralho e brincavam entre si. Alguns, em pequenas cabines de simulação, se divertiam com interessantes games. O casal entrou no espaçoso restaurante, e alguns oficiais em volta os cumprimentaram. O major afastou educadamente a cadeira para que sua companheira se sentasse e fez sinal para chamar a atenção de um dos garçons.

O atendente entregou o menu ao casal e foi para outra mesa.

– Helena, vou comer peixe. Eles preparam um muito gostoso.

– Eu gosto de pratos típicos da Amazônia. Se tiver Tamuatá no Tucupi, vou querer– comentou Helena, pegando um guardanapo.

– Certo, deixa ver se tem... – respondeu Vitã, verificando as opções do menu. – Opa, você deu sorte. Eles têm esse prato, Helena. Vai querer mesmo? –perguntou, mostrando a informação do menu para ela.

– Sim, quero –, confirmou a major, mantendo o olhar fixo nas frases do cardápio.

O garçom se aproximou.

– E o que os senhores vão querer para o jantar? – perguntou, com um pequeno bloco eletrônico na mão e um guardanapo branco pendurado no braço esquerdo.

O casal fez o pedido e o garçom foi para os fundos. Helena olhou para os lados, observando a arquitetura interna do restaurante, pensativa.

O garçom voltou, trazendo sucos típicos da região.

– Helena, estou muito feliz em poder jantar com você. Isto está sendo muito bacana - disse, adicionando açúcar a sua bebida. – Fico feliz que esteja aqui, e também contente pela ajuda que me ofereceu. Você foi formidável; nem sei se estaria aqui hoje se não fosse por você.

– Que é isso, Major? Você não precisa me agradecer, faz parte do trabalho. O momento pedia aquela ação. Nunca vi algo tão estranho, um verdadeiro monstro. Aquilo me deixou com muito medo. Que coisa horrível! Espero não encontrar com essas criaturas novamente! – comentou, sorvendo um pouco de sua bebida.

Após alguns minutos, o garçom retornou, trazendo o pedido. Serviu a mesa e se retirou.

Vitã sorriu, vendo a major colocar delicadamente o guardanapo em seu colo. O aroma das especiarias no Tamuatá no Tucupi deixou Helena inebriante, fazendo-a sorri discretamente.

– Estou com fome! Isto deve estar uma delicia! –comentou Helena, retirando um naco do peixe com o garfo.

Vitã sorriu, encarando-a e observando sua reação.

O general falou que você já esteve aqui. Foi em alguma missão? – perguntou, pegando o azeite.

–Ah, sim, tenho trabalhado muito nestes últimos anos. Fiquei um certo período por aqui também. Como você sabe, a vida de militar não é nada fácil. Estamos sempre trabalhando a qualquer hora e dia.

– Isso é verdade, Vitã. Se não fosse a folga destes últimos dias, nem sei como estaria! Mas tudo vale muito a pena. Simplesmente, adoro ser uma militar, aqui na Amazônia. É muito gratificante saber que podemos ajudar a proteger a Natureza e os nativos. É muito importante para mim, aliás, a prioridade da minha vida.

– Penso a mesma coisa. Minha meta de vida é essa. Eu gosto muito de ajudar essa gente e a Natureza; a Amazônia faz parte da minha vida.

– Vitã, percebi que a maioria dos Índios te tratam como um herói. Eles devem te conhecer bem, não?

– Sim, e isso vem desde o tempo em que eu era pequeno. Meu pai sempre foi um arqueólogo muito atarefado, e com a separação de minha mãe, ele constantemente me deixava em uma reserva indígena, perto da Base Torre. Até os oito anos de idade, convivi intensamente com os nativos – falou, sorrindo.

– Entendo. Por isso eles te conhecem bem. E o porquê do apelido de Trovão, de onde vem? – perguntou curiosa, ajeitando o guardanapo em seu colo.

– Isso tem haver com as coisas que faço na floresta, junto com meu grupo, sabe como é? A mídia às vezes espalha informações sobre nosso trabalho.

– Isso é verdade – comentou Helena, fixando olhar no amigo.

– E também, sempre que eu voltava de algumas missões dentro da floresta, eu atravessava a barreira do som com a aeronave, por cima da minha tribo predileta. O barulho da explosão no ar deixava eles vibrantes! Por isso ganhei o apelido –concluiu, sorrindo

Vitã deixou escapar um sorriso, sorvendo um gole de seu suco.

– Mas Helena, me fale um pouco de você, estou curioso.

– Há o que eu posso falar de mim? Sou uma militar esforçada, estudo muito, trabalho muito, procuro dar o meu melhor na área militar.

– Mas como você acabou escolhendo a Aeronáutica?

– É meio parecido com sua estória. Meu tio, desde cedo, me colocou no colégio militar. Eu ainda era uma garotinha quando entrei nas Forças Armadas, e ao longo desses anos, estudei muito. Como adoro esta profissão, me empenhei ao máximo para ter destaque, porque sempre quis pilotar caças e comandar grupos. Participei de muitas campanhas aéreas ao longo desses anos – ela fez uma pausa, sorvendo um pouco do suco e continuou, – e meu grupo sempre se saiu bem, nunca perdemos um oficial ou aeronave, e fui elevada de patente ao longo de poucos anos, devido ao sucesso de minhas campanhas. Então, posso dizer que, meus estudos, aliado aos bons resultados, me fizeram estar aqui, agora, nesta missão – concluiu, arrancando mais um naco de peixe.

– Bacana, Helena. Sei que para alcançar um posto como o seu, tão rapidamente, não é nada fácil! Só com muito empenho e trabalho.

– É verdade. Muito estudo e concentração... nada se consegue fácil na vida, não é mesmo? – questionou, saboreando a iguaria.

– Sim, lógico. Outra coisa, eu queria aproveitar a ocasião para me desculpar da forma como nos conhecemos, queria que tivesse sido de outro jeito – disse ele, pegando um pedaço de pão sobre a mesa.

– Ah, deixa isso pra lá, eu estava muito agitada naquele momento, com alguns problemas particulares. Tudo não passou de uma grande besteira e não tem importância, perto das coisas que aconteceram hoje na floresta. Vamos nos concentrar na missão e pronto; o que passou, passou! – disse Helena, finalizando a janta e retirando o guardanapo do colo.

Vitã ficou pensativo e sorridente, ao mesmo tempo, com a resposta.

– Bem, major, é melhor irmos agora; estou meio cansada, e temos uma longa jornada pela frente.

–Você tem razão. Vou pedir a conta e já vamos – comentou, bebendo o restante do suco.

– Vamos dividir essa conta.

– Nada disso! É um prazer pagar este jantar para você.

Helena, ao passar o guardanapo na boca, deixou escapar um sorriso.

O garçom se aproximou, trazendo uma pequena lâmina luminosa. Vitã pressionou sua digital na superfície, e o pagamento foi feito

Eles agradeceram ao garçom e saíram do restaurante, andando por vários metros, dentro do corredor militar. Vitã cumprimentava alguns amigos que passava por ele e apresentava a mais nova amiga. Em pouco tempo, se aproximaram do alojamento de Helena.

Vitã parou em frente a escotilha de entrada de seu quarto e, girando nos calcanhares, encarou o major com um sorriso discreto.

– Vitã, agradeço pelo jantar. Gostei da nossa conversa, você foi muito gentil.

– Eu quem agradeço, Helena. Fiquei feliz em poder conversar com você. Espero que possamos repetir mais vezes.

– Certo, major, agora vou me despedir – disse ela, pressionando a digital em uma pequena lâmina, fazendo a escotilha se elevar e ensaiando sua entrada. – Temos que descansar; amanhã será um dia agitado – disse, olhando para ele.

– Bem, então está entregue. Amanhã nos falamos, minha amiga –respondeu, já recuando.

Helena olhou para Vitã e, se aproximando rápido, deu-lhe um beijo na face, deixando-o surpreso.

– Até amanhã... – disse, fazendo abaixar a escotilha

Vitã sorriu admirado.

Durma bem, Helena – pensou Vitã, sorridente, ja retirando um palito do bolso e colocando-o entre os dentes, seguindo para seu alojamento.

15

Voo Sobre o Deserto

Amanhecia no Oriente, e o espaço aéreo sobre a Síria foi sacudido por uma enorme tempestade de areia. Os habitantes experimentavam novamente a crueldade dos ventos, que traziam em seu rastro o pânico e a dor.

Abutres voavam para lugares altos. Cobras e escorpiões rastejavam até esconderijos de pedras. Pequenos roedores mergulhavam velozmente em suas tocas, e a poderosa ventania que assolava o deserto era arrastada por um imenso corpo metálico, a aeronave do Quarto Conselheiro e sua escolta.

Os guardas de elite que protegiam aquele setor, dentro da nave-mãe, permitiram a entrada de um oficial, que passava apressadamente por aquela ala. A escotilha eletrônica elevou-se, e Najib, temeroso, entrou na cabine do Quarto Conselheiro, abaixando a cabeça em sinal de reverência.

– A postos. O que deseja?

– General, como você deve estar sabendo, vou me encontrar com o Imperador, e não será nada agradável se eu não apresentar novos resultados. Creio que já tenha mais detalhes para me passar – disse o Quarto Conselheiro, em tom áspero e ameaçador.

Najib percebeu o perigo que corria ao escutar aquelas palavras.

– Senhor, as operações na Amazônia estão em andamento. Meus homens trabalham para o bom desempenho da grande missão – respondeu, engolindo seco e com voz trêmula.

– General, sinto em seu tom de voz que me esconde algo. Diga o que está acontecendo, imediatamente!

O general sabia que era quase impossível mentir para o Conselheiro. Visivelmente nervoso e com tremores, ele resolveu falar a verdade:

– Houve pequenos contratempos durante a operação. Porém, antes que o senhor volte, esses problemas, com certeza, já estarão resolvidos – informou, hesitante.

– Problemas? Tem certeza de que pronunciou a palavra certa?

– Mestre... Quarto Conselheiro, volto a dizer, para a sua tranquilidade, que as operações já em andamento alcançam absoluto êxito, exceto aquela que estamos desempenhando na Amazônia.

– Problemas! Não posso acreditar nisso! Como pode haver problemas, se somos a primeira potência militar desse planeta? Temos as melhores armas e os mais violentos soldados! – disse Hansemon, gesticulando e dando voltas. – Como o senhor ousa falar de problemas? Desconheço esse seu linguajar!

– Não, meu senhor! – respondeu ele, engolindo em seco. – É como assinalei anteriormente... Antes que o mestre encontre o Imperador, já não existirão mais.

– General, antes que eu esteja na presença do grande Lugaleshi Sharrukin, e antes que ele possa me ver com terríveis olhos de fúria, me diga quais foram os pontos que apresentaram falhas neste processo.

Momentaneamente, Najib teve uma falsa impressão de segurança, ao escutar pela primeira vez, raríssimas frases amistosas do Quarto Conselheiro. Então, arriscou:

– Grande Conselheiro, como o senhor sabe, uma de nossas missões é testar os novos seres de combate na floresta e praticar a engenharia reversa nos equipamentos reflorestadores. Estamos seguindo corretamente as diretrizes que ele nos pas...

– Ora, general! Não me enrole! Vá direto ao assunto! Ou prefere explicar ao Imperador Lugaleshi essa situação? Creio que ele não será tão generoso como estou sendo... – interrompeu o conselheiro, com nervosismo.

– Sim, senhor! Serei breve. Na realidade, há dois problemas. O primeiro foi um de nossos pilotos que falhou em sua operação de reconhecimento e, acidentalmente, foi percebido pela base de Japurá.

– O que você está me dizendo? Foi percebido?

– Sim, senhor... mas fique calmo. Eles não conseguiram detectar as outras aeronaves. Ainda estamos operando sem sermos vistos.

– Espero que esteja certo, general. Continue!

– Bem, a tarefa do piloto era levar o OGM de combate para testes de campo e devolver o aparelho reflorestador à sua área de origem, para não levantar suspeitas. Foi quando ele caiu e os oficiais da base-torre descobriram a nave.

– Não estou entendendo. Detalhe melhor a situação.

– O que eu quero dizer é que, naquele momento, uma dupla de oficias descobriu a nossa aeronave caída. Viram o equipamento reflorestador perambulando pela mata e confrontaram o nosso OGM.

– Que desastre vocês cometeram! Falhas irreparáveis!

– Mestre, eu sempre me considerei um bom oficial, o senhor sabe disso. Nunca falhei em minhas campanhas, mas o que aconteceu dentro da floresta foi um grande imprevisto.

– Ora... as suas desculpas são um tanto grotescas e só me deixam mais nervoso! Conseguiram resgatar nossa criatura?

O oficial, a princípio, hesitou em falar.

– Infelizmente, não, senhor. Quando chegamos lá, eles tinham levado o reflorestador e o OGM. – confessou ele, com os olhos arregalados de temor.

– Mas como isso foi acontecer? Um de nossos valiosos OGMs caiu em mãos erradas! Ainda nem os comercializamos! Tem certeza de que você está me passando a informação correta, general? – disse Hansemon com uma certa frieza, rodeando o militar.

– Infelizmente sim, mestre.

– E você tem consciência da gravidade desse assunto?

– Perfeitamente, senhor, mas fique despreocupado. Isso foi apenas um acidente. Eles não podem nos localizar com essas evidências.

– Por favor, general... não seja ingênuo e ignorante para subestimar o inimigo. Como você pode me afirmar isso?

– Senhor, pelo simples fato de que eles desconhecem a origem da fabricação de nossos equipamentos de guerra.

– Meu ignóbil Najib, isso não vai servir de garantia por muito tempo! Por algum motivo, que ainda não me foi revelado, Lugaleshi está muito interessado nesta região. E essa terrível falha poderá deixar o Imperador nervoso. Tudo graças à sua incompetência! Imagine quando ele souber que seu exclusivo OGM, o equipamento de guerra, foi parar em mãos erradas! – prosseguia Hansemon, voltando a sentar-se.

O militar começou a passar mal em frente ao Quarto Conselheiro. Sua testa estava salpicada de suor, e sua face era a pura expressão do medo.

– Meu senhor, conseguimos extrair imagens do inimigo através da câmera do reflorestador, antes que ele entrasse em pane. Gostaria de ver o material? É muito importante e revela nitidamente o rosto do inimigo!

– Então, me mostre! O que está esperando? – disse Hansemon, pressionando as digitais contra uma lâmina luminosa instalada em seu assento.

Najib foi para a frente da grande tela projetada e, utilizando uma luva paramétrica, passou a clicar em ícones virtuais e digitou uma senha em um teclado circular flutuante. Imagens foram carregadas. Prontamente, o general identificou a gravação feita pelo reflorestador. Surgiu então a figura de um militar uniformizado, que olhava diretamente para a câmera do robô.

O general e o Quarto Conselheiro observavam, com realismo, o rosto de Vitã, e perceberam uma segunda pessoa a se aproximar. Era Helena, vestida com o mesmo traje do major. Poucos segundos depois, a gravação foi interrompida.

– O que houve, general?

– Desculpe, senhor, mas conseguimos extrair apenas essas poucas imagens do inimigo, ao lado do reflorestador, pouco antes do aparelho entrar em pane.

– Sim, percebo que são oficiais brasileiros. Depois falaremos sobre eles. Mas qual seria o outro problema que a sua má estratégia nos trouxe? – perguntou o Conselheiro, disfarçando suas reais intenções.

– Excelência, como o senhor pediu, eu enviei uma tropa armada para resgatar o nosso cientista, que estava em poder dos índios.

– Eu sei, mas acho que nesse caso tudo correu bem, não é?

Najib assumiu feições pálidas e de espanto. Com a boca seca, se esforçou ao máximo para dar explicações. A princípio, travou a língua e gaguejou, depois se engasgou e tossiu.

Por fim, se recuperou, respirou fundo e tomou coragem:

– Senhor, eu sempre dou ordens para meus homens e eles nunca falham. Eu nunca passei por tamanho constrangimento...

– General, pare com essas desculpas de uma vez por todas! Não abuse de minha benevolência ou tomarei medidas enérgicas! – ameaçou ele, com dedo em riste.

– Excelência, nossos homens entraram na tribo e, com a ajuda de um OGM, lutaram com os índios e libertaram o nosso pesquisador. Eles conseguiram recuperar as amostras dos animais e plantas para nossos laboratórios e sequestraram o pajé. Tudo ia bem até o momento em que entraram na floresta de volta para a aeronave.

– Espere um momento. Você está tentando me dizer que essa simples e ridícula operação também falhou?

– Sinto dizer, senhor... Houve alguns imprevistos.

– Ora, não venha me falar em imprevistos! A palavra que mais odeio ouvir é esse miserável "imprevisto"! Ele não existe em meus compêndios! Você se tornou imprestável! Negligenciou as tarefas e não serve mais para me ajudar!

– Desculpe, grande Hansemon... – balbuciou ele em meio à tremedeira.

– Vamos! Quero mais detalhes dessa maldição que você insiste em chamar de imprevisto!

– Excelência, como eu ia dizendo, nossos soldados, ao entrarem na mata, infelizmente foram interceptados por militares da base-torre de Codajás. Eu tenho imagens extraídas dos links dos equipamentos desses soldados. Se o senhor quiser, posso mostrar como foi o combate dentro da floresta.

– Quero ver os pontos principais dessas imagens.

– Sim, senhor – prosseguiu o general, ao ativar as gravações por intermédio dos ícones flutuantes.

O videorregistro mostrou soldados do império que se alimentavam diante de garotos indígenas prisioneiros. Repentinamente, esses oficiais foram surpreendidos pela voz de um militar aos berros, do alto de um relevo.

Algumas cenas depois, cinco soldados lutavam contra o oficial da Amazônia e eram derrotados. Os curumins ganhavam liberdade. Friamente, o Quarto Conselheiro notou que somente um militar da Amazônia fora capaz de derrotar a pequena tropa.

As imagens revelaram também o desespero do falso antropólogo em tentar arrastar o pajé. O Conselheiro e o general observaram o pesquisador surrando o índio. Porém, eles não entenderam porque o cientista o soltou e correu pela floresta desesperado.

As últimas tomadas, captadas por um link no capacete do pesquisador, mostram as águas da cachoeira e braços desesperados balançando no ar, tentando-se equilibrar e escapar de uma queda. Por fim, os espectadores perceberam que o oficial acabou caindo nas águas revoltas, e foi quando a gravação terminou.

– General, retorne à projeção e tente focalizar o rosto do oficial que nos atacou. Quero saber quem é ele.

Obedecendo a seu superior, Najib, com sua luva paramétrica, colheu na tela uma das imagens do inimigo e a congelou no ar.

– Ótimo! Agora, mostre-me apenas o rosto desse oficial.

O general então deu zoom. Quando o rosto foi ampliado, o Conselheiro ficou surpreso. O oficial era o mesmo que estava em frente ao reflorestador, ou seja, o major Vitã.

– Aí está, general. Soldados do império, uma equipe de elite derrotada por um único homem! Por que tentou ocultar isso de mim? Para mim, já é o bastante! Vou chamar um de meus auxiliares.

O Quarto Conselheiro então acionou um comando de seu console. Na tela projetada, surgiu a imagem de uma mulher.

– A postos, meu senhor.

– Brites, vou enviar imagens de oficiais da base de Codajás. Gostaria de ter as fichas completas de cada um. Pode fazer isso?

– Sim, excelência, mas creio que irá demorar. Preciso entrar em contato com nosso espião na base-torre.

– Sem problemas. Quero informações – solicitou Hansemon, clicando várias vezes na lâmina digital do console.

– Perfeitamente, senhor. Começarei imediatamente o levantamento.

– Traga-me as fichas completas, entendido?

– Com clareza, senhor.
– Ótimo. Então, vá!
– Com sua licença... – A oficial se despediu, fazendo sinal de reverência. Sua imagem então desapareceu progressivamente no ecrã.
Virando-se para o general, o Conselheiro deduziu, com um certo ar ameaçador.
– Bem, general, suponho que os problemas tenham terminado por aqui.
– Certo, senhor. Meus subordinados já estão de sobreaviso para que não ocorram mais problemas. Por favor, aceite o meu pedido de desculpas, excelência.
– Najib, quero que tome consciência de que, nessa última operação, não havia nenhum exército contra as nossas forças, e sim um oficial ordinário, que destruiu meus equipamentos, meus soldados e meu excelente pesquisador. Poderia dar uma explicação plausível para isso? Poderia? – indagou, irritado, elevando a voz.
– Os erros já estão sendo corrigidos, senhor. Acredite. Por favor, aceite minhas desculpas.
– Sim, general. Apesar de ter de mentir para o Imperador, aceitarei suas desculpas... E sabe por quê?
– Não, mestre.
– Porque o senhor sempre se mostrou eficiente nas missões anteriores. Portanto, apesar do recente desastre estratégico, vou acatar o seu pedido. Mas, preste bem atenção... Será a sua última chance! Consegue entender? – ameaçou ele, fitando o general com expressão de lunático.
– Perfeitamente, senhor. Fico lisonjeado. Muito obrigado – agradeceu, com voz trêmula, sentindo alívio por não sofrer nenhuma punição.
– Preciso ir à ponte. Venha comigo!
O general e o Quarto Conselheiro se retiraram da sala de reunião e passaram pelo extenso corredor reservado. Soldados imperiais, percebendo a aproximação do líder, perfilaram e marcharam, passando a segui-lo.
– Apesar de meu descontentamento e irritação, quanto ao caso que acabou de me relatar, tenho consciência de que essa não é a única missão em andamento na Amazônia. O Imperador ainda não quis me revelar do que se trata, mas, como é de seu conhecimento, Najib, eu controlo várias operações

militares ao mesmo tempo, em vários pontos do Oriente Médio. E nosso Imperador está feliz com meu desempenho. Saiba que nunca fui vencido por coincidências, imprevistos ou coisas do gênero... E sabe por quê? – perguntou o Conselheiro, com ar destemido, olhando para o horizonte através de uma das escotilhas de metal transparente da aeronave.

– Não, senhor.

– Ora, porque sempre me esforço para manter os homens de meu comando com uma disciplina impecável, fazendo com que eles sejam como eu, evitando a negligência e que sejam as vítimas de... Como é que o senhor diz mesmo? Ah! De imprevistos... – gargalhou ironicamente. – Que vergonha! Sinceramente, o senhor já deveria estar a par dessas regras...

– Desculpe, senhor. Garanto que a situação está se normalizando. Os oficiais de Abisinia já trabalham para isso. Ninguém percebeu a nossa presença, até agora. Tudo sairá como o previsto, Quarto Conselheiro – afirmava o general, seguindo o Conselheiro.

– Entendo, entendo. Porém, confesso que o que me deixou nervoso mesmo foi saber que apenas um casal de oficiais é capaz de fazer tanta devastação em nosso aparato militar.

– Sinto muito, senhor, mas esse fato não voltará a ocorrer.

– Lembre-se que a missão de Abisinia é muito importante para Lugaleshi Sharrukin! Não poderemos ter qualquer tipo de falha daqui por diante – prosseguia, caminhando à frente, apressado, sem olhar para o general.

– Perfeitamente, senhor!

De repente, com passos rápidos e de modo imperceptível, Hansemon retirou sua arma da cintura. Com um movimento veloz, digno de um coreógrafo de dança moderna, o líder rodopiou e disparou um pequeno projétil de luz arroxeada, que foi de encontro ao rosto do militar.

– Não se preocupe mais com nada, general. A partir de agora, vou assumir a missão pessoalmente!

– Argh! – reagiu ele, com expressão de terror, tentando se proteger do disparo com as mãos no rosto.

Os soldados da comitiva ficaram assustados com a atitude inesperada do Quarto Conselheiro e assistiram com muito temor àquela cena: Najib tombou, como se estivesse petrificado.

– Homens, que isso sirva de exemplo! Nunca me deem desculpas em demasia e percebam como o mau procedimento de um militar pode resultar em castigo! Atenção! Retirem esse lixo daqui e enviem para câmara de inércia imediatamente! Não quero ver o corredor sujo! – ordenou, entre risos sarcásticos.

Dois soldados saíram de formação e recolheram o corpo entorpecido a uma das câmeras de inércia da aeronave. Hansemon guardou a arma e foi à cabine de comando, acompanhado pelos demais soldados.

A tempestade de areia causada pela passagem da grande aeronave e sua esquadrilha sacudiu mais uma vez certos pontos do deserto, espantando os abutres e os animais peçonhentos.

16
Miriti-Paraná

O sol começava a despontar. A aeronave de combate SIB 41, voando junto a esquadrilha de caças, sobrevoava a região da Amazônia colombiana. Eles escoltavam a nave-cargueiro que transportava médicos e equipamentos.

– Senhores, os pilotos me pedem mais dados do voo. Como devo proceder? – quetionou o sitema de inteligência artificial, expondo a planta do local por sobre o console.

– SIB, quanto tempo falta para chegarmos à reserva? – perguntou Helena.

– Senhora, a tribo Yucuna está a 10 quilômetros daqui. Pousaremos em cinco minutos. Devo proceder?

– Correto. Informe a nave de carga e os caças sobre nosso pouso – ordenou a major, olhando para Vitã, que estava compenetrado no voo, estudando a planta flutuante a sua frente.

Os oficiais observaram cuidadosamente a área de pouso

– Vitã, é melhor avisarmos ao general que já chegamos.

– Claro.

– SIB, entre em contato com o General Vespasiano da base de fronteira de Japurá – solicitou Helena.

– Ordem recebida, senhora. Abrindo o canal...

Alguns segundos se passaram e a figura do general apareceu na pequena tela projetada.

– Senhores – disse o general – suponho que tenham chegado à tribo Yucuna.

– Sim, general... já estamos em procedimento de pouso.

– Ótimo! Espero que os índios sejam curados e que tudo corra bem. No entanto, gostaria de pedir que não falem muito, pois isso cansa qualquer cristão. Por favor, dê um tempo aos seus amigos...

– Entendido, general – disse Vitã, sorridente.
– Ok... quero que sigam o meu conselho. Voltarei a falar com vocês mais tarde.
– Aguardaremos comunicação – informou o major.
– Certo – assentiu o general

Helena se aproximou do console e pressionou uma pequena lâmina brilhante, que colocou à mostra seis botões virtuais. Ela desativou aos poucos o sistema de comunicação da nave. Os oficiais aproveitaram e desligaram os pontos de retransmissão de informação de seus trajes.

– Acho que agora já podemos falar – disse a major, deixando o sistema de comunicação em *stand-by*, só para receber ligações. – Você entendeu, Vitã, o que o general quis dizer?

Sim, lógico... ficou claro que as nossas conversas já estão sendo rastreadas pelo governo colombiano.

– Exato... é um código conhecido, "cansar os cristãos"... ou seja, ficar suscetível ao sistema de rastreamento.

– Sim, é um procedimento necessário nesses casos. De agora em diante, devemos ficar atentos, não podemos deixar vazar informações – comunicou Vitã, já avistando o campo de pouso.

Helena recostou-se em seu acento, se preparando para o pouso.

A SIB 41, quase planando, se posicionou acima da grande pista improvisada, ao lado da tribo dos Yucunas.

– A nave de carga irá pousar no setor designado – informou a nave. – Iniciando a aterrissagem...

– Perfeito. Continue SIB.

Os caças ficaram pairando no ar, sustentadas por seus propulsores eletromagnéticos. Um índio deitado em sua rede na maloca, junto a outros enfermos, escutou o som das turbinas e tentou se levantar com extrema dificuldade. O grande guerreiro do "Pássaro de Fogo" havia chegado!

Uma enfermeira, ao notar o esforço do indígena, correu para ajudá-lo.

– Não, não se levante! Você está se recuperando. Não faça isso! – alertou, tentando impedi-lo.

O índio, em uma atitude brusca, retirou a sonda de seu braço, saiu da rede e suplicou à assistente que não poderia morrer sem ver o "Pássaro de

Fogo" e o grande herói da mata. A enfermeira ficou impressionada e sem ação. Correu atrás do índio para tentar pegá-lo.

Os meninos curumins, também deitados em suas redes, recebendo medicamentos, ouviram o que o índio acabara de falar e ficaram felizes com aquela notícia. Olhando uns para os outros, decidiram segui-lo. A informação sobre a chegada do major se espalhou rapidamente na maloca, e as enfermeiras ficaram desesperadas, tentando, sem sucesso, deter os doentes que pareciam se rebelar contra a "prisão médica".

O índio mais velho andou rápido, saiu da tribo e seguiu por uma pequena trilha na mata. Cambaleante e sem forças, caminhou em direção à pista de pouso, sendo seguido pelos curumins. Eles andaram mais de 200 metros e avistaram as aeronaves já pousadas. Dois oficiais que controlavam a pista barraram o pequeno grupo. Através da escotilha da nave, os majores avistaram o grupo moribundo.

– Chegou a nossa vez, Helena. Vamos ajudá-los. – anunciou Vitã.

O casal desembarcou pela escotilha debaixo da nave e se deparou com indígenas que mais pareciam zumbis, quase mortos pela doença, ou com feições por vezes retorcidas pela dor.

Frente àquela cena desoladora, Vitã correu e abraçou os garotos, percebendo os curumins muito magros e sem energia. Repentinamente, sua atenção se voltou para um índio caído no meio do caminho. Sem demora, deixou Helena na companhia das crianças para prestar assistência ao moribundo.

Sentado no chão de terra ocre, Vitã acolheu o indígena, notando lágrimas nos olhos do doente. Apesar de quase inconsciente, a vítima ainda reuniu forças para pronunciar algo em espanhol.

– Grande Trovão! Grande Trovão! Eu saber que, antes de ir para braços do deus de meus pais, ia ver guerreiro. Dia bom para mim. Que o Chefe da Criação do mundo o proteja e fortaleça para sempre, Grande Trovão! – Disse, muito emocionado.

Em seguida, o índio cerrou os olhos, e seu corpo desfaleceu. Diante daquele quadro, Vitã segurou o nativo no colo e correu de encontro à nave-cargueiro. Alguns oficiais e médicos que descarregavam os equipamentos ficaram espantados com o acontecimento.

– Chamem um médico para mim! Este índio não pode morrer! – gritou Vitã, carregando o moribundo para a nave.

Os médicos ouviram o seu pedido e foram de encontro ao major. Enfermeiros a bordo pegaram o índio e o levaram rapidamente para dentro da nave cargueiro.

– Pessoal, me ajude, por favor, a levar os curumins! Eles estão muito doentes! – pediu Helena, que começou a carregar alguns dos garotos.

Logo, pilotos, oficiais, cientistas, operadores de máquinas e controladores de pista, todos correram para socorrer os pequenos índios. Helena, acompanhava de perto o major, segurando uma menina no colo.

Um a um, os meninos eram acomodados em leitos portáteis, que os oficiais armaram no interior da grande aeronave. As enfermeiras que vieram com a esquadrilha, apressadamente retiraram de caixas, cápsulas transparentes contendo um líquido cor de rosa, que foi injetado diretamente nas veias dos curumins, já deitados. Em seguida, aplicaram o soro.

Alguns minutos se passaram...

– Doutor, eles vão se recuperar? – perguntou Vitã, preocupado.

– Major, felizmente, com um novo remédio desenvolvido em Codajás, a recuperação será possível. Eles estão reagindo bem aos medicamentos.

Vitã bateu na fuselagem da aeronave, num gesto de felicidade. Helena presenciou a reação do major e demonstrou ares de alívio e plena satisfação. Os oficiais fizeram uma rápida vistoria pela ala improvisada dos curumins acamados, que ficaram visivelmente felizes ao avistarem o major.

Prontamente, eles começaram a entoar frases em língua espanhola.

– Vitã, o que eles estão falando? – perguntou Helena, curiosa, sem lembrar de utilizar o tradutor eletrônico de seu capacete.

É uma espécie de saudação. Estão dizendo: "Grande Trovão! Grande trovão! O guerreiro do Pássaro de Fogo!".

– Você já ajudou essa tribo antes, major?

– Não, Helena. Nunca estive por aqui e nem sei como me conhecem. Talvez seja pela tradição oral.

– Que beleza! Histórias que são contadas de geração em geração...

– Isso mesmo.

– Engraçado, Vitã, só agora percebi: há dois deles conversando em espanhol aqui do lado.

– Isso é normal, Helena. Alguns deles devem ser civilizados e falam a língua oficial da Colômbia. Mas venha, vamos na tribo ver como está o líder.

Os meninos indígenas ainda estavam contentes com a presença de Vitã. Alguns deles tocaram o major como se fosse um membro da família.

Os dois saíram da nave carregando seus capacetes tecnológicos. Passaram pelo aeródromo e pegaram uma trilha rumo à tribo.

– Senti pena quando vi os curumins. Tão abatidos e magros, coitados... – lamentou-se Helena.

– Pois agora eu quero saber que maldita doença é essa!

– Eu também, Vitã. Poxa, essa região da Colômbia é muito fria! Vou regular a temperatura do traje. Estou com muito frio – disse Helena, esfregando as mãos.

Vitã colocou a mão sobre o ombro de Helena tentando conforta-la e ajudando a subir a trilha.

Após alguns minutos de caminhada, o casal entrou na tribo Yucuna e se deparou com um grande número de médicos e enfermeiras transitando pelas ocas e auxiliando os enfermos.

Foi quando Vitã percebeu, próximo a uma das cabanas, um homem de batina preta o chamando. Curioso, Vitã foi até ele, acompanhado por Helena.

– Major, você não deve me conhecer. Eu sou Francisco, missionário da Igreja Católica de Bogotá e trabalho na tribo ajudando esse povo. É um prazer conhecê-lo pessoalmente. Os índios falam muito bem de você.

– Também fico feliz em vê-lo, mas... o que gostaria de falar comigo?

– Desculpe major, eu o chamei para saber se posso ajudar em alguma coisa – disse o missionário, falando um Português meio arrastado.

– Francisco, muito obrigado pela recepção. Esta aqui é a minha amiga, major Helena.

– Encantado, senhorita.

– Igualmente. O senhor está nessa tribo há muito tempo?

– Sim, Helena. Mudei para cá faz quatro anos.

– Então, o senhor deve conhecer bem esses nativos.

– Sim.

– Que bom.

– Francisco, estamos procurando o cacique. Você pode nos ajudar a encontrá-lo? – perguntou o major.

– Mas é claro. Venham comigo.

O missionário levou o casal para dentro da maloca, onde estavam alojados os índios doentes. Os enfermos olharam para o casal com curiosidade.

Francisco os guiou para perto do cacique, também doente, deitado em sua rede, com os olhos fechados e monitorado por pequenos aparelhos.

– Vitã, ele parece dormir... Quer que eu o acorde? Posso falar com a enfermeira? – perguntava o religioso.

– Não, Francisco. Melhor deixar. Depois falarei com ele. – informou Vitã já entristecido pela situação que os índios se encontravam.

– Como quiser.

Eles começaram a sair do local, mas foram chamados pelo cansado índio, que despertava. O major se virou rapidamente, ao escutar o cacique que, com bastante esforço, o chamou pelo apelido. Vitã foi apressado para perto do chefe indígena. Helena e Francisco também voltaram a se aproximar.

– Francisco, me ajude! Não estou entendendo direito o que ele quer me falar. Tenho que regular meu tradutor para esse idioma – informou Vitã, segurando o ombro do cacique, que se comunicava em língua nativa.

– Ok, deixe comigo.

Francisco ouviu as lentas e baixas palavras do cacique.

– Major, ele está falando que é bom que você esteja aqui na tribo... e fica feliz em escutar os "Pássaros de Fogo" descerem para ajudar Yucuna.

– Francisco, diga a ele que nós é que ficamos felizes em poder vir até aqui para ajudá-los.

O missionário repassou a informação para o índio, que sorriu, se esforçando para reagir. Agarrando o antebraço do major, Francisco continuou a falar:

– Vitã, ele está dizendo que sonhou com sua chegada. Disse que antigos espíritos da floresta o avisaram de sua vinda e sabe que você veio salvar a todos.

– Francisco, diga a ele que vou ajudar no que for possível. Pergunte o que eu posso fazer por ele.

O religioso transmitiu o recado ao chefe, que se esforçou para se levantar da rede mas desmaiou com o movimento.

Apressada, a especialista chegou perto do grupo. Helena tinha aparência melancólica. Francisco observava o cacique com ar sério. Vitã segurou o braço do índio e o ajeitou dentro da rede.

– O que houve? – questionou a médica.

– Doutora, meu nome é Helena e este é o major Vitã. Estávamos tentando falar com o cacique, quando ele desmaiou e aí ficamos sem saber o que fazer...

– Nossa! Ele não pode ficar sozinho desse jeito. Cadê a enfermeira que estava cuidando dele? – indagou a doutora, olhando em volta. – Que droga! Não posso me afastar nem um instante que acontecem essas coisas!

– É grave, doutora? O que houve com ele? – perguntou Vitã.

– Não se preocupe. Veja o monitor. Os sinais vitais permanecem estabilizados. Vai ficar bem com o novo medicamento. Ele desmaiou devido ao cansaço causado pela conversa de vocês.

– Doutora, poderia me explicar que tipo de epidemia atacou esses índios? – perguntou Helena, apreensiva.

– Major, quando fomos enviados para cá, nossos superiores nos informaram que se tratava de uma epidemia fabricada.

– Como assim? – Helena demonstrou surpresa.

– Os índios nos disseram que, dias atrás, notaram um grupo armado rondando a tribo. Eles avisaram nosso governo sobre a presença de soldados e sobre uma fumaça esverdeada na floresta.

– Fumaça? Não estou entendendo... – disse o major.

– Nossas autoridades estão desconfiadas de que o grupo, visto dentro da reserva, estava testando um novo tipo de arma biológica.

– Meu Deus! Não posso acreditar nessa covardia! De onde eles são? – Vitã ficou inconformado.

– Major, o governo colombiano ainda não nos forneceu mais detalhes sobre o assunto e alega não saber de outras informações.

– Eu entendo o procedimento, doutora – disse Helena, visivelmente insatisfeita.

– Procedimento? – perguntou a médica, curiosa.

– Bem, quando problemas dessa natureza surgem, o governo tem a necessidade de abafar o caso, para que não seja veiculado na mídia e para que a população não entre em pânico. Você deve estar a par desse assunto...

– Eu sei, Helena, muitas pessoas comentam essas coisas. Acredito que eles ajam assim para acobertar determinados problemas.

– Doutora, me diga que doença é essa que afetou meus irmãos! – pediu Vitã, irritado.

– Major, os pesquisadores do Centro de Biotecnologia da base-torre de Codajás estão nos apoiando neste caso e descobriram que o vírus já foi lançado no passado, em conflitos no Oriente Médio.

Vitã, percebendo a gravidade do assunto, olhou com preocupação para Helena.

– Mas isso é impossível, doutora!

– Também achávamos, major Vitã, mas parece que esse vírus foi armazenado por algum grupo de fanáticos e infelizmente voltou à tona com mais força.

– Mais força? – Helena se espantou.

– Sim, o vírus parece ter sofrido mutações. Os pesquisadores da base descobriram o problema em cima da hora e, como vemos, já produziram o novo antídoto.

Vitã virou-se de costas, revoltado, e deu um soco em sua mão esquerda.

– Major, não fique assim. Se acalme – aconselhou Helena, segurando em seu ombro.

– Quem fez isso merece ser punido, Helena. Isso não pode ficar assim!

– Calma, major! Não fique assim! – interveio Helena, segurando seu ombro esquerdo. – Cedo ou tarde, as autoridades descobrirão quem são os responsáveis e os prenderão.

– Espero que você tenha razão, Helena. Eu já prendi milhares de bandidos dentro da Amazônia e, como você viu, nesses dias passamos por coisas terríveis na floresta, mas isso que aconteceu aqui foi uma covardia sem tamanho. Como esses monstros têm a capacidade de testar armas biológicas contra essa gente inocente?

– Não sei, major. Mas você deve ficar tranquilo. Acredito que tudo será resolvido da melhor forma possível – disse a oficial.

Helena foi interrompida por uma voz sintética, proveniente do sistema eletrônico de seu capacete. Ela colocou o acessório sobre a cabeça e o sistema comunicou que o general Vespasiano estava em link.

– Abra o canal comunicador – ordenou a major.

O visor do capacete desceu sobre os olhos de Helena e surgiu a imagem do General.

– Como estão indo? Já entregaram as vacinas?

– Sim, General. Chegamos no tempo previsto e as vacinas já foram entregues. Conversamos com a doutora que cuida dos índios, e ela me informou que eles ficarão bem.

– Espero que os Yucunas se recuperem logo. E não falem muito para não perturbar as pessoas. Trabalhem agora por conta própria. Chegou o momento de descansarem e seguirem seus destinos. Por favor, se apressem.

– Entendido, general.

O link se desfez, desativando a transmissão. O visor do capacete da major foi recolhido.

Vitã temos que ir

– Obrigado por tudo, Francisco. Vitã e Helena cumprimentaram o missionário.

Os oficiais se distanciaram, indo em direção à SIB 41.

– Você recebeu o sinal do General? – perguntou o major, caminhando ao lado dela.

– Ele me falou em códigos e, pelo que entendi, a ordem é seguir o veículo desconhecido – explicou Helena, já entrando na aeronave.

– Vamos, então. Não podemos perder tempo.

No interior da nave, eles se programaram para uma nova etapa.

– SIB, deixe desativados os sistemas de comunicação e os links com os satélites.

– Ordem recebida, major Helena.

– SIB, agora acione o RDC. O ÓVNI deve estar se aproximando.

O neuroprograma disponibilizou, no console, um mapa em três dimensões do espaço aéreo daquele setor, informando em seguida:

– Major Helena, novo mecanismo ativo. Radar de decomposição de cores está operante.

– Ótimo! Dê-nos as coordenadas exatas de possíveis aeronaves desconhecidas.

– Dados em processamento... Atenção, aeronave não catalogada em um raio de 28 quilômetros e se aproximando rapidamente.

Os oficiais estudando os gráficos flutuando à frente, conseguiram facilmente reconhecer o formato da estranha aeronave.

– SIB, avise ao operador de pista que vamos partir. Acione o sistema de invisibilidade – ordenou Vitã.

– Computando, senhor. Processos em andamento.

Ao receber o aviso da SIB, o controlador consultou sua prancheta eletrônica e deu permissão para a decolagem.

– Permissão para decolagem... positivo.

– Ok, prossiga.

A nave pairou a poucos centímetros do solo. Observando os padrões da SIB 41, o operador levou um susto quando viu sua fantástica fuselagem se tornando quase invisível.

– Senhores, todos os sistemas de comunicação foram cortados. Finalizando processo de invisibilidade – informou a SIB.

– SIB, alinhe a nossa rota com a do ÓVNI e nos mantenha a dois quilômetros – orientou Helena.

– Ordem recebida.

– Essa distância é boa, Vitã?

– Sim, é uma distância segura.

– Proceder a partida, então! – seguiu Helena.

A aeronave girou em seu eixo, descrevendo 90 graus, e saiu da clareira em meio a um estampido. Aumentou a velocidade e passou a perseguir o ÓVNI. Deixando a floresta, como um falcão atrás de sua presa, SIB partia à caça do inimigo alado.

– Atenção, se a aeronave continuar na mesma rota, nos levará diretamente para a área militar denominada Abisinia. Devo prosseguir? – perguntou SIB.

– Ok, mas mantenha-se em alerta máximo. Precisamos passar despercebidos por eles. Avise-nos, caso estejam nos registrando.

– Ordem recebida, senhora. Procedimento em andamento.

– Major, esse espaço aéreo é muito bem vigiado – disse Helena. – Espero que o sistema de antidetecção funcione corretamente ou estaremos perdidos!

– Irá funcionar, Helena. Tenha confiança. Esse mecanismo é uma novidade. Os rastreadores deles não poderão nos ver.

E assim, mudando regularmente as cores dos pigmentos de sua fuselagem, a aeronave conseguiu invadir Abisinia, que estava repleta de aparatos militares ao nível do solo.

Havia vários pelotões de infantaria motorizada e soldados guiando tanques andarilhos (veículos de pernas, que carregavam mísseis e nas suas laterais, protegidos por escudos de íons).

Além disso, a movimentação de caças colombianos era constante. Os oficiais ficaram tensos e impressionados durante o voo. O medo pairou no ar. Estavam conscientes de que, se fossem descobertos, teriam mínimas chances de escapar.

A nave em forma de inseto seguia uma rota predeterminada e, aos poucos, se afastou da área vigiada. Ela seguiu velozmente rumo a seu destino, sem saber que em seu rastro havia uma formidável aeronave de combate.

Os oficiais continuavam a olhar as imagens externas e perceberam que se dirigiam em direção de uma cadeia de montanhas. Contudo, se sentiram mais aliviados por não terem sido descobertos pelas tropas colombianas.

Subitamente, a aeronave começou a desacelerar.

– Senhores, a nave inimiga iniciou processo de pouso a dois quilômetros daqui – informou a SIB. – Como devo proceder?

– SIB, marque a posição dela e procure um lugar seguro para pousarmos. Vamos descobrir o que está por trás de tanto mistério!

17

Pousando em Abisinia

– Atenção! A posição mais favorável para pouso é dentro deste rio – informava a SIB.

Os oficiais observaram a imagem indicada através do console.

– Mas, SIB, isso é uma cachoeira! – exclamou Vitã.

– Perfeito, major. É o ponto mais correto para o pouso no momento.

– Como assim? – insistiu Vitã. – Defina melhor.

– Há uma pequena plataforma de pedra dentro do rio, um pouco mais larga que o corpo desta aeronave e perfeita para o pouso. Ela está a 150 metros antes da queda d´água e a 20 metros da margem. Pelos meus cálculos, poderei pousar com segurança.

– De acordo, Helena?

– Major, eu confio plenamente nos mecanismos desta nave.

– Pouso aprovado, SIB.

Do lado de fora, os galhos das árvores balançavam. Bichos e pássaros faziam estardalhaço na mata, com medo dos visitantes. Pequenas nuvens de água eram expelidas do rio, à medida que a nave descia e tentava se posicionar sobre a plataforma natural. Com pequenas manobras, o pouso foi bem sucedido, e os propulsores desativados.

– Certo! SIB, libere os armamentos portáteis e entre em modo de vigilância. Vamos precisar de sua ajuda.

– Major, é necessário que eu desligue o sistema de pigmentação, ou a energia não será suficiente para voltarmos.

– Não tinha pensado nisso... O que você acha, Helena?

– É um risco que teremos de correr, Vitã.

– Ok. SIB, desative o sistema de pigmentação e permaneça em modo de vigilância.

– Certo, senhor. Processando informação.

–Oriente o sistema para um possível imprevisto se a nave precisar decolar sem a nossa presença, deve ativar novamente o sistema de camuflagem.

– Senhores, gostaria de informar-lhes de que esse procedimento já faz parte do sistema de vigilância. Não há problemas quanto a isso.

– Fico mais tranquila, SIB.

Helena e Vitã então se prepararam para desembarcar. Colocaram os capacetes e checaram os trajes e equipamentos. Por fim, a aeronave lhes forneceu as armas.

–Vamos! – disse Helena, com um multifuzil em punho.

– A posição de pouso da aeronave inimiga já foi registrada no sistema de seus trajes. Basta acessar os multianalisadores – informou Sib.

A escotilha da nave se abriu dentro da cachoeira, dando passagem aos guerreiros tecnológicos. Vitã foi à frente, atravessando por cima de pedras e galhos, enquanto ajudava sua companheira a prosseguir na travessia do rio. Em pouco tempo, chegaram à margem.

O major abaixou a viseira e Helena repetiu o procedimento. Com isso, visualizaram artificialmente os pontos que deveriam seguir e o trajeto a ser percorrido. Sem perda de tempo, ambos começaram a subir o rio, seguindo as pistas que os levariam ao encontro do inimigo.

18

Perante o Imperador

A gigantesca aeronave do Quarto Conselheiro e sua escolta de estranhos caças voavam cortando todo o espaço aéreo do deserto da Síria. Em grupo, seguiam como flechas em direção ao seu alvo. A esquadrilha passou pelas fronteiras da Turquia e seguiu para o Palácio de Turãbah, na antiga região da Mesopotâmia, exatamente onde o rio Eufrates se encontra com o Tigre, formando o delta que desemboca no Golfo Pérsico.

– Meu senhor, entraremos na capital do império daqui alguns minutos. Eu posso anunciar nossa chegada? – perguntou um oficial, em posição de sentido.

– Sim, capitão.

– Certo senhor! – E virando-se para um subalterno, ordenou: – Ative a velocidade de cruzeiro; avise o controle aéreo de Turãbah que nossa aeronave está se aproximando e que estamos levando Vossa Excelência, o Quarto Conselheiro, a bordo. Informe-os que pousaremos no aeródromo do palácio imperial. Permissão concedida pelo próprio Conselheiro.

– Perfeitamente, capitão! – acatou o operador.

No telão projetado no ar da sala de controle foi exibida a imagem da imensa metrópole. Os oficiais observaram os detalhes da cidade do império, que fervilhava de veículos aéreos de tipos e formas variadas. Eles corriam flutuando em diferentes níveis de patamares urbanos, por cima de colossais viadutos.

Ao nível do solo, havia milhares de pessoas ocupadas em suas tarefas. Nessa zona, a arquitetura da cidade era estranha, mesclando construções futuristas, clássicas e desconstrutivistas. Havia também *outdoors* eletrônicos espalhados por todas as vias, com uma gama de produtos anunciados, causando verdadeira poluição visual.

Uma das coisas que mais impressionou os tripulantes foi as grandes arenas tecnológicas, sempre cheias de pessoas assistindo lutas. A arquitetura das arenas se interligava com a dos *shopping centers*.

Neste cenário surreal, centenas de imensas estátuas erguidas em homenagem a militares do passado eram abrigadas por templos de adoração.

Acompanhando a linha do horizonte, percebia-se o imponente palácio imperial, uma magnífica construção cercada por uma muralha blindada com dezenas de altíssimas torres, exibindo vitrais de raro esplendor.

Oficiais e equipamentos de guerra, alojados em cabines, garantiam a segurança. Intrincados sistemas de proteção, como bloqueadores de mísseis e os conhecidos canhões de plasma, eram vistos na parte superior da muralha.

No espaço entre as torres, a cada 100 metros, largas colunas de titânio lançavam grossas camadas de energia para o alto, formando uma barreira intransponível contra projéteis e aeronaves, que poderiam vir a ameaçar o perímetro do palácio.

– Torre de controle, aqui é DYV-4... classe de liberação azul. Processo de descida será iniciado.

A imagem do operador da torre de tráfego aéreo apareceu no telão da sala de controle.

– Capitão, permissão concedida. Iniciem a aterrissagem.

O veículo – do tamanho de um estádio de futebol –pairou sobre uma das laterais da fortaleza. Caças protegiam o seu perímetro. A gigantesca aeronave liberou um aparelho bem menor, para desembarque, levando a bordo o Quarto Conselheiro e a sua comitiva.

A aeronave se aproximou lentamente da barreira protetora, que foi desativada. O pouso vertical foi feito na plataforma de atracação designada. Os caças passaram a circular por cima do palácio. Um som ensurdecedor denunciava o final da aterrissagem. Neste instante, mecanismos inteligentes de grande porte chegaram próximo à rampa de acesso para fornecer apoio à nave.

De súbito, a pesada escotilha elevou-se e o pelotão do Quarto Conselheiro desembarcou em marcha ritmada, seguido por Hansemon, logo atrás.

"*O que será que Lugaleshi quer comigo? Há tantas coisas a fazer, maldição!*", pensava Hansemon, sabendo que ser recepcionado pelo ditador não era algo trivial.

Um político do palácio recepcionou Hansemon. Vinda do interior do palácio, em grandes veículos flutuantes, uma comitiva de soldados imperiais se aproximara da aeronave, trazendo em seu rastro o imponente Imperador Lugaleshi Sharrukin.

Em seguida, envolto em vapor e mistério, o perverso tirano saiu do meio da multidão de oficiais e finalmente se encontrou com o Quarto Conselheiro. Os soldados se alinharam mais energicamente, batendo suas botas contra o solo e emitindo sonoros gritos de guerra, em meio às saudações.

– Seja bem-vindo. É bom vê-lo novamente, Hansemon.

– Senhor, trago excelentes resultados. As operações em alguns países estão transcorrendo muito bem.

– Sim, Conselheiro. Soube que houve um acidente em seu templo comemorativo. Como isso ocorreu?

– Meu senhor, o acidente foi causado pela petulância de alguns escravos, que resolveram se vingar de mim, destruindo minha imagem.

– Desculpe, Conselheiro, mas não seja hilário. Como essas sub-espécies patéticas pretendem desafiar o nosso império com ações tão ridículas? – perguntou Lugaleshi, sorrindo ironicamente.

– O senhor tem razão. Cheguei bem na hora do incidente e apliquei as devidas penalidades nos envolvidos.

– Bem, Conselheiro, eu não me importo com as atitudes que venha a tomar em relação aos seus subordinados. Se isso me trouxer bons resultados, tudo bem.

– Gostaria de dizer que me sinto muito satisfeito quando aplico uma penalidade em meus escravos.

– Fico feliz com suas palavras. Existe um ditado que diz que "a população é uma besta de várias cabeças". Agindo dessa forma, será constantemente lembrado por sua força. Siga o meu exemplo e terá o povo sempre a seus pés.

– Grande chefe, meu coração se alegra em ouvir essas sábias palavras.

– Vimos as imagens da batalha no Golfo Pérsico e lemos seus relatórios. Gostaria de parabenizá-lo pela vitória.

– Obrigado. A missão foi mesmo satisfatória, como o senhor planejou – concordou o Quarto Conselheiro, apertando o punho, com certo nervosismo.

– Conselheiro, ver os iranianos afundando no estreito de Ormuz foi uma visão surpreendente. Diria que foi um espetáculo para nós!

– Os porta-aviões dos adversários ofereceram muita resistência. Os iranianos enviaram seus caças e suas armas para contra-atacar, mas no final, conseguimos derrotá-los.

– Sim, percebi que nossos novos caças são um espetáculo. Seria impossível que eles nos vencessem com aquelas velharias aéreas – gargalhou irônico o Imperador.

– Naquele momento, como última cartada, eles lançaram um míssil nuclear de pequeno porte em nossa direção, senhor... mas os novos anuladores atômicos funcionaram bem e invalidaram rapidamente seus artefatos.

– Formidáveis, esses equipamentos! Eles devem ter ficado perplexos com nossos novos artefatos de guerra.

– Creio que não tiveram tempo para isso, excelência. Nosso contra-ataque foi rápido e fulminante. Ao mesmo tempo em que anulamos o míssil atômico, nós os destruímos com todas as nossas armas.

– Tenho os registros, Conselheiro. E não me canso de vê-los.

– Majestade, algumas questões estão me incomodando em relação a esse ataque. Se pudesse, gostaria de apresentar minhas ideias à Vossa Excelência, em momento propício.

– Lógico! Se preferir, pode relatá-las agora. Apesar de estarmos sem tempo, eu posso escutá-lo, diga!

– Senhor... o Irã deve pedir reforços aos ocidentais. Acho que deveríamos explodir os países mais fortes com a nossa força nuclear.

– Entendo, Conselheiro, mas é melhor não nos precipitarmos. Muitos já me pediram tal feito, e os nossos investidores não gostaram nada da ideia.

– Desculpe, majestade, foi apenas um pensamento lógico, já que possuímos os anuladores atômicos. Não sofreríamos um contra-ataque nuclear.

– Entendo, entendo... Mas, por enquanto, estou deixando esta questão dos aliados na mão de nossos diplomatas creio que não irão nos atacar tão cedo.

– Perdoe minha ansiedade, senhor. Falei o que não devia...

— Sem problemas... Quero dizer que são muitos os motivos para não adotarmos esse tipo de ação. Um deles é que os investidores aqui presentes, os megaempresários, não gostariam de destruir países que ainda compram diversos produtos nossos. Não posso contrariar os investidores.

— Perdão, senhor, releve minhas palavras precipitadas.

— Fique tranquilo, Conselheiro. Há outros meios de se conquistar os inimigos. E também estamos prestes a mostrar aos ocidentais uma coisa que os deixará perplexos.

— Entendo, majestade — assentiu, curioso.

— É sobre este assunto que quero lhe falar, mas para compreendê-lo, será necessário se desligar um pouco do mundo lógico e racional.

— Entendi, majestade. São fatos de ordens místicas...

— Isso mesmo. O que posso adiantar é que existem forças espetaculares e sobrenaturais, que estamos prestes a conquistar, para fortalecer ainda mais o império.

— Está se referindo ao Templo de Abisinia, na Colômbia, senhor?

— Sim, Conselheiro. Quando chegarmos lá, explicarei todos os detalhes ao senhor e aos participantes. Vamos entrar na nave. Enquanto voamos, eu explico o resto.

"Maldito Imperador místico! Ainda não confia em mim totalmente! Ele e suas superstições boçais... Se não fosse a minha disciplina e força, gostaria de ver se venceria os inimigos com esta imaginação de tolo!", pensou o Quarto Conselheiro, se controlando ao máximo para não demonstrar expressões negativas em seu semblante, enquanto caminhava ao lado de Lugaleshi.

Hansemon, disfarçando, tocou o ombro do Imperador, ajudando-o a subir a rampa da aeronave. O Conselheiro e o Imperador embarcaram, acompanhados por um considerável grupo de investidores políticos e empresários. Soldados e oficiais os seguiram veículo adentro.

— Bem, já que tocamos no assunto dos ocidentais, gostaria de saber sobre o andamento das operações da América do Sul, sobretudo a Amazônia — disse Lugaleshi, já dentro da DYV-4.

— Majestade, nossos subordinados trabalharam bem em várias operações na Amazônia brasileira. Enviei relatórios para o senhor ainda há pouco.

– Fico feliz por receber essa boa notícia, Conselheiro. Percebo que o senhor é mesmo o melhor em tudo o que faz. Fico admirado com sua capacidade de nunca falhar nas missões. Com isso, tem ajudado bastante este império. E, aos olhos de nossos investidores aqui presentes, se tornou um homem de grande capacidade e confiança. Quando chegarmos na base de Abisinia, não tenha dúvida, como sinal de gratidão, muitas coisas serão reveladas – informou Lugaleshi Sharrukin, pousando a mão sobre o ombro de Hansemon.

– Excelência, não tenho palavras para expressar a minha gratidão. O que posso dizer é que tentarei melhorar ainda mais para lhe servir – prometeu ele, confiante.

Com as boas falas do Imperador, o Quarto Conselheiro percebeu que conseguira alcançar mais um objetivo e sentiu-se extasiado. A certeza de que todo o império seria seu um dia se tornava cada vez mais palpável.

Certamente, ele não medirá esforços para eliminar a todos que o possam impedir de vencer. Nem mesmo o próprio Imperador, pois sua meta era governar com mãos de ferro.

– Senhor, minha alma se enche de alegria em poder participar de suas mais gloriosas conquistas – afirmou o Quarto Conselheiro, disfarçando seu cinismo. – Isso que me faz muito feliz! Nada é mais importante.

– Bem, há muitas coisas a serem explicadas por nossos principais pesquisadores e cientistas em Abisinia. Precisamos nos apressar.

– Sim, meu amo. Com sua permissão, gostaria de guiá-lo até minha sala de comando.

– Perfeito. Temos que sair logo daqui. Quero chegar o quanto antes ao templo subterrâneo na Colômbia.

– Venha, majestade... me acompanhe?

– Sim. Muito obrigado.

Por fim, o Conselheiro, levou o Imperador para o centro da grande aeronave.

19
Base Inimiga

O casal de oficiais, após algumas horas seguindo as coordenadas à mostra em seus visores, prosseguiram subindo e abrindo caminho dentro da densa floresta de Abisinia. O cenário se tornava cada vez mais escuro e úmido, devido à altitude. Os sons de cachoeira ficavam distantes conforme avançavam.

Helena e Vitã afastavam galhos e pequenos arbustos. Depois, passaram por cima de um grosso tronco apodrecido, pontilhado de cogumelos. Os gráficos tridimensionais no equipamento dos oficiais, ao apresentar vários tipos de indicações, os guiavam dentro da mata fechada e permitiam que soubessem em que tipo de relevo iriam pisar e as distâncias a serem percorridas.

Naquele momento, Vitã notou um pequeno ícone, em 3D, piscando no alto de seu ecrã.

– Helena, está tudo bem com você? Já estamos bastante próximos do alvo – disse, ajudando sua companheira a subir.

– Eu estou ótima. Li no visor essa informação – respondeu ela, se apoiando no ombro do major, com respiração ofegante.

De repente, uma ofuscante claridade, saindo do fundo da mata, os surpreendeu. Foi quando perceberam o final do trajeto.

– Nossa! – exclamou Vitã, aproximando-se e se debruçando sobre uma ribanceira, olhando para baixo. O que ele via era um gigantesco platô que fervilhava de aparatos militares.

– Incrível! – reagiu Helena, se aproximando de Vitã.

Eles perceberam, através de seus visores, a localização exata da nave que estavam seguindo. O estranho aparelho estava pousado dentro de um aeródromo de grandes proporções, construído sobre uma chapada.

Do lado da aeronave desconhecida, havia outras noventa semelhantes, todas emparelhadas e protegidas por um forte aparato militar. Eram lançadores de mísseis, tanques, robôs, jipes flutuantes, transportadores de carga e soldados armados até os dentes, de vigília por todos os lados.

Militares aparentemente nervosos surgiram de passagens subterrâneas e caminharam apressadamente, dando ordens aos subordinados. Veículos levantavam voo e outros aterrissavam. Partes de grandes equipamentos eram carregadas por guindastes andadores. Pelotões inteiros entravam e saíam do subsolo, transportados por elevadores coletivos do tamanho de hangares. A Chapada de Abisinia servia de base para os inimigos.

– Vitã, tudo isso é surpreendente!

– Helena, estamos correndo muito perigo ficando aqui. Já descobrimos onde a nave pousou. Melhor registrar tudo e ir embora – disse ele, ao ter uma ampla visão do lugar através de sua tela pessoal.

– Certo. UN-2, ativar sensoriamento – ordenou Helena ao seu traje inteligente.

Vitã procedeu da mesma forma.

No ecrã dos oficiais, uma enxurrada de informações apareceu em forma de gráficos e números. Os neuroprocessadores das vestimentas especiais analisaram e gravaram velozmente todos os dados em volta, armazenando informações sucessivas sobre clima, gases, radiações, biotipo dos inimigos, tipo de veículos, classes de armas e tipo de arquitetura. Registravam as escalas e desenvolviam maquetes eletrônicas em três dimensões.

– Atenção, major!

– Relate, UN-1?

– Major Vitã, descrição de arquitetura no subsolo e definição de leitura de dados negadas – informou o sistema com voz metálica no fone do capacete.

– Especifique, UN-1 – pediu o oficial, curioso.

– Major Vitã, o material que está abaixo do solo tem origem molecular desconhecida, impossibilitando os sensores de fazerem a leitura correta. Não há registro deste material em meu banco de dados.

Os oficiais se entreolharam com perplexidade e ficaram pensativos.

– Vitã, lembra quando eu descobri aquela aeronave caída na floresta?

— Sim.

Ela também era feita de material desconhecido.

— Entendi. Você que dizer que a parte interna dessa base pode estar revestida com esse mesmo tipo de material exótico.

— Sim, eu acho isso e...

De súbito, um pequeno ícone de forma humana girou no ecrã dos oficiais, como um alerta. O casal agilmente se levantou, olhando para trás.

— UN-1, mostre os inimigos! — ordenou Vitã.

Imediatamente, nos visores foram registrados os pontos exatos de onde surgiram duas bioformas.

Será que eles nos descobriram?

— Não sei, Helena, mas é melhor checarmos. Não podemos esperar que nos ataquem.

— Perfeito.

— Prossigamos, então.

Com os multifuzis em punhos, os oficiais se emaranharam mata adentro, seguindo a orientação do rastreador de bioformas.

O major, conferindo os gráficos virtuais, percebeu que dois vultos humanos pararam momentaneamente e sentaram-se em troncos caídos.

— Helena, eles estão a 40 metros daqui. Podemos surpreendê-los antes que se levantem.

— Mas... e se for uma armadilha?

— Já pensei nessa possibilidade. Vamos fazer o seguinte, você vai por trás, me dá cobertura e fica me esperando. Eu confronto os inimigos. Se eles tentarem reagir, você ataca, certo?

— Positivo — concordou Helena.

— Então, vamos. Temos de pegá-los agora, antes que resolvam agir.

Helena estudou a posição dos corpos com ajuda de sua tela e seguiu armada por detrás deles. Para tanto, evoluiu estrategicamente, dando uma volta cautelosa por dentro da floresta.

Vitã foi para o lado oposto, se preparando para dar o bote nos incautos seres humanos. Alguns segundos se passaram, e Helena se aproximou sorrateiramente dos indivíduos, pela retaguarda.

Vitã, percebendo a posição da major, não pensou duas vezes; correu e deu um salto com arma em punho, surpreendendo os intrusos, dentro de uma pequena clareira.

No entanto, o oficial teve uma grande surpresa ao notar que eram apenas jovens esfarrapados. Apavorados com o ato do major, os garotos fugiram em disparada.

– Calma! Calma! Esperem aí! – gritou Vitã, tentando alcançá-los.

Os jovens fugiram com expressão de horror e mergulharam na mata fechada. Porém, foram surpreendidos por Helena, que montava tocaia. Novamente, recuaram, muito espantados, mas avistaram Vitã se aproximando.

Eles estavam encurralados. Sem opção, um dos maltrapilhos catou uma pedra no chão e ameaçou investir contra Vitã. O outro, tentando ajudar seu companheiro, partiu para cima de Helena, arremessando um pesado galho de árvore.

– Calma, rapazes! Não vamos fazer nada com vocês! – disse a oficial, se defendendo do fraco golpe do garoto.

Vitã arrancou a pedra da mão do jovem que iria atacá-lo e tentou imobilizá-lo, mas ele girou para se esquivar e mordeu a mão do major. Ouviu-se um berro de dor. O oficial empurrou o garoto ao chão.

Helena, por sua vez, agarrou os dois braços do outro jovem e os colocou para trás, impedindo seus movimentos bruscos. O jovem caído se ergueu e fugiu rapidamente de Vitã, em direção à mata fechada.

– Esses meninos têm coragem! – disse Helena, ao se esforçar para manter imobilizado o seu prisioneiro, que berrava e esperneava de desespero.

– Calma, rapaz! Muita calma! Nós não vamos fazer mal! – repetia Vitã, através do tradutor de seu capacete. E, depois, tentando transmitir confiança, repousou o seu multifuzil no chão. – Veja! Não vamos fazer nada com vocês! Só queremos saber por que vocês estão aqui! – seguia o major, erguendo as mãos vazias para o alto.

O garoto olhou para Vitã e parou de se debater.

– Olha, vou pedir à minha amiga para soltá-lo. Assim, poderemos conversar, certo? Só queremos saber o que está acontecendo aqui, entendido?

O maltrapilho consentiu, balançando a cabeça. Com isso, os oficiais ficaram bem próximos a ele. Helena então soltou o rapaz que, sem hesitação, tentou fugir novamente, dando um pulo. Porém, Helena voltou a agarrá-lo, dessa vez segurando sua roupa. Ele se desesperou outra vez.

– Eu já disse para ter calma, rapaz! Não fique com medo. Não vamos fazer mal algum. Só quero saber seu nome – insistiu Vitã.

– O nome dele é Grispin! Larguem ele, por favor! – berrou, em língua espanhola, o outro rapaz que tinha fugido e que acabara de sair da mata.

Os oficiais olharam para o jovem, que correu para perto de seu companheiro.

– Tudo bem! Agora que os ânimos acalmaram, me diga como vieram parar nessa floresta? – perguntou Vitã falando espanhol através do tradutor de seu capacete. – O que fazem aqui?

Os garotos ainda ensaiavam uma nova fuga.

– Por favor! Pela última vez, eu digo, não fiquem com medo! Não vamos fazer mal! Somos oficiais da Amazônia brasileira. Viemos aqui para investigar este lugar. – revelou Helena, também usando o tradutor de seu capacete.

Desconfiados, os jovens vistoriaram detalhadamente o casal e se entreolharam. Estavam sujos e com arranhões. Pareciam mendigos. Após alguns segundos, o que parecia ser o mais velho resolveu falar:

– Parece que vocês dizem a verdade. Suas armaduras são diferentes dos que conhecemos. Meu nome é Bartolo e meu irmão se chama Grispin – disse o garoto, que tinha sua fala traduzida através do equipamento dos oficiais.

– Bartolo, eu nunca vi mulher com armadura de homem! – comentou Grispin.

– Onde vocês estavam? Como vieram parar aqui? – perguntou Vitã.

– Nós escapamos do inferno, senhor! E não podemos trazer nosso pai de volta. Ele ficou para ser sacrificado! As bestas vão comer sua carne!

Os oficiais ficaram intrigados com aquela revelação.

– Esperem aí! Nos explique direito isso. Venham cá, vamos nos sentar. Vocês parecem muito cansados. – disse Helena.

Os oficiais recuaram, se acomodaram em cima de um tronco caído e colocaram suas armas de lado. Os irmãos se sentaram em uma pedra em frente.

– Bartolo, me fale desse inferno. De onde você escapou? – perguntou Vitã, curioso.

O garoto olhou para Grispin, que balançou a cabeça, em sinal de acordo. Respirando fundo, Bartolo iniciou:

– Senhor, há poucas horas, nós saímos da terra, fugimos do mal.

– Como assim? – Helena estava intrigada.

– Senhora, nós fingimos estar mortos para escapar da arena. Fugimos do campo da morte, onde as bestas atacam as pessoas.

Vitã e Helena ficaram confusos com os detalhes aparentemente sem nexo.

– Bartolo, tente nos explicar desde o começo – disse Helena. – Não estamos entendendo nada do que disse até agora. Que caverna e que arena são essas? Conte tudo desde o começo.

– Eu conto, mas se prometerem que vão nos ajudar. Nós fugimos do inferno para pedir ajuda. Precisamos salvar nosso pai. Vocês vão ajudar?

Helena encarou Vitã, preocupada, e o chamou para o canto para uma conversa reservada.

– E agora? O que vamos fazer? Vamos deixá-los ir embora e voltarmos para a nave ou escutar o que eles têm a dizer, para tentar ajudá-los?

– Helena, acho que eles saíram desta base subterrânea e, pelo pouco que disseram, coisas terríveis devem estar acontecendo por lá. Seria uma boa ocasião para colhermos mais dados e desvendarmos esse mistério de uma vez. Sem falar que o pai dos garotos corre perigo de vida...

– Lógico. Já que estamos aqui, vamos ajudá-los. Parece que estão agindo com sinceridade.

Os irmãos olharam de longe para os oficiais e apreciaram suas armaduras de defesa e as armas futurísticas que traziam.

– Vamos escutar a história deles para podermos avançar – disse Vitã – Bartolo, eu e a major concordamos em ajudá-los, mas é necessário que nos conte tudo desde o começo, detalhadamente.

Grispin se agitou em alegria e abraçou o irmão. Ele percebeu que aqueles oficiais, ali parados à sua frente, seriam capazes de resgatar o seu velho pai Balbílio. Vitã e Helena demonstraram satisfação ao ver os dois em estado de contentamento.

– Bem, garotos, então nos contem tudo.

– Tudo bem, senhor.

Bartolo tomou fôlego e retomou o relato.

– Senhor, eu e minha família morávamos aqui na Colômbia. Meu pai e meu tio trabalhavam operando tratores bípedes. Já ouviu falar dessas máquinas?

– Sim, eu conheço.

–Na cidade onde morávamos, quase todo mundo trabalhava na área de construção civil e militar.

– Certo. Você me falou sobre a profissão de seus parentes; mas o que eu gostaria de saber realmente é como vocês foram aprisionados e o porquê.

– Senhor, aconteceu em uma tarde, um ano atrás. Foi horrível. Centenas de militares com tanques tomaram conta de nossas ruas. Milhares de soldados, obedecendo ordens de seus superiores, invadiram as casas de arma em punho e foram recolhendo as pessoas. Eles separaram as mulheres dos homens e os colocaram em vários veículos. Não consigo esquecer de minha mãe e de minha irmã indo embora, sendo levadas por esses malfeitores.

Bartolo ficou triste e Grispin deixou escapar algumas lágrimas.

– E para onde elas foram levadas, Bartolo? – perguntou Helena, pousando a mão sobre o ombro do garoto, em gesto de proteção.

– Não sei, senhora. Os homens que estavam presos conosco falaram para papai que as mulheres foram levadas para o Oriente, para trabalharem com máquinas dentro das indústrias. Eu ainda acredito que elas estejam vivas. Sei que ainda vamos encontrá-las algum dia. Eu tenho a foto deles, quer ver?

O garoto puxou do casaco maltrapilho um velho relógio antigo e enguiçado. Ao abrir a tampa, mostrou a fotografia rasurada de seu pai e sua mãe se abraçando.

– Esse é meu pai. Essa foto foi tirada há dois anos e me deram de presente junto com esse relógio – relembrou ele, chorando.

Vitã pegou o relógio e olhou fixo para a imagem.

– UN-1, registre isso.

O ecrã se abaixou e gravou a fotografia no banco de dados do traje. Helena também registrou a imagem dos pais dos jovens, e Vitã devolveu o relógio a Bartolo.

– Não fiquem tristes, rapazes. Nós vamos ajudá-los – confortou Helena.

– Como vocês vieram parar nessa região? – indagou Vitã.

– Senhor, nós fomos levados com vários prisioneiros para um lugar assustador. Meu pai e meu tio foram obrigados a operar guindastes que andam. Eles e muitos outros escravos eram forçados a construir habitações e monumentos. Eu, meu irmão e outros escravos éramos encarregados de recolher pequenos detritos e limpar máquinas.

Vitã se espantou com a revelação. Helena não acreditava no que ouvia.

– E como conseguiram escapar?

– Senhor, nós trabalhamos nesse maldito lugar durante quatro meses, ajudando a construir um grande templo em homenagem a um militar do mal.

– Templo?

– Sim, senhora. Essas construções são áreas de adoração, erguidas em homenagem aos militares que realizam grandes conquistas. Nos últimos dias que ficamos lá, nosso tio nos disse que as obras já estavam terminando e que os oficiais de campo iriam receber a visita do Quarto Conselheiro.

– Quarto Conselheiro?

– Vitã, eu já ouvi falar nesse tal de Quarto Conselheiro. Acho que foi em um noticiário do canal A Esfera.

– Sim, você está certa. Um jornalista, aliás, muito corajoso, conseguiu mostrar documentos importantes no ar. Ele revelou ao mundo a verdadeira face do mal: um Imperador cruel que escraviza e mata inocentes em todo o Oriente Médio.

– Mas... não entendo, Vitã. Por que os outros países, já sabendo da existência desse Imperador, não fazem alguma coisa para detê-lo?

– Não sei, Helena, não sei. Talvez sejam os jogos políticos e a corrupção que o fazem se manter no poder. Eu ouvi dizer que eles têm muitos meios de comunicação e isso deve ajudá-los a distorcer os fatos.

– Entendi. E você, Bartolo? Disse que seu pai e tio trabalhavam naquela região. Onde estão?

O jovem se entristeceu e seu irmão abaixou a cabeça. Ele enxugou algumas lágrimas em seu rosto e continuou:

– Senhora, como eu disse, meu pai e meu tio trabalhavam guiando guindastes. E meu tio, coitado, foi injustiçado... – lamentou Bartolo, esfregando a mão contra os olhos.

– Como assim?

– Senhor, meu tio estava já terminando o trabalho. Com a máquina, ele erguia partes de uma estátua gigante que representava a figura do Imperador. Foi quando houve o acidente e...

Assim, Bartolo continuou contando tudo o que havia acontecido a eles no campo de escravos, como seu tio Solano havia sido enviado à câmara de inércia pelo Quarto Conselheiro, explicou que as câmaras se encontravam dentro do Império, no Oriente Médio, e que seu tio ainda estava vivo. Eles relataram como foram enviados para a Arena de Demonstração, na America do Sul, e pediram aos oficiais que resgatassem o tio, a mãe e a irmã que ainda eram mantidos presos no Oriente Médio.

Enquanto os oficiais prestavam atenção aos relatos de Bartolo, a trinta quilômetros dali, centenas de aeronaves desconhecidas começavam a se aproximar rapidamente. SIB 41, pousada em pedras na cachoeira, detectou a presença dos intrusos e, sem hesitar, ativou o seu mecanismo de camuflagem.

A pigmentação inteligente revestiu toda a sua fuselagem, protegendo-a do perigo. Por fim, o sistema de antidetecção foi ativado, tornando-a invisível aos radares inimigos.

Alguns minutos se passaram, e Bartolo chegou ao fim do relato. Enquanto isso, Grispin, lembrando de tudo e pensando em Balbílio, seu pai, chorava cabisbaixo.

Bartolo não se conteve, abraçou o irmão e deixou o pranto rolar em seu rosto também. Helena, assistindo à cena, se aproximou dos dois e tentou confortá-los.

– Rapazes, não fiquem assim. Nós faremos de tudo para ajudá-los. Tudo será resolvido.

Vitã também se aproximou e prestou apoio.

– Grispin e Bartolo, pelo o que vocês me falaram e pelo o que vejo, vocês são dois grandes heróis. Já venceram muitos obstáculos. Vamos, não deixem que a tristeza os domine.

Emocionados, ainda em lágrimas, os garotos ergueram a cabeça e, juntos, apertaram a mão do major. Logo depois, arriscaram um sorriso, convencidos de que teriam a ajuda daquele oficial de armadura eletrônica.

Helena pegou algumas barras de proteína de seu cinto e entregou aos irmãos, que rapidamente as devoraram, famintos.

De repente, Vitã, verificando os dados do ecrã, se espantou com o que viu e olhou para o alto, percebendo o perigo. Seu traje havia dado o alarme. Houve então um pequeno tremor de terra, seguido por um estrondo feito trovões no céu.

Naves formando esquadrilhas rumavam para o aeródromo inimigo. Os oficiais, agarrando rapidamente os jovens, correram e voltaram para a ribanceira de onde podiam ter uma visão aérea da chapada. Estrategicamente deitados, o grupo testemunhou a intensa movimentação no lugar.

Todos os veículos aéreos levantaram voo, um atrás do outro, em sentido vertical, se unindo aos que chegavam. Os operadores e militares da base militar inimiga correram para seus veículos terrestres e saíram apressadamente, embarcando em elevadores que os levaram para o subsolo.

– O que está acontecendo, Vitã? Por que eles se esconderam? – perguntou Helena.

– Boa pergunta. Deve ser algum procedimento de defesa.

– Senhor, essas aeronaves são as mesmas que víamos quando éramos escravos.

– Certo, Bartolo, então são os mesmos inimigos.

– Sim, senhor.

De súbito, um tremor de terra maior, acompanhado de outro barulho ensurdecedor e de uma forte ventania, sacudiu tudo à volta. Os raios de sol sobre a floresta começaram a ser bloqueados e uma sombra ameaçadora se aproximou, cobrindo a região.

Foi quando eles avistaram um gigantesco vulto metálico. Pairando no ar, uma soturna aeronave emitindo eletricidade estática por todos os lados, sobrevoava lentamente os céus, indo em direção à base.

Bartolo e Grispin se encheram de pavor, reconhecendo a colossal máquina blindada.

– Senhor! Senhor! O Quarto Conselheiro voa dentro dessa nave!

Helena e Vitã ficaram preocupados com aquela informação.

– Então, é por isso que todos estão agitados. O líder resolveu das as caras! – disse Vitã.

– Sim, major. O perverso que nos escravizou e congelou nosso tio deve estar dentro dessa máquina.

Helena, colocou a mão sobre seu cinto eletrônico.

– Nossa!

– O que foi, Helena?

– Não podemos entrar em contato com a SIB Será que a detectaram?

Desativando seu visor, Vitã se dirigiu à Helena.

– Creio que não, Helena. A aeronave segue as diretrizes à risca e com certeza acionou os sistemas de camuflagem.

– Espero que tenha razão. Senão estaremos perdidos.

O veículo aéreo remanejava toda sua energia gerada pelo mercúrio para ativar suas turbinas eletromagnéticas, em sua parte inferior, se posicionando em ângulo de 90° e flutuou a 300 metros de altura sobre o aeródromo.

Em seguida, uma escotilha se abriu em sua lateral, dando passagem à nave de desembarque do Quarto Conselheiro. Oficiais de pista, em alvoroço, davam ordens utilizando comunicadores. Elevadores-hangares chegavam ao nível do solo, trazendo falanges de soldados que usavam armas tecnológicas em punho e, recebendo ordens superiores, rapidamente marcharam para perto da área de pouso.

Uma nave de desembarque iniciava o processo de aterrissagem, dando um pequeno giro e alcançando um espaço apropriado em terra. Militares devidamente organizados se perfilaram à volta. Vitã, Helena e os garotos observavam a tudo.

De repente, uma rampa automática da aeronave foi acionada, por onde desceram soldados imperiais de elite. Com passos rigorosamente ritmados, eles foram à frente e formaram uma espécie de corredor humano.

Vitã, através da visão amplificada, observava com atenção os trajes daqueles militares, reconhecendo seus emblemas.

– Veja, Helena! Os soldados que enfrentei na mata são parecidos com esses. Observe as armaduras.

Após breve reconhecimento, Vitã concluiu:
– Você tem razão. São eles mesmos.
– Não acredito que esses militares estejam interessados nos índios. Tanta tecnologia, tanto recurso... Por que atacar gente indefesa? Não consigo entender...
– Calma, Vitã, ficar especulando não vai resolver nada. – disse Helena, confrontando-o.

Todos dentro do aeródromo ficaram temerosos e direcionaram os olhares para a imponente figura que saiu da aeronave, o Imperador Lugaleshi Sharrukin em pessoa. Ele desceu lentamente a rampa de acesso, acompanhado por seu braço direito, o Quarto Conselheiro, e por uma comitiva de partidários, pesquisadores e investidores.

Bartolo e Grispin de longe conseguiram reconhecer a sombra nefasta de Hansemon, o Quarto Conselheiro. Grispin se agitou, ameaçando levantar, mas foi contido por seu irmão.

– Senhor, aquele vestido de branco e azul é o Quarto Conselheiro! – apontou o garoto.

– Eu vi, rapaz, e confesso que não gostei nem um pouco da cara dele...

O Imperador observou tudo à sua volta ao descer a rampa e, ao se virar, provocou ondas em sua capa púrpura. Passou pelo corredor de soldados, em revista à tropa, e todos prestaram continência a Lugaleshi Sharrukin.

Jipes flutuantes se aproximaram. O grã-líder foi recepcionado por oficiais que o reverenciaram como a um deus. Ele trocou algumas palavras com o Quarto Conselheiro e, em seguida, ambos embarcaram no pequeno veículo imperial terrestre.

Então, oficiais da base fizeram o transporte da comitiva, que adentrou nos elevadores-hangares, se dirigindo ao subterrâneo.

– É preciso saber o que eles estão planejando contra nós. Por que entraram na Amazônia e por que atacaram os índios?

– Iremos descobrir, Vitã, fique calmo. Não podemos nos esquecer de que prometemos ajudar os garotos...

– Claro, claro...

– Tudo vai se resolver. Garotos, está chegando a hora eu e Helena entramos na base.

Senhor, nós vamos com vocês.

Grispin, vocês vão ter que ficar escondidos aqui fora até voltarmos! – disse Vitã, enérgico.

Os garotos não gostaram da ideia. Estavam determinados a salvar o pai. Grispin franziu a testa, irritado, e sacudiu o irmão.

– Nada disso! Eu também vou. Não quero ficar aqui sozinho, não! – protestou Bartolo.

– Será muito perigoso se formos todos juntos.

Grispin, nervoso, começo a chorar. Bartolo chutou galhos e pedras, também revoltado.

O casal se aproximou dos jovens.

– Que isso rapazes? Não fiquem assim, vocês já fizeram o pior. Deixem tudo com a gente, agora – disse Vitã, passando a mão na cabeça de Bartolo.

– O senhor vai salvar nosso pai? – perguntou Grispin, segurando com força o braço de Vitã.

– Preste atenção no que eu vou falar...

– Estou ouvindo, senhor.

– Nós vamos até o ponto por onde escaparam, vamos localizar a entrada da caverna com nosso equipamento e entrar na base. Não se preocupem com a gente. Só quero que fiquem aqui em segurança. Não é necessária a presença de vocês no resgate.

– Mas, senhor... e o nosso pai? O senhor vai salvá-lo, não é?

– Bartolo... vamos nos esforçar ao máximo para que isso aconteça. Quando chegarmos lá, vamos tentar vistoriar essa base subterrânea e faremos tudo para encontrá-lo.

Os garotos se acalmaram com as palavras do major, que segregou à parceira:

– Helena, não há outro caminho. Temos de tentar resgatar o pai desses garotos e procurar descobrir o que essas pessoas estão querendo. Concorda ou tem outra sugestão?

– Lógico, Vitã, concordo... vamos em frente.

– Bem, rapazes, o momento chegou. Fiquem aqui e se escondam, Eu e Helena vamos entrar na base.

Bartolo e seu irmão cabisbaixo, sem opção, foram para trás de uma pilha de pedras e se esconderam, enquanto os oficias se distanciavam.

Helena e Vitã, usando a tecnologia das armaduras, rastreavam a trilha e afastavam galhos, passaram por grandes árvores, se esforçando para subir o morro dentro da floresta. Vitã ajudava Helena, segurando-a em alguns trechos da caminhada.

Preocupado, o major constantemente sondava tudo ao redor, com ajuda de seu equipamento. O casal mergulhava cada vez mais na mata fechada e, após algum tempo, sempre orientados pelos computadores do traje, se deparam com uma entrada de caverna.

– Esta bem, Helena? – perguntou Vitã, olhando para amiga.

– Estou Vitã. Veja, acho que esta é a entrada da caverna que os garotos descreveram – comentou Helena, apontando à frente.

De súbito, uma agitação dentro da mata colocou os oficiais de sobreaviso. Pessoas se aproximavam por trás da densa floresta.

Helena rapidamente baixou o visor, descobrindo a causa daqueles sons.

– Muito bem! Podem sair daí! – ordenou Helena, meio irritada.

Vitã viu os garotos Bartolo e Grispin surgirem de dentro da mata, sem graça.

– Mas eu não falei para ficarem escondidos? Vocês não deviam estar aqui! Agora vão atrapalhar o nosso...

Antes que Vitã concluísse a frase, Helena o segurou pelo braço.

– Deixa, Vitã, eles já sofreram muito e estão determinados. Não conseguiremos impedi-los.

Vitã ficou pensativo.

– Não sei... ainda acho que deveríamos deixar os garotos fora deste esquema. O perigo é muito grande.

– Mas eles querem ir juntos e estão resolutos quanto a salvar o pai. Não sei como fazer para que eles desistam.

– É... tão pouco eu – comentou Vitã.

– Quer saber? Melhor que se sintam úteis e se esforcem para nos ajudar. Isso pode evitar problemas futuros.

– Entendi, Helena. Então, vamos nos preparar.

– Certo.

O casal se aproximou dos jovens.

– O senhor vai nos levar? – perguntou Grispin, segurando com força o braço de Vitã.

– Preste atenção no que eu vou falar...

– Estou ouvindo, senhor.

– Nós vamos segui-los até o ponto por onde escaparam, dentro da caverna. Se houver o mínimo sinal de perigo, quero que fujam, entenderam? Não se preocupem com a gente.

Os garotos concordaram de pronto.

– Certo, vamos descansar um pouco – ponderou Vitã.

Os garotos sentaram-se em uma pedra arredondada, enquanto os majores conversaram em baixo tom.

– Helena, dá uma vigiada aqui fora. Olha os garotos. Eu vou descer alguns metros para dar uma sondada nessa caverna.

– Certo, tome cuidado, tá? – Recomendou encarando o amigo.

– Pode deixar. Quero apenas fazer um breve reconhecimento. Não fique preocupada.

Os garotos perceberam a movimentação de Vitã.

– O que houve com o major? Por que ele entrou na caverna sozinho? – perguntou Grispin, curioso.

– Fiquem tranquilos. O major foi fazer um reconhecimento da área e já volta.

– Que susto! Pensei que vocês fossem embora sem a gente.

– Absolutamente. Acha que ele faria isso com vocês? Se acalmem. Ele já vem.

Helena, segurando sua arma, estava de pé e vigiava atentamente a entrada da caverna. Enquanto isso, Vitã finalizava a descida de 100 metros.

– UN-1, ativar multianalisador. Cheque o ambiente.

Os processadores do traje inteligente entraram em funcionamento. Em estado de expectativa, o major viu os dados das pesquisas em formas de gráficos e números em seu ecrã.

– Major Vitã, não há presença de humanos, armas letais ou arquiteturas no alcance de 1200 metros – respondeu o sistema, em voz sintetizada.

– Por que 1200 metros? Defina, UN-1.

– Major, meus sensores atingiram o limite de profundidade no rastreio. Há densas formações de minerais desconhecidos e que revestem todo o fundo, impossibilitando a leitura.

– Certo. Registre a geologia e as formas dessa caverna. Gere maquetes e as guarde em seu banco de dados.

– Ordem registrada. Dando início à geração de maquetes eletrônicas.

– Positivo.

Helena, não percebendo perigo em volta, deixou em modo ativo o sistema de vigilância de seu traje, e sentou-se para conversar com os garotos.

– Senhora, o major está demorando. O que houve com ele? – perguntou Bartolo, angustiado.

– Não se preocupe. Daqui a pouco ele volta. Mas... conte, Bartolo, como vocês fizeram exatamente para sair dessa caverna?

– Senhora, eles lançaram monstros em cima de nós para nos devorar e muitos prisioneiros sofreram ferimentos indescritíveis. Os que milagrosamente se mantiveram longe das feras foram levados de volta para trás das grades, e meu pai estava lá. Eu e Grispin aproveitamos a confusão e deitamos por debaixo dos feridos. Então, vieram as máquinas. Entraram na arena e recolheram os enfermos, nos levando junto. Fomos jogados dentro de uma câmara de pedra. Sabíamos que ali eles colocavam os fracos e doentes. Fecharam a parte externa e abriram a rampa de acesso externo. Antes que os soldados se aproximassem, corremos e fugimos por dentro dessa caverna.

– É difícil de acreditar em algo tão terrível. Pelo que entendi, vocês passaram por uma câmara – concluiu Helena, utilizando o tradutor de seu capacete para conversar com os garotos.

– Sim, senhora. É lá que mora o mal! – declarou Bartolo, com olhos arregalados de espanto.

Enquanto isso, dentro da caverna, o equipamento Vitã finalizava a tarefa. Analisando desenhos em três dimensões em seu ecrã, ele pode ver toda a extensão daquele lugar sombrio.

Ele percebeu que havia uma descida, uma espécie de trilha que poderia levar seu grupo para baixo. Finalizou a sondagem e subiu, alcançando a entrada.

– Rapazes corajosos! Invejo vocês! Não é qualquer pessoa que faria uma fuga dessas. – elogiou Helena, ouvido os relatos de Bartolo.

– Veja, o major voltou! – apontou Grispin, surpreso.

– Vitã, que bom que retornou. Descobriu algo? – perguntou Helena.

– Área livre. Não há perigo. Localizei uma espécie de trilha que nos levará com segurança às regiões mais profundas. Caso queira, poderemos ir agora.

– Correto, então, vamos Vitã.

– E vocês, estão prontos?

– Sim, major! – disse Grispin, depois de perceber que seu irmão também concordara em prosseguir.

Os garotos se levantaram, limpando a terra armazenada em suas roupas. Helena e Vitã ativaram os seus multifuzis e iniciaram a descida pelo obscuro cenário. Os garotos, ansiosos, passaram à frente do casal.

Um pequeno córrego escorria entre as paredes de rocha. Havia musgos, umidade, barulho de insetos e também o cantar de grilos. Os raios de sol, agora de uma cor lavada, conseguiam penetrar por algumas fendas no alto. Estalactites serviam de abrigo a roedores.

Grossas raízes de árvores, atravessadas em passagens estreitas, traziam em seu rastro água em forma de gotas que pareciam pingar incessantemente há séculos, formando nas pedras pequenas bacias de leito cristalino.

Os poucos animais desse inóspito ambiente se beneficiavam da umidade. Um pequeno lagarto correu para dentro de frestas rochosas. Espantados morcegos, em revoada, saíam da caverna. Aranhas de várias cores e tamanhos, escorpiões e lacraias perambulavam naquela singular atmosfera.

Os garotos seguiam em frente, tentando mostrar o caminho aos oficiais. Mas, conforme avançavam, a claridade ia ficando para trás. Foi quando começaram a se lembrar das coisas horríveis que haviam presenciado naquele lugar. Sim, estavam de volta ao inferno subterrâneo.

Os dois sabiam que o mal habitava naquele breu. Assustados, passaram a entoar antigas preces. Vitã, notando que os jovens temiam a escuridão, se aproximou e os puxou para trás. De um compartimento de seu cinto, retirou uma pequena barra de luz química, e a batendo contra a rocha, iluminando-a, entregou-a a Grispin. Graças à reação química, a barra na mão do garoto iluminava o trajeto.

– Senhor, este lugar não é bom... – dizia Grispin, com tremores pelo corpo.

Neste momento, Vitã sentiu-se culpado por trazer os garotos de volta a um ambiente tão tenebroso. Através da visão noturna eletrônica, expandida no visor de seu capacete, era possível observar tudo em volta, e os oficiais ajudavam os jovens, enquanto tentavam se desviar de pedras e estalagmites.

A pequena trilha os levava constantemente para baixo e se tornava cada vez mais íngreme, escura e sem vida. Um vento gélido proveniente das profundezas da caverna produzia um som fantasmagórico ao passar por pequenas fendas de pedra.

– Muito estranho... Como pode o vento vir de baixo para cima? Meu analisador não consegue rastrear além desse ponto. Há uma grossa camada do revestimento exótico à frente, impossibilitando a detecção.

– O meu sistema também não diz nada, Helena. Por enquanto, estamos às cegas – disse Vitã.

Após minutos de caminhada, eles atingiram a parte mais funda daquele mundo oculto. Perturbados Grispin e Bartolo ganharam o conforto de Helena e o apoio de Vitã.

– Acho que chegamos, rapazes. Foi por aqui que passaram?

– Sim, senhor. Nós entramos aqui, depois que saímos de um túnel apertado na cachoeira.

– Que túnel, Bartolo? Não vejo nada em volta.

– Senhor, o túnel estava atrás de uma enorme rocha...

Helena olhou ao redor com auxílio da visão noturna e, insistindo, enxergou uma fresta na pedra à frente.

O major, tomando a dianteira, passou por detrás da pedra e entrou em uma escura e apertada abertura. O grupo ficou impressionado com o som e o vento que reverberava dentro daquele lugar misterioso.

Ouvia-se barulho intenso de água em queda livre. Veios e respingos banhavam os corpos dos exploradores. Subitamente, um odor ruim foi sentido. O som das águas, assim como aquele mau cheiro, se tornava ainda mais forte conforme avançavam.

Mesmo assim, o grupo rastejou pela sinuosa passagem. Após alguns minutos sofridos, os desbravadores perceberam uma luz fraca ao fundo e foram em sua direção. Vitã foi o primeiro a sair do outro lado e ordenou que o trio aguardasse dentro do túnel.

Fazendo uso do sistema de seu traje, ele sondou o lugar rapidamente.

– UN-1, fique alerta à presença de intrusos.

– Ordem recebida, senhor. Modo de alerta acionado.

Não percebendo perigo, o major pediu que o grupo saísse do túnel. O que se viu foi algo diferente: um pequeno conjunto de cachoeiras subterrâneas que provocavam barulho e vento, levados por uma fissura localizada a vários metros de altura.

Helena olhou para o alto e percebeu um diminuto ponto brilhante por onde jorravam as águas. A fraca luminosidade clareava precariamente o local, favorecendo o crescimento de musgos e pequenos organismos.

– É inacreditável! Estamos a tantos metros de profundidade que não conseguimos ver de onde brota essa água! – disse Helena, notando seu traje molhado por respingos. – Droga! Parece que tem algo morto por aqui. Que cheiro terrível!

Todos sentiam a forte brisa produzida pelo impacto das águas contra as rochas.

Perto dali, os garotos chamaram pelos oficiais. Prontamente, Vitã correu apreensivo para perto dos jovens. Helena ficou na expectativa.

– O que houve, Bartolo? Algum problema?

– Senhor, temos de ir embora! Foi ali que fugimos do inferno! – disse Bartolo, impaciente, apontando para a cachoeira.

– Mas como passaram por ali? Eu só vejo água!

– Senhor! Por trás destas águas há outro caminho por onde passamos!

– Vou conferir. Por favor, fiquem perto de Helena.

Os garotos se afastaram.

– UN-1, ativar multianalisador. Cheque a forma geológica por trás desta queda d'água.

– Ordem recebida, senhor. Operação em andamento.

Mais uma vez, em alguns segundos, o programa faz a operação de rastreio. Ele desenhou em seu visor uma formidável maquete eletrônica de três dimensões, correspondente ao fundo da cachoeira.

– Simulação finalizada, senhor. Formação geológica reproduzida.

Observando o resultado, o oficial percebeu que os garotos falavam a verdade. Ele enxergou uma pequena ponte de pedra, com um túnel estreito no final. Também viu uma curiosa rampa de material rochoso, que foi cavada pela água, indo em direção às profundezas.

– Ótimo. UN-1, desativar. – O ecrã foi recolhido para dentro do capacete. O major se aproximou do grupo. – Pessoal, tudo certo. Descobri a pequena ponte de pedra e um túnel. Vamos entrar.

Indo a frente, Vitã se aproximou cautelosamente pela lateral da primeira queda d'água, e o grupo conseguiu enxergar um estreito caminho cavado na rocha do paredão.

Começou, então, a travessia. Vitã mostrava aos jovens por onde tinham de se apoiar. Helena, mesmo sentindo o mau cheiro, se concentrou e seguiu as orientações do major.

O vento e o barulho os açoitavam. A pressão das águas era cruel, banhava os seus corpos e provocava uma forte vibração nas paredes de pedra grispin deixou cair a sua barra de luz química ficou impressionado mas Helena o puxou forçando a seguir em frente. A pálida luz que vinha do alto indicava as frestas por onde eles deveriam se agarrar. O lodo em volta dificultava a caminhada.

Vitã, preocupado com o grupo, constantemente verificava se todos estavam bem e continuava a orientar os irmãos. Bartolo e Grispin, apreensivos, não desviavam a atenção um segundo sequer e seguiam à risca os passos do major.

Após alguns sacrificantes minutos, Helena parou no meio do caminho.

– Encontrei aquela abertura que você tinha me falado!

– Perfeito! Eu dou apoio e você entra na caverna, certo?

– Certo.

A passagem era um pouco alta. Segurando a perna esquerda de Helena, Vitã ajudou a sua companheira a penetrar naquele novo ambiente.

Inseguros e com medo, os garotos ficaram paralisados.

Grispin resolveu olhar para baixo e se desequilibrou, se inclinando em direção ao precipício.

– Socorro! – berrou, apavorado, usando todo o ar de seus pulmões.

Vitã terminava de auxiliar Helena a entrar na caverna, quando ouviu o grito do garoto. Num reflexo sobrecomum, Bartolo agarrou com força o braço esquerdo de Grispin, empurrando-o para trás, de volta ao muro de pedra.

– O que houve? Vocês estão bem? Falem! – gritou Vitã, preocupado.

– Nada demais, senhor! Meu irmão levou um susto! Está tudo bem! – disfarçou Bartolo, pressionando o peito de Grispin contra a parede.

Neste momento, Helena entrou na passagem. Grispin, ainda atônito, tinha o rosto desfigurado por uma expressão de medo. Bartolo respirou fundo e encarou o irmão, com revolta.

Já dentro da pequena passagem, as náuseas voltaram a atormentar a major, devido ao mau cheiro naquele lugar. Helena arriscou alguns passos na escuridão, sem a ajuda do seu ecrã, e sentiu estalos sobre seus pés. Pareciam galhos secos que se quebravam.

– UN-2, visão noturna, agora! – ordenou ela.

O mecanismo instalado em seu capacete abaixou o visor, e ela, então, conseguiu perceber onde pisava. No mesmo instante, ficou estarrecida com o que viu.

– Meu Deus! – se espantou, nervosa, se encostando na parede.

Escutando o grito da Major, Vitã deu um salto quase mortal. Parecia um felino entrando no túnel.

– Helena, fale comigo! Onde você está?

Vitã, agarrado ao multifuzil, apontava-o para todos os lados, pronto para qualquer ataque. Por fim, encontrou a major.

– O que houve? Fale comigo, Helena! – perguntou em alerta, abraçando a amiga.

– Vitã, olhe para o chão!

Através da visão noturna, o oficial testemunhou uma cena chocante: restos de corpos humanos e ossos espalhados por todos os cantos. Corpos enrolados em tecido envelhecido, alguns ainda apresentando cabelos e unhas, além de utensílios de barro e pequenas figuras, que representavam bichos da floresta tropical, estavam ao lado dos corpos. Helena foi tomada por tremores. Não assimilava a cena em sua volta.

– Meu Deus! O que é isso? – indagou Helena com muito medo, descobrindo, enfim, a fonte do mau cheiro.

Vitã, usando a visão noturna, averiguou os corpos e os objetos do local

– Não tenha medo, Helena, são apenas múmias das montanhas – disse ele, abraçado a amiga e tentando tranquilizá-la

– Múmias da montanha? Como assim?

– O que você está vendo são múmias de indígenas da era pré-colombina. Sei disso porque vi muitas fotos, e meu pai sempre falava sobre elas quando fazia pesquisas nesta região.

– Você quer dizer que estamos dentro de uma espécie de túmulo antigo, um sarcófago... sei lá?

Apesar da tensão, Vitã não conseguiu deixar escapar um pequeno sorriso no canto da boca.

– Não se preocupe, eles estão aqui há muito tempo – disse Vitã, colocando a mão sobre aquela que seria a múmia de uma mulher. – Infelizmente, são indígenas que foram sacrificados para os que acreditavam nos deuses da montanha. Veja aquela múmia, está quase intacta, devido a baixa temperatura deste local, acredito eu. Sei que em várias partes da Colômbia existem muitas outras, não se preocupe.

Helena tentou voltar a serenidade, vendo o major tocar nos corpos envelhecidos.

– Por favor, fique aqui. Vou trazer os garotos – disse Vitã, reconfortando a major com um breve abraço.

Vitã se abaixou na borda da passagem e, segurando a mão de Bartolo, puxou-o para dentro. Em seguida, pegou Grispin.

Helena, andando para trás, sentia o estalar de ossos por debaixo de seus pés. Com repugnância, recuava de costas, procurando algum apoio.

Por acaso, colocou a mão sobre um crânio que se desprendeu do seu corpo e, rolou rampa abaixo.

– Ai, meu Deus! – soltou um grito, pulando para frente.

Grispin, ainda segurando a mão do major para poder entrar na caverna, levou um susto quando viu o crânio ainda com cabelo rolando em sua direção e soltando dentes

Com um certo temor, Vitã puxou rapidamente Grispin para dentro do túnel. O crânio caiu em queda livre, rumo ao abismo negro, seguindo o fluxo das águas da cachoeira.

Vitã deixou o garoto com o irmão e correu para perto de Helena. Seus passos apressados fizeram com que alguns dos ossos espalhados pelo local se quebrassem, produzindo estranhos ruídos. Helena, espantada, ficou em vigília, atenta a todos os movimentos e sons.

– Helena, você está bem? – perguntou um aparentemente tranquilo major.

– Eu não consigo me acostumar vamos sair logo daqui, por favor!

Bartolo e Grispin se limparam do lodo e da fuligem daquele lugar.

– Argh! Esse local fede muito, Bartolo! Não vejo a hora de resgatarmos nosso pai e irmos embora daqui.

– Eu também, Grispin. Mas venha, vamos mostrar o caminho para o major.

– Bartolo, foi por aqui que vocês passaram?

– Sim, senhor. É este lugar. Lembro bem que passamos por aqui com muito medo, senhor – emendou Grispin.

Subitamente, eles escutaram um intenso ruído de metal sendo arrastado. O som reverberou pelas paredes do funesto ambiente.

– Vamos pessoal! – alertou Vitã, puxando Helena e correndo para o fundo do corredor.

– O que houve? – perguntou Helena.

Ao irem mais ao fundo, Grispin não parava de olhar para o alto, estático. Por fim, respondeu pelo irmão:

– Senhor, está certo! É o barulho da câmara de pedra que está sendo aberta! Eles estão se preparando para mais um ritual!

– Isso mesmo! Temos de subir logo ou será tarde para o nosso pai! – completou Bartolo, impaciente.

– Sim, é hora de ir – ordenou Vitã, subindo a rampa de pedra.

Eles se esforçaram bastante durante a caminhada. A passagem íngreme era formada por um conjunto de pequenos blocos de rocha, unidos lateralmente, sem rejunte. O grupo se apoiava nos vãos entre os blocos.

Casualmente, alguém esbarrava em grandes besouros e lama enegrecida. Helena expressava nojo e um pouco de medo, mas a preocupação em salvar o pai dos garotos era maior do que suas sensações.

Cinco metros acima, Vitã encontrou a borda que dava acesso a passagem de pedra. Ergueu a cabeça com cautela, sondou ao redor e concluiu que não havia nenhuma sentinela. Ele viu apenas uma forte luminosidade à frente, o que não o impediu de notar a presença de uma espécie de câmara de pedra rústica, impregnada de fuligem. Além disso, percebeu que alguém parecia ter aberto a câmara pelo lado externo.

Com agilidade, apoiou as duas mãos na borda e, dando um pequeno salto, adentrou na câmara, sorrateiro como um gato. Rapidamente, trouxe Helena. Os garotos se esforçaram e, com cautela, também alcançaram aquele lugar.

– Bartolo, encoste-se na parede! Grispin, fique abaixado atrás dele! – sussurrou Vitã, gesticulando para os jovens, de arma em punho.

Helena, atrás do major, se escondeu, também armada.

– O que vamos fazer, Vitã? – perguntou a oficial.

– Temos de localizar o pai das crianças. Onde ficam os prisioneiros? – perguntou o major para um dos garotos.

– Senhor, a cela que prende nosso pai fica do outro lado da arena – respondeu Bartolo.

– Entendi a arena.

– Há um corredor do lado de fora dessa câmara, e na próxima passagem à esquerda, depois deste corredor, fica a entrada da arena. Os prisioneiros estão lá, atrás de grades...

Antes mesmo que Bartolo concluísse sua informação, o grupo levou um susto. Um pequeno vulto voou rápido pelo lado externo da câmara. Os garotos deitaram no chão.

Helena se encolheu junto à parede, apontando sua arma. Vitã, escondido atrás da porta principal, mirou um possível alvo e, sussurrando, pediu auxílio ao seu equipamento.

– UN-1, ativar multianalisador. Mostre a arquitetura e rastreie o movimento inimigo.

O sistema, sem perda de tempo, sondou e explicou detalhes:

– Senhor, há um imenso corredor com a extensão de 400 metros passando por este ponto. Um mecanismo esfero-câmera se dirige para o final deste corredor, no sentido "três horas". Quatro formas humanas estão a 360 metros em relação a este ponto e se aproximam lentamente.

– UN-1, fique em modo de alerta e me passe relatórios.

– Ordem recebida, senhor. Sistema em operação.

– Helena, meu sistema informou que esse vulto, que acabou de passar voando por aqui, é uma esfero-câmera e está vigiando o corredor. Há quatro pessoas vindo em nossa direção. Admito que nossa situação não é nada boa. Essas pessoas talvez queiram entrar aqui.

– E agora? – perguntou Helena, apreensiva.

– Podemos tentar agarrá-los, caso venham, e torcer para que a esfero-câmera não nos registre em seus sensores.

– Mas e depois? Como sairemos? Por que não usamos o aero-transceptor? Ele pode interceptar a esfero-câmera. Não seria melhor? – sussurrou Helena no ouvido do major.

– Sim, poderemos fazer isso, mas se o aero-transceptor falhar em seu voo, perderemos o elemento surpresa e correremos um risco maior ainda.

– Infelizmente, é um risco que teremos de correr. Se conseguirmos controlar a esfero-câmera, poderemos fazer o que quiser com estes homens e andar livremente pelo corredor.

– Acho que você tem razão, Helena. Apesar de não confiar nestes mecanismos protótipos, é uma estratégia que pode dar certo.

– Ótimo, começarei a operação.

– Mas tenha cuidado, Helena!

– Fique tranquilo, Vitã. Já realizei vários treinamentos com esses microrrobôs.

O sistema Vitã logo o alertou, informando que os quatro homens estavam a 245 metros, se aproximando do ponto onde eles se encontravam, e que a esfero-câmera retornava do fundo do corredor, em sua ronda aérea.

– Ok, Helena. Faça o que tem de ser feito.

A oficial pressionou um pequeno botão em seu cinto eletrônico. Bartolo e Grispin, em silêncio, prestavam atenção à conversa dos majores. Vitã, preocupado, permaneceu em posição de defesa, apontando o multifuzil para a entrada da passagem.

– *UN-2*, destravar aero-transceptor – ordenou Helena, em voz baixa.

O mecanismo inteligente expeliu do cinto uma diminuta cápsula, que foi examinada atentamente por Helena. Percebendo que ela estava em funcionamento, a major girou com os dedos sua parte superior, com o intuito de abri-la. Após uma ligeira sacudida, a major retirou com a mão esquerda o pequeno conteúdo do recipiente.

Os garotos acompanhavam, maravilhados, a operação da major. Na palma da mão de Helena, viram um formidável minimecanismo que, por sua aparência, lembrava um inseto eletrônico adormecido.

– UN-2, ativar aero-transceptor – pediu Helena, em baixo tom.

O sistema fez um link com o pequeno robô, que se levantou e caminhou com seis patas de metal sobre a mão esquerda de Helena. Os garotos sorriram curiosos diante do complexo "brinquedo" e fizeram questão de olhar mais de perto. Vitã, compenetrado, apenas mirava sua arma.

– UN-2, diretrizes para o aero-transceptor – solicitou a major.

– Sistema de diretrizes ativado à espera de comandos.

– Ótimo. Aguarde. Vitã, qual a distância da esfero-câmera agora?

– Está a 175 metros no sentido três horas e se aproximando.

– UN-2, diretriz para o aero-transceptor: localizar e conectar-se ao sistema esfero-câmera em sentido três horas, distância 175 metros e se aproximando.

– Diretriz em andamento. Sistema aero-transceptor recebendo coordenadas.

O microrrobô em forma de inseto recebeu os comandos e começou a bater suas asas eletrônicas. Girando lentamente, se posicionou para o ângulo a seguir. Os jovens, encantados, acompanhavam todo o processo.

O aparelho rodopiou em seu eixo e disparou em voo alucinante, entrando em corredor inimigo como se fosse um besouro nervoso à procura de seu alvo. Após alguns segundos, fez a localização da esfero-câmera por meio de imagens de rastreamento gravadas em seu pequeno neurochip. Então, automaticamente, pousou sobre a vítima metálica.

– Vitã, conseguimos! O aero-transceptor localizou a câmera.

– Ótimo! Temos de controlá-la com urgência.

– Certo! UN-2, diretriz para o aero-transceptor. Localize e conecte-se ao sistema de transmissão – ordenou Helena.

– Diretriz em andamento. Sistema aero-transceptor recebendo coordendas.

O microrrobô então começou a imitar o caminhar de uma mosca. Correu apressado pelo corpo metálico do aparelho, procurando seu centro de transmissão. Sem demora, localizou o ponto desejado e se acoplou, tornando-se parte integrante do mecanismo voador.

– Conseguimos mais uma vez, Vitã! A esfero-câmera agora nos pertence!

– Parabéns, Helena! – comemorou Vitã, abraçando e beijando o rosto da amiga, deixando-a encabulada.

Bartolo e Grispin se entreolharam, ainda agachados, sem entender o que se passava.

– Vitã, estou recebendo imagens da esfero-câmera. Meu sistema está gravando tudo. Monges estão bem próximos agora.

Mais uma vez, o aparelho de vigilância passou perto do grupo como um vulto veloz. Todos se abaixaram.

– Helena, vamos precisar dessas imagens daqui a pouco.

Enquanto a major continuava a gravar e a instruir seu mecanismo, os garotos, ainda curiosos, permaneciam deitados no chão. Foi quando os quatro homens se aproximaram da câmara de pedra.

– Vamos, eles estão vindo para cá! Venham, garotos! – alertou Vitã, descendo a rampa e puxando Helena e Grispin pelo braço.

A certa altura, o major voltou a subir e permaneceu numa posição onde tinha sua visão limitada. Porém, conseguia mirar sua arma. Helena o acompanhava, mas deixou os jovens a alguns metros abaixo daquele local.

– Helena, quando a esfero-câmera passar por este meu ângulo, ative reprodução de imagens.

– Certo.

– Multifuzil, proceder a disparo silencioso com energia não letal – ordenou Vitã em voz baixa, fazendo pontaria em direção à entrada do crematório.

Helena recuou, descendo a rampa, e viu a câmera voadora se aproximar.

– UN-2, comando para aero-transceptor.

– Aguardando ordens, major Helena.

– Aero-transceptor, reproduzir imagem de crematório vazio assim que passar neste ponto.

– Ordem em processo, sistema em stand-by.

Repentinamente, surgiram os quatro homens vestidos de monge. Um a um, entravam lentamente na camara. Dois deles balançavam incensários e outro iluminava o local. De repente, em fração de segundos, os sacerdotes escutaram um estranho assovio.

Mal captaram de onde vinha aquele som e foram surpreendidos por esferas azuladas de energia. Um deles tombou, atingido pela descarga de eletricidade estática. Os outros ficaram apavorados e sem ação, observando o companheiro desacordado.

Tentaram fugir do terrível acontecimento, mas antes que pudessem esboçar alguma reação, também acabaram atingidos por cargas energéticas. Com mira formidável, o major fez os inimigos caírem ao solo.

Mais alguns segundos e a câmera voadora controlada por Helena, ao passar pelo crematório, reproduziu a imagem anterior, mostrando o local apenas com a luz apagada e a porta de metal parcialmente encostada.

– Vitã, a esfero-câmera foi enganada pelo aero-transceptor. Operadores do outro lado verão o que reproduzimos.

– Ótimo. E eu consegui dar um jeito nestes estranhos monges. – informou o major, dando um pequeno salto para entrar novamente no espaço do crematório.

Helena e os garotos o seguiram, vendo os inimigos derrotados.

– Major, estes homens estão mortos? – perguntou Grispin, curioso.

– Não, estão apenas desmaiados. Mas vamos fazê-los dormir – respondeu, retirando de seu traje uma cápsula de soníferos.

– Que é isso, major? – indagou Bartolo, percebendo o líquido no interior do pequeno recipiente.

– É um sonífero.

Helena também retirou duas cápsulas e, quebrando suas pontas, deixou à mostra pequenas agulhas, que prontamente foram aplicadas no braço de dois desacordados. O Major fez o mesmo, cuidando dos inimigos restantes.

– Nosso plano deu certo até aqui. Agora temos de arrumar um jeito de entrar nessa base – disse o Major, vasculhando o corpo dos inimigos como se procurasse alguma coisa.

– Vitã, o certo é que temos uma missão a cumprir. Deixemos esses monges em paz.

– Eu sei, mas acho que eles não são religiosos – respondeu o Major.

Ao levantar o largo e grosso capuz de um dos inimigos, Helena viu uma cabeça branca e calva, tatuada na parte superior com o desenho de uma serpente. O homem aparentava ter uns 40 anos.

Vitã olhou para o traje branco dos monges e, segurando uma parte do manto, percebeu inscrições marcadas em dourado. Havia também o símbolo de uma cobra enrolada em um cabo de martelo e uma escrita indecifrável em torno das mangas.

– Senhor, eu e meu irmão, quando éramos prisioneiros, vimos estes homens rezando em uma estranha língua – revelou Bartolo. – Parece que tentavam cultuar algum deus do mal, perambulando pelos corredores e balançando esses incensários. Eles também entravam nesta câmara

Entendi. Então, eles estavam realizando algum tipo de ritual – concluiu a major.

– É... tudo indica que sim, Helena – concordou Vitã, ainda examinando os corpos caídos.

– O senhor vai buscar meu pai, agora? – perguntou Grispin.

Vitã, preocupado, olhou para Helena.

– Major, tive uma ideia. Podíamos usar estes mantos para nos disfarçar – sugeriu ela.

Vitã passou os dedos no tecido e sentiu sua espessura.

– Boa ideia... vamos nos vestir.

Helena repousou o multifuzil no chão e retirou, com a ajuda dos garotos, o manto de um dos homens. Os irmãos colaboraram para vestir o disfarce no major, que colocou sua arma pendurada nas costas.

O tecido grosso de mangas compridas e capuz folgado lhe cobriu completamente o corpo, escondendo com perfeição o capacete e sua arma a tiracolo. A major e as crianças se surpreenderam com a "fantasia".

– É incrível! As armas praticamente sumiram.

– Assim é bem melhor, Helena. Poderemos passar despercebidos neste lugar.

Os garotos retiraram a vestimenta de outro inimigo e ajudaram Helena também a se disfarçar.

– E esses bandidos, Vitã? Que faremos com eles?

Sem nada falar, o oficial rapidamente se aproximou de um dos malfeitores e o arrastou pelas pernas, até a rampa de acesso, e soltou o corpo, que deslizou lentamente até o fim da pista.

Helena ficou espantada com a ação de Vitã.

– Vitã, eles vão morrer.

– Acho que não, Helena. A rampa não é tão íngreme assim. Venha, me dê uma ajuda.

Helena puxou a perna de outro inimigo e os jovens também colaboraram para lançar todos os corpos adormecidos pela rampa de pedra.

– Vitã, o que faremos com os garotos? – perguntou Helena.

O major se manteve pensativo por alguns instantes. Depois, retirando seu capuz, se dirigiu a Bartolo e Grispin.

– Rapazes, quero que me ouçam. Eu e Helena vamos tentar resgatar o pai de vocês, conforme combinamos. Mas é muito perigoso andar nesta base inimiga. Quero que vocês saiam daqui e nos esperem do lado de fora da caverna.
– Temos de esperar vocês lá fora?
– Sim, Grispin, será melhor. Quando encontrarmos o pai de vocês, nos encontraremos na floresta, ok?
Tristes com a resposta, os garotos ficaram cabisbaixos.
– Sim, senhor... – respondeu Bartolo.
Prestem atenção vocês não podem entrar neste corredor inimigo se não estará tudo perdido certo
Grispin, mesmo contrariado, balançou a cabeça em sinal afirmativo. Helena retirou de seu cinto uma barra de luz química e entregou a eles.
– Muito bem, rapazes, vocês já podem ir. Sei que terão o cuidado necessário na travessia, como fizeram antes, não é mesmo?
Grispin, com lágrimas nos olhos, abraçou Vitã. Bartolo confortou o irmão e o major.
– Que Deus os ajude! Precisamos muito de nosso pai! – disse Bartolo.
– Eu já disse a vocês o quanto são corajosos. Irão para fora e ficarão escondidos na floresta. Fiquem tranquilos. Eu e a major Helena nunca falhamos em nossas missões. Acreditem, o pai de vocês virá conosco.
Os jovens, já descendo a rampa, deram o último aceno. Helena, preocupada, acompanhava o regresso dos irmãos, até onde seu campo de visão conseguia alcançar.
Minutos depois, eles desapareceram na escuridão.
– Será que eles ficarão em segurança?
– Fique despreocupada, Helena. Eles já estiveram aqui e, de certa forma, conhecem esta área melhor que a gente. A volta será tranquila. O que temos de fazer agora é nos concentrar no trabalho.
– Tem razão.
Repentinamente, Vitã segurou na mão de sua companheira.
– O que foi, Vitã?

– Helena, o meu grande medo é que aconteça algo a você. Creio que seria melhor você acompanhar os garotos, assim, ficarei despreocupado.

Helena o abraçou e sussurrou em seu ouvido:

– Vitã, a minha preocupação é a mesma. Não fique preocupado. Tudo vai dar certo! – disse-lhe, segurando seu antebraço.

Bartolo e Grispin ativaram a barra química e passaram vagarosamente pelos corpos anestesiados dos inimigos. Cautelosamente, atravessaram a abertura, se apoiando na pequena passagem de pedra por trás das quedas d'água.

– Como está a transmissão da esfero-câmera? – perguntou Vitã.

A major consultou seu visor e analisou as funções do mecanismo inimigo.

– Tudo ok. O aparelho foi para o fundo do corredor e os operadores não devem ter notado nossa presença.

– Excelente! Ao sairmos do crematório, eles pensarão que somos os monges. Acho que passaremos tranquilamente por aqui.

– Também acho.

– Então, é melhor irmos agora. Está preparada?

Helena respirou fundo, ajeitou o seu capuz, e respondeu, decidida:

– Sim. Já podemos ir.

– Perfeito.

Vitã então apanhou dois incensários que estavam acesos em um canto qualquer, e entregou um a Helena. Juntos, começaram a balançá-los, como se estivessem em pleno ritual. Disfarçados em largos mantos, com as armas penduradas nas costas, e com suas cabeças abaixadas e cobertas, eles caminharam corajosamente para fora do daquele lugar. Ambos pareciam verdadeiros sacerdotes do mal.

20

Em Corredor Inimigo

O Imperador Lugaleshi deixou o pequeno oratório pagão acompanhado pelo Quarto Conselheiro. Havia também um sacerdote de longa barba e oito monges, sendo que quatro portavam incensários. A fumaça adocicada invadia o ar. Ao sair do santuário, o Imperador fez um sinal com a mão esquerda, pedindo que a pequena comitiva do lado de fora o seguisse.

Políticos, empresários e investidores o acompanhavam. Soldados de elite, armados, faziam a segurança, envolvendo todo o grupo. Algumas pessoas trocavam palavras, observando detalhes da sombria arquitetura subterrânea.

A eclética procissão cruzou o pátio interno e observou uma enorme estátua de um antigo guerreiro do mundo inferior. A imagem de ouro segurava um escudo marcado por desenhos de felinos alados. Usava um capacete com travas laterais e montava em uma espécie de grifo de mármore polido.

Logo, vários monges, de cabeças cobertas, saíram de outros corredores e viram o grupo do Imperador cruzar o pátio. Alguns também com incensários proferindo quase imperceptivelmente suas estranhas ladainhas, passaram a acompanhá-los.

O sacerdote do templo subterrâneo levou o Imperador e sua comitiva para um novo e longo corredor – uma zona sagrada adornada com inscrições policromáticas de formas mitológicas, que lembravam homens mesclados à formas de animais.

A luz nessa área era fraca e criava involuntariamente vultos fantasmagóricos, o que espantava alguns dos elementos da comitiva. O Imperador, pelo contrário, admirava as imagens ao redor. O Quarto Conselheiro não demonstrava nenhuma emoção diante da iluminação de velas. Refreando seus passos, o líder seguia lado a lado com Hansemon.

– Preciso convocar uma reunião antes das demonstrações, ou não entenderão nada. Tenho importantes informações a expor, que irão fortalecer nosso império para sempre – confessou o Imperador para seu braço direito.

– Mas majestade, pelo pouco que presenciei em seu palácio, me parece que algumas pessoas já sabem desse segredo.

– Sim, Hansemon. Somente os principais cientistas e estudiosos de minha confiança, que trabalharam diretamente nesse projeto. Não o deixei a par porque sabia que estava muito atarefado. Porém, daqui a pouco, saberá toda a verdade. Os pesquisadores que já conhecem os segredos irão me ajudar a expor os detalhes. Mostraremos o que está acontecendo e...

Neste instante, o Quarto Conselheiro recebeu um sinal de seu comunicador. Perturbado com a interferência, tentou desligá-lo.

– Não vai atender? – perguntou Lugaleshi Sharrukin.

– Majestade, mil perdões! Pensei que este aparelho estivesse desativado.

– Sem problemas, Hansemon. Fique à vontade. Depois conversaremos. Mas agora atenda. Pode ser algo importante.

– Com mil perdões, majestade! Vou me ausentar por alguns segundos para saber do que se trata e já retorno à vossa presença – disse, nervoso, o Quarto Conselheiro, retirando o miniequipamento de seu cinto eletrônico.

Prosseguindo no seu caminhar, o Imperador acenou com a cabeça, em sinal de concordância. Hansemon, constrangido com o comunicador, andou lentamente para trás da comitiva e passou a acompanhar os monges. Com expressão de raiva, percebeu quem o havia procurado.

Você está sendo inoportuno! Não percebe que estou muito ocupado, ao lado do Imperador? – bronqueou o Conselheiro.

– Vossa Excelência, desculpe a minha intromissão... mas é que já levantei a ficha dos oficiais que o senhor me pediu. Já tenho todas as informações.

O Quarto Conselheiro mudou o semblante e assumiu um ar de curiosidade.

– Certo. Carregue as informações em meu banco de dados. Depois analisarei.

– Já estão em seu banco, senhor. Liguei para avisá-lo. Gostaria que eu fornecesse alguns detalhes agora?

– Bem, não há muito tempo agora... – Hansemon, curioso, refletiu. – Mas, pensando melhor... me passe o que for importante. Rápido! Rápido! – ordenou o Conselheiro, ainda andando entre os monges.

– Senhor, as informações principais são estas: o nome do primeiro oficial pesquisado é Vitã. Ele é um major das tropas de operações especiais da base-torre de Codajás, localizada na Amazônia. Conforme informação transmitida por nosso espião, apesar de bastante jovem, o que é incomum, ele é um oficial de elite e o braço direito do comandante dessa base. Somente neste ano, recebeu várias medalhas por bravura e grande desempenho na Floresta Amazônica.

– Sim, e a oficial que estava com ele?

– Senhor, a oficial é uma major de nome Helena e também recebeu promoções prematuras por várias missões bem sucedidas na região amazônica e...

– Já basta, entendi! Muito bom saber disso! Tentarei abater esses dois coelhos com uma só cajadada.

Um dos monges que caminhava bem atrás do Quarto Conselheiro levantou a cabeça e, com os olhos cerrados por entre o capuz, trincou os dentes, nervoso, ao escutar a informação emitida pelo aparelho inimigo.

– Certo. Depois verificarei com mais cuidado o relatório desses malditos oficiais!

– Sim, Excelência! Há vários detalhes nesse documento que nosso espião colheu na base-torre!

– Certo. Consultarei meu banco de dados. E agora vá! Estou muito ocupado!

– Obrigado, excelência! Quando precisar, estarei às ordens!

O Quarto Conselheiro desativou seu aparelho, encaixando-o em seu cinto. Com passos apressados, passou à frente da comitiva e se aproximou do Imperador.

– Fique calmo, Vitã. Eu também ouvi as informações – murmurou Helena pelo sistema de comunicação de seu capacete, encostando rapidamente a mão esquerda na cintura do major.

– Helena, faltou pouco para eu pegar esse cara! Você viu o que o que ele fez? Levantou a nossa ficha! Há espiões infiltrados em nossa base – desabafou Vitã, revoltado, em voz baixa, pelo comunicador.

– Mas esta não é a hora de agir. Tente se acalmar. Vamos manter o nosso plano. A vida de inocentes está em jogo. – seguiu Helena em seu aparelho, com a face coberta pelo capuz.

– Tem razão, Helena – admitiu Vitã, procurando se conter, de cabeça abaixada e ainda balançando o incensário, acompanhando outros monges.

À frente, Hansemon reiniciava o diálogo com o Imperador.

– Majestade, recebi importantes informações sobre os nossos trabalhos no Oriente. Tudo está correndo perfeitamente.

– Isso é ótimo, Conselheiro!

Hansemon deixou escapar um malicioso e discreto sorriso por ter proferido palavras mentirosas. E aquele excêntrico grupo, após caminhar mais alguns minutos, chegou ao final do trajeto, se aproximando de um portal eletrônico de grandes proporções.

Duas sentinelas, de armadura tecnológica e fortemente armados, ao perceberem do alto de suas plataformas a procissão que acabara de chegar, prontamente abriram os maciços portões de metal eletrônico, liberando a passagem. Helena e Vitã, em seus disfarces, ficaram impressionados com o que viram.

21
Arquivo das Almas

Eles entraram na grande câmara. A arquitetura do lugar era curiosa, uma mistura de templo antigo com grandes estátuas e alta tecnologia. Havia uma enorme pista de forma circular no meio do salão. Nas laterais, vários assentos eletrônicos correspondentes a diversas hierarquias. Ao fundo, na parte superior, um trono (que parecia pertencer a algum líder) ganhava destaque.

O ambiente era marcado por tons de azul escuro com vários detalhes em ouro. Rodas aladas, carruagens de combate e estrelas adornavam paredes e colunas. No teto, um grande globo com asas de ouro maciço. À volta, grandes janelas envidraçadas mostravam uma ampla sacada com suas luzes apagadas.

No entanto, o que mais chamou a atenção naquele lugar foi uma gigantesca estátua representando uma divindade, situada por detrás do trono do líder. Ali exibia-se a imagem de uma figura posicionada em um assento real, segurando uma taça de diamantes e envolta em elegante vestimenta. Na cabeça, uma touca com inscrições e símbolos de onde partia uma haste prateada lembrando um chifre, ladeada por dois pássaros adormecidos.

Os serviçais rapidamente surgiram do fundo daquele salão, trazendo, com destreza, bandejas de prata com bebidas finas.

Um deles se dirigiu delicadamente em direção ao Imperador, a quem ofereceu uma taça de vinho. Os demais atenderam os presentes com drinks e apetitosos canapés, retirando-se em seguida.

Um sacerdote, depois de se certificar de que todos foram bem servidos, se aproximou da grande estátua sentada ao trono e, olhando fixamente para ela, colocou sua mão esquerda fechada sobre o peito. Depois, levantou a taça de vinho com a mão direita e iniciou uma estranha oração.

Os participantes daquele ritual, que aparentavam ser monges, pronunciaram um cântico sagrado e também levaram as mãos ao peito, erguendo seus cálices. Helena e Vitã, para não causarem suspeita, imitaram os monges, pronunciando palavras em baixo tom, sem nexo.

– Ó Senhor do espaço, filho do grande Deus Criador Misericordioso! Tu és o grande doador de poder! Venho neste dia agradecer-te as dádivas alcançadas e pedir-te humildemente permissão para iniciarmos nossa nova reunião em teu sagrado templo! Que seja de tua vontade, ó Mestre Executivo, que a barra do destino seja direcionada novamente a favor deste império para que possamos alcançar novamente um brilhante destino! Que assim seja! – dizia o sacerdote.

Ele recuou alguns passos, baixou a taça e começou a movimentar rapidamente a mão esquerda na altura do peito, da boca e da testa, em sinal de devoção ao líder. Todos os presentes repetiram o gesto, inclusive Helena e Vitã.

– Hansemon, venha aqui e sente-se ao meu lado. Hoje terás revelações interessantes! – solicitou o Imperador ao término do cerimonial.

O Quarto Conselheiro, em sinal de acordo, acompanhou o chefe. O sacerdote seguiu Lugaleshi Sharrukin, levando consigo seis monges encapuzados. Dois deles eram os majores disfarçados.

Eles passaram exatamente pelo meio do templo, por cima de uma espécie de pista circular eletrônica, e foram na direção do trono. Com passadas rápidas, o líder subiu cinco largos degraus e se acomodou em seu assento tecnológico. Apoiou os braços e examinou as funções do equipamento.

Sem demora, fixou sua digital em uma lâmina no encosto, fazendo surgir um pequeno assento na lateral direita, e convidou o Conselheiro a sentar-se. O sacerdote, os seis monges e os oficiais foram para trás do trono do Imperador e ficaram em pé, em posições equidistantes, com cabeças abaixadas e pronunciando algo parecido com mantras orientais.

O Quarto Conselheiro e o Imperador não sabiam que Helena e Vitã estavam dentro da reunião e bem atrás deles. Helena balançava seu incensário em compasso ritmado, e Vitã falava palavras sem sentido, em tom quase inaudível, tentando imitar os inimigos.

O sacerdote, sem desconfiar de nada, se aproximou por trás, colocando a mão direita no trono. Em seguida, os participantes da reunião se posicionaram em lugares marcados, em volta da pista circular, todos de frente para o Imperador, que iniciou a sessão.

– Como chefe supremo desta assembleia e com a permissão de nosso Deus, damos início aos nossos trabalhos.

O líder acionou, então, um dispositivo no assento real. Todos os aparatos eletrônicos dentro da câmara se tornaram ativos. Grandes hastes mecânicas se elevaram em volta da pista circular, e vários pontos luminosos surgiram em sequência, nas cadeiras dos participantes.

O sistema de luz movimentou a pista central do templo e, aos poucos, a arquitetura local foi tomando outra forma, para a surpresa e o espanto dos majores-espiões. Eles registravam todas as imagens no equipamento especial de seus trajes.

– Senhores... antes de mais nada, gostaria de agradecer a presença de todos aqui. Fico muito satisfeito com o apoio – declarou o Imperador. – Meu intuito hoje é fazer uma importante revelação, que poderá mudar para melhor o rumo de nosso império. Creio que todos ficarão maravilhados com o que será dito. Para tanto, peço paciência e compreensão dos senhores para que entendam perfeitamente o que meus estudiosos lhes irão transmitir.

Os membros da assembleia saudaram o Imperador e geraram um pequeno burburinho dentro do templo. O sacerdote falou algo secretamente ao pé do ouvido do líder que, após escutá-lo, retomou a palavra.

– Senhores, vocês são a base de nosso império. Sem seus esforços, não teríamos chegado até aqui. Sinto que hoje é um dia especial, um marco significativo que contemplará nosso trabalho de anos. – Fez uma pausa, bebeu um pouco de vinho e recomeçou:

– Eu desejo que todos vocês, militares, cientistas, políticos e empresários, se beneficiem de algo que está por vir e com o qual, finalmente juntos, poderemos expandir nossos domínios e, assim, conquistar logo este planeta. Gostaria de lhes apresentar a minha equipe de pesquisadores que são mestres em suas áreas.

Lugaleshi apontou para um grupo de pessoas ao fundo do recinto, trajando jalecos brancos. Vinte homens e treze mulheres se levantaram e cumprimentam todos à volta por meio de gestos.

– Senhores... aqui presentes estão os meus arqueólogos e assiriologistas, grandes conhecedores de línguas mortas e descobridores de objetos sagrados. Trouxe aqui estes especialistas para elucidar a chave desta reunião. Espero que compreendam. Para não me estender muito nesta apresentação, passo a palavra a Farraj, chefe da equipe dos assiriologistas.

Novamente ouviu-se o burburinho gerado pelos participantes dentro do templo. Vitã, através do visor de seu capacete, que emitia palavras e pequenos símbolos luminosos, notou que o sistema de registro estava funcionando corretamente, gravando tudo o que acontecia na reunião.

Farraj se levantou e iniciou seu pronunciamento:

– Obrigado, Majestade! Boa tarde, senhores. Antes de mais nada, gostaria de agradecer a gentileza de nosso supremo Imperador pela honra de estar aqui, hoje, participando deste importante evento. Espero poder explicar com clareza os detalhes desta reunião.

O assiriologista foi para o meio da pista circular eletrônica. Colocou à frente dos olhos um pequeno par de óculos quadrivetor e ajustou no pulso um bracelete paramétrico. Em seguida, fez movimentos com os braços que geraram imagens virtuais suspensas, em três dimensões, no meio do grande salão. Entre as imagens, surgiram estranhas placas de argila com antigas inscrições.

– Senhores, o que quero mostrar a vocês tem a ver com este material. Há exatamente cinco meses, recebemos a informação que um velho pastor nômade havia encontrado placas de argila com inscrições cuneiformes, dentro de uma caverna no monte Zagros. Enviamos para aquela região uma equipe de militares e pesquisadores. Tivemos de ameaçar o velho e sua família para que ele contasse como descobriu as placas e onde as encontrou. Ele nos disse que, para fugir do intenso frio do inverno e salvar a vida de suas ovelhas, ele subiu as trilhas do monte Zagros. Após várias horas de escalada, já começando a escurecer, conseguiu avistar a entrada de uma inóspita caverna. Levou, então, seus animais para dentro desse abrigo. Como os animais estavam inquietos, improvisou uma tocha com seu cajado. Ao tentar apoiá-la em uma fresta entre as rochas, encontrou uma antiga passagem. Adentrando ao local, descobriu as placas. Conforme relatado, o obrigamos a informar a localização exata da caverna. Fomos ao local com uma equipe de arqueólogos e recolhemos este achado.

Os participantes ficaram bastante surpresos com o que viram.

– Senhores, trata-se de uma fantástica descoberta. Nossa equipe conseguiu resgatar mais de quatrocentas placas de argila, incrustadas de inscrições cuneiformes. Os participantes da assembleia ficaram alvoroçados com todas as informações. Hansemon permanecia calado, prestando o máximo de atenção nos misteriosos relatos. Os oficiais continuavam a registrar tudo à volta, e o Imperador permanecia tranquilo, sabendo do que tratava o assunto.

– Depois de recolhermos as placas, elas foram encaminhadas para estudos criteriosos. Com a ajuda de nossa tecnologia, fizemos a datação, a transcrição e a tradução dessas importantes inscrições e descobrimos algo que deixará a todos surpresos – prosseguia o assiriologista.

Ele olhou para o Imperador, que fez sinal para que Farraj desse prosseguimento.

– Depois de vários estudos, descobrimos que as placas com inscrições cuneiformes pertencem a um período anterior a civilização dos sumérios e inferior a 16.000 a.C.

Todos ficaram muito surpresos e agitados com a notícia de Farraj. Um integrante da reunião se levantou eufórico.

– Minha nossa! Isso é fantástico demais! Então, essas placas foram gravadas em um período muito antes das primeiras civilizações?

– Pode ser. Se nos guiarmos pelos relatos sumérios, pode ser – respondeu Farraj.

– Mas, então, isso mostra que havia civilizações antes mesmo de os sumérios existirem – concluiu o curioso.

– Sim, você está certo... e as placas mostram isso. Encontramos outras inscrições desconhecidas, que não existem na língua dos sumérios, gravadas em material exótico. Elas trazem uma forma narrativa muito mais estruturada e de fácil compreensão. Confesso que eu e minha equipe nos espantamos com isso. É como se a pessoa que as cunhou pertencesse aos tempos atuais, que curiosamente as intitulou de Segredo das Almas. Preferimos, todavia, trocar esse título para Arquivo das Almas, devido as informações humanas ali contida.

Nesse momento, todos iniciaram um ruidoso debate que tomou conta do salão, quando uma rica empresária se manifestou.

– Eu entendo pouco de assiriologia e de línguas mortas ou símbolos cuneiformes. Mas estou curiosa mesmo para saber o que dizem as placas. O que está escrito nelas? Nestes Arquivos antigos? Acho melhor respondermos a essa pergunta antes de discutirmos em que período foram feitas e por quem. Desculpem a minha franqueza, mas acho que seria mais fácil começarmos para compreender este assunto. Afinal de contas, muitos aqui, assim como eu, não dominam certos termos técnicos.

O assiriologista, atento à mulher, demonstrou seriedade. Ao tentar consultar o Imperador para obter alguma permissão, notou o sorriso do líder, que balançou a cabeça em sinal afirmativo.

– Caros senhores, eu e minha equipe, com a ajuda de equipamentos de última geração, traduzimos essas relíquias textuais e preparamos uma narrativa com linguagem atual de fácil compreensão. Gostaria de frisar que os diálogos e descrições das placas foram interpretados de maneira que todos entendam seu conteúdo sem dificuldades. Porém, não se espantem se soarem por demais familiares as frases do escriba. Sem mais, peço à Vossa Majestade a permissão para ativar a tradução narrada.

A curiosidade invadia o templo. Lugaleshi Sharrukin gesticulou para que um dos arqueólogos presentes iniciasse o evento. Estamires, sem demora, acionou com três toques diferentes os ícones flutuantes e deu início à narrativa sobre a história das placas denominadas de Arquivo das Almas. Com isso, uma voz foi ouvida por todos:

"Eu sou Zargal, o gladiador de Nippur, campeão invicto das arenas distantes. Com muitos gladiadores da Grande Mesopotâmia, eu lutei e venci. Nem mesmo as feras do campo foram páreo para mim. Mas agora um importante segredo e um terrível obstáculo apareceram em meu caminho, atrapalhando meus planos e deixando minha alma entristecida".

"Por isso, cunhei minhas amarguras e descobertas nestas tábuas de argila, mesmo infringindo as ordens sagradas. Espero que o Senhor do Tempo me perdoe. A minha arriscada aventura se deu a pedido de Margirim, a poderosa Imperatriz da cidade emparedada de Nippur. Um dia ainda vou me encontrar com ela. E tudo começa assim..."

"Eu a vários dias estava como batedor dos exércitos de Nippur eu estava em missão por províncias arriscadas estava a procura de um lugar lendário quando, ao finalizar a subida de um monte altíssimo, me deparei com a região que tanto procurava".

"A luz do luar iluminava a tenebrosa paisagem. À minha frente, bem ao alto, estava a fantasmagórica edificação das divindades, adornada por decrépitas esculturas de pedra representando imagens de guerreiros alados usando armas flamejantes".

"Árvores centenárias e vegetações estranhas se entrelaçavam pelos imensos blocos de pedra que constituíam os paredões daquele local perturbador".

"No solo, coisas assombrosas: crânios calcinados mostravam que pessoas tinham sido sacrificadas naquele lugar calamitoso".

"Apesar da estranha fortificação ser imensa e aterradora, não notei circulação de sentinelas, como se o local estivesse abandonado".

"Observando todos esses detalhes chocantes, percebi que realmente estava no ponto que tanto procurava, a construção, o abismo... não me restavam dúvidas, tudo batia com as pistas que me foram passadas".

"Muito receoso, saltei do cavalo e, puxando meu machado duplo da algibeira, prossegui a pé, partindo ao encontro do desconhecido".

"Aproveitando a luz da lua e me esgueirando, vou subindo, penetrando nas entranhas da enigmática região. Após algum tempo, consigo ver o portão principal todo abandonado. De sobressalto, escutei uivos exasperados de lobos... eles pareciam agonizar. Então, corri, sempre em aclive, em direção ao choro dos animais e, após alguns metros, presenciei uma cena assombrosa, perto da beirada do abismo! Fui pego de surpresa por algo estarrecedor: à minha frente, um nefasto gigante atingia os lobos com uma cimitarra. Vários animais eram feridos e caíam do monte por seus golpes possantes. A arma do inimigo era poderosa".

"Já tinha visto muitas coisas na minha vida, mas esta, até agora, fora a mais chocante. Não sabia que existiam tais tipos de gigante. Pensei que fossem uma lenda, para distrair velhos e crianças."

"O amaldiçoado era muito alto, deveria ter uns três metros! Trajava uma estranha armadura prateada toda suja. Ele devia ser o tal de Anunnaki, que haviam me descrito".

"O colosso abandonou suas vítimas e, girando muito rápido, olhou em minha direção. Como podia? Ele percebeu minha presença, mesmo eu permanecendo bem camuflado atrás de arbustos. Então, ele começou a caminhar girando sua espada, vindo em minha direção".

"Eu sempre fui um herói, um gladiador de honra e famoso batedor, e não seria aquele sentinela dos deuses que iria me fazer recuar. Resolvi, então, sair do meu esconderijo e encará-lo".

"Segurando meu poderoso machado duplo, caminhei devagar pela trilha estreita, me aproximando da aberração, que ficou curiosa percebendo minha atitude".

"A lua estava em sua plenitude... tudo parecia claro como o dia quando olhei para o alto, encarando o maldito Anunnaki".

"Nos entreolhamos e notei que, pelo seu ar ofegante, ele estava nervoso. Minha mente e corpo já se preparavam para o pior".

"Ele perguntou quem eu era com uma voz arrogante... intimidadora! Perguntou também se eu sabia o que lá estava fazendo. Disse-lhe que eu era um humilde guerreiro em busca de provas... Perguntei sobre o tal artesanato voador e percebi que minha pergunta o incomodou".

"Fui chamado de Espécie Inferior. Me ameaçou de morte e disse-me que era blasfêmia querer ver o artesanato de Anu. Que aquele era um lugar sagrado".

"Percebi que o sentinela falou o que não devia, enchendo meu espírito de alegria. Agora eu tinha certeza de que estava no caminho certo".

"Eu o desafiei, dizendo que não iria embora enquanto não visse o artesanato voador. O Sentinela, então, muito nervoso, apertou o cabo da sua cimitarra e com olhos ejetados de raiva me encarou. Ele mostrava um rosto totalmente transtornado... agora, pelo ódio. Ele havia deixado escapar palavras importantes... sua língua o traíra, me dando pistas definitivas de que realmente estava ali o artesanato voador".

"O Sentinela do mal, sabendo do erro cometido, não quis mais falar e, assim, partiu para cima de mim, puxando sua espada com violência e a rodopiando no ar".

"Se não me esquivasse a tempo, como fazem os felinos, já teria ficado sem metade do meu corpo. A ponta daquela espada passou rente à minha cabeça. Tinha de me acautelar e lembrar que aquele gigante tinha uma força descomunal. Se não me concentrasse bastante, estaria perdido. Movimentei, então, meu corpo para girar o machado duplo e, arremessei-o sobre a armadura do sentinela. O sobre-humano bloqueou meu golpe com sua cimitarra, e girando-a com extrema velocidade, tentou me acertar. Eu dei um possante salto para trás, me desvencilhando do perigo eminente".

– Maldito Híbrido! Quem te enviou até aqui? – proferiu ele, nervoso mais uma vez, percebendo a minha verdadeira força.

"Eu disse-lhe que, que não sabia a minha origem. E que exigia saber detalhes sobre o tal artesanato voador".

"Tentei um diálogo e mais uma vez não houve respostas. Novamente, sua perigosa lâmina passou muito rente à minha face, e uma vez mais me esquivei a tempo, quase caindo no precipício. Daí seguiram-se muitos golpes de espada, desferidos contra mim com violência descomunal. Tinha que utilizar minha arte marcial e manejar bem minha arma... minha vida dependia daquilo! O monstro tentava me matar, me jogar lá de cima... eu digladiava com o impossível, a força dele era comparada a alguns leões".

"Dei-lhe um potente golpe. Ele foi arremessado para trás, caindo ao solo meio frustrado. E se levantando, muito enfurecido, correu para cima de mim, dando um gigantesco salto".

"Em queda, ele mirou a cimitarra contra o meu peito. Foi tudo muito rápido... se eu não pensasse ligeiro e usasse meu machado, seria cortado ao meio".

"O impacto produziu um som ensurdecedor, e faíscas clarearam todo o ambiente. Meu corpo, com o impacto, foi projetado com violência para o chão. Eu caí de costas na beirada do abismo, e meu machado escapou das minhas mãos, caindo para o lado. Eu estava momentaneamente indefeso. O Sentinela, ao notar isso, pisou em meu peito. Neste momento, eu fiquei igual a um cordeiro prestes a ser imolado. Eu já estava vislumbrando minha morte, quando o Sentinela do infra-mundo soltou uma gargalhada. Ele sabia que eu era presa fácil naquele momento, bem debaixo de seu pé".

"O gigante segurou o cabo de sua espada e apontando sobre a minha cabeça, deu pistas que queria arrancá-la".

"Pressentindo o que ele ia fazer e usando a força de todos os meus músculos, agarrei com as duas mãos o pé gigantesco dele e fiz o impossível, girei o calcanhar do maldito. Só tive tempo de me livrar do golpe mortal e rolar para o lado... a força dele foi tanta que a espada ficou encravada entre imensos blocos de pedras".

"Enxerguei neste momento a minha oportunidade; levantei e alcancei meu machado. O Sentinela tentava arrancar sua espada do chão rochoso. Já com o machado duplo em punhos, avancei para cima do traiçoeiro gigante. Vi ali uma possibilidade de acertá-lo, foi quando o maldito conseguiu desencravar sua lâmina e se defender da minha investida. Ele usou seu punho esquerdo, desferindo um soco que acertou meu rosto. Eu caí ao solo, novamente cambaleante. Era como se a pedra de uma catapulta tivesse me acertado no rosto, mas desta vez me esforcei para não largar minha arma".

"Eu estava meio nocauteado e corria muito perigo naquele momento. Uma dor lancinante dominou meu corpo. Enxerguei o maldito correndo em minha direção. Só tive tempo de erguer meu precioso machado duplo com o resto de força que me restara e tentar bloqueá-lo".

"Mas a ação do inimigo desta vez surtiu efeito, meu machado sustentou apenas uma parte do impacto. Senti quando a ponta de sua lâmina penetrou em meu peito, uma dor dilacerante tomando conta de mim, que, além de muito tonto, agora caía ensanguentado, notando uma ferida em meu tórax".

" Me apoiei no cabo do machado, tentando me equilibrar não podia cair.

O gigante me olhou, preparando sua arma para dar o golpe final. O maldito riu sarcasticamente me vendo de joelhos, sangrando. Me lembrei neste momento das pessoas inocentes que ele havia imolado e dos pobres animais sendo feridos sem motivo algum. Eu nunca havia lutado com um ser tão covarde... – sem honra! – que destruía pessoas e animais inocentes. Na minha cabeça, todos estes pensamentos passaram como um raio, me deixando cego de dor e fúria. Mais rápido que um raio e com olhos injetados de raiva, eu estava transtornado. Com o brilho da lua sobre meus olhos, soltei um urro. O sentinela veio correndo e, dando um salto, manejou a cimitarra em minha direção, para finalizar o serviço".

"Usando agora a minha verdadeira força, produzida pela justiça, fiquei em pé. O Sentinela caiu apontando sua arma mortal com destreza, para me chacinar. A lâmina do adversário vinha ao meu encontro, mas desta vez, com uma força implacável, rodopiei meu machado que até produziu um intenso assovio. Foi tudo como um lampejo de trovão... eu contragolpeei a cimitarra do adversário e o inacreditável aconteceu. Com desmedida força e com impacto brutal, as lâminas se encontraram e produziram milhares de fagulhas azuladas. Ouviu-se então um estrondo ensurdecedor, e eu berrei com raiva do cruel ser".

"A minha força foi tamanha que ao tentar bloquear o ataque do Anunnaki, a sua cimitarra quebrou em duas partes, meu machado passou rasgando sua armadura".

"O Sentinela do mal, saltando e em pleno voo, com olhos vidrados, só teve tempo de notar sua armadura danificada, antes de se dar conta de seu erro e cair no precipício".

"A luz do luar... a força da natureza... a vingança dos justos... o Sentinela do infra-mundo não ira mais ferir pessoas!

Vi naquele momento um covarde, que despencava no abismo entre as árvores.

– Eu sou Zargal, e não será assim que irão atrapalhar minha importante missão! – eu gritei com toda força para os sete ventos.

"Caí então de joelhos, voltando ao normal, vendo que a ferida no meu peito havia cicatrizado. Eu nunca entendi muito essa força que guiava meu corpo e cicatrizava minhas feridas nas horas mais perigosas. Me limpando, e já sem a ferida, caminhei a beira do abismo, conferindo a queda do gigante. Carregando minha arma, iniciei a descida para montar acampamento colina abaixo. Eu precisava descansar e me alimentar para o dia seguinte, pois pretendia entrar na fortaleza secreta e saber se realmente o artesanato voador estava por lá. Minha única missão era esta... precisava alegrar o coração da Imperatriz".

"Aproximando-me do meu cavalo, percebi que alguma coisa lhe estava assombrando. Ele dava pinotes e relinchava desesperadamente. Não entendi o que acontecia. Mas uma resposta me foi dada. Escutei um barulho infernal vindo do alto... o som produzido parecia com o de um enorme enxame de gafanhotos se aproximando. E vi algo medonho se aproximando, voando no céu noturno. O barulho de suas asas se tornou tão ensurdecedor que me sacudiu e me fez cair por terra. Graças à luz da lua cheia pude enxergar detalhes da estranha coisa voadora, que mais parecia um grande pássaro de metal negro. Sua cabeça tinha uma cúpula de cristal terrível e, lá dentro, havia um homem com armadura sentado em um trono de cor âmbar. De suas asas, eu via sair brasas ardentes coloridas, como fazem os raios em noites de tempestade. E havia rodas que saíram de seu ventre, uma do lado da outra. Pelo o que estava vendo, os detalhes batiam com as descrições que a Imperatriz havia me passado".

"Eu agora era um misto de curiosidade e medo, vendo algo assombroso voando por cima de mim".

"Era realmente o tão precioso artesanato voador, o veículo do deus Anu, que a poderosa Margirim tanto queria saber se existia. E ali estava ele... não era um delírio meu".

"Apesar do meu breve contentamento, percebi que corria risco de morte. O deus daquela peça voadora poderia querer vingança, por eu ter derrubado o seu covarde sentinela".

"Fiquei por instantes vendo a peça voadora flutuando por cima de mim. Pensei que fosse o meu fim, mas para minha surpresa, o artesanato voou para dentro do breu da floresta e foi em direção ao centro da estranha fortaleza. Eu vi minha chance de escapar... precisava relatar isso a Imperatriz. Mesmo enfraquecido e espantado, me levantei e, após breve momento, alcancei meu cavalo. Assim, montando nele, coloquei meu machado na algibeira e saí da região proibida aos galopes".

"Eu tinha finalizado minha missão. A Imperatriz ficará feliz em saber que realmente existe tal peça voadora... o artesanato voador do Deus Anu".

"Eu cavalguei pelo solo da Mesopotâmia... havia descido as montanhas da Anatólia, ladeando o rio Tigre e atravessado o deserto perigoso de Akkad, onde cobras e escorpiões se digladiavam, e abutres se refestelavam de velhas carcaças de animais mortos".

"Penetrei pelas fronteiras proibidas da Assíria e passei, disfarçado como um nômade, por entre terras sangrentas. De Imperadores cruéis, fui me esquivando e, por fim, entrei pela fronteiras da Suméria, minha terra".

"E, após dias de árdua odisseia, já descendo um vale conhecido, vi, por entre as brumas do entardecer, as silhuetas imponentes da colossal cidade emparedada de Nippur. Minha mente se encheu de alegria... eu estava de volta ao lar. Bem ao fundo, milhares de caravanas se juntavam, partindo em direção à grande cidade emparedada".

"Forcei meu indolente camelo a ir mais depressa, para poder alcançá-los... eu tinha trocado meu cavalo com um nômade, no caminho, para poder me locomover melhor pelo deserto de areias escaldantes".

"Passei um período caminhando junto aos mercadores, ladeando os paredões, em direção à entrada sul da cidade".

"Depois de algum tempo, consegui me aproximar, junto com a caravana, do gigantesco portão de madeira, ao sul".

"Um grande emaranhado de povos estrangeiros com suas mercadorias aguardavam a liberação do acesso principal.

Do alto de umas das torres vi a figura do General Abul velho conhecido.

"Sem perda de tempo, ele deu sinal para as sentinelas que estavam sobre as muralhas. Com o gesto, eles se tornaram agitados, iniciando uma nervosa movimentação".

"Ouvi um ranger de madeira. Os portões da entrada sul de Nippur foram arrastados até o fim e a passagem foi liberada para todos".

"Eu sempre me impressionava com os Zigurates e templos com mármores negros polidos. Pessoas transitavam sobre os jardins suspensos, dentro da imensa cidade

Nunca entendi direito o porquê das colossais estátuas de pedra no meio do pátio... os touros alados com cabeça de rei. Mas isso tudo não importava, só queria mesmo ver a Imperatriz".

"Ao cruzar a praça principal, subi a larga rampa de acesso ao palácio. Carros de combate puxados por cavalos corriam velozmente sobre a via. Eram soldados barbudos que levavam nobres de berço ao solar".

"Andei por algum tempo, por onde transitavam os místicos, sempre vestidos com roupas estranhas enroladas ao corpo. Era muito estranho o modo como se vestiam,

"Eu atravessei o corredor principal, vigiado por sentinelas, que me permitiram acesso ao me reconhecerem. Passei pelo final da gigantesca via e entrei no largo pátio externo".

"O lugar estava lotado de cortesãos, todos ansiosos, aguardando uma audiência com a Imperatriz".

"Outras sentinelas, em posição de sentido, protegiam o acesso. Mais uma vez, me permitiram a passagem assim que me reconheceram. Então, finalmente eu adentrei a um imenso salão, onde Margirim estava rodeada por súditos e militares em um enorme banquete, o aroma dos alimentos, feitos com condimentos exóticos, assaltando-me os sentidos".

A mulher mais poderosa da Mesopotâmia estava com uma tiara de ouro e brilhantes em seu pescoço, e um vestido que só uma imperatriz poderia ter. Era algo que poucos homens na terra já tiveram a oportunidade de assistir,

"Meu espírito estava agitado, como se eu estivesse me tornado uma criança. Magirim parecia uma deusa personificada. As serviçais e súditos se alegraram com minha presença, fazendo a soberana figura se voltar para mim".

"A grande Imperatriz de Nippur, ao me ver, ficou surpresa. Ela me fez um aceno discreto, e eu calmamente fui me aproximando de sua pessoa. Margirim bateu palmas, ordenado que todos deixassem o recinto, prontamente obedecida, o local sendo fechado pelas portas de madeira".

"Sentando próximo à Imperatriz, vi a fartura de pães, bolos, tâmaras, iogurte, cremes, queijo, vinho e uma porção de outras guloseimas".

– Zargal, meu coração se enche de alegria em vê-lo novamente. Agradeço ao deus Enlil que tenha lhe trazido de volta. Já pensava que algo terrível havia lhe acometido. Por que não me enviou sinais?.

– Minha senhora, estar aqui ao seu lado, hoje, é o melhor presente que um guerreiro poderia ter. Vim lhe trazer boas novas. Minha missão chegou ao fim, e quero relatar as coisas que vi.

– Pelos deuses! Então encontrou o local proibido?.

"Me concentrando, ia finalmente lhe informar sobre o meu incrível achado. Queria ver a felicidade estampada em seu rosto".

– "Margirim, eu estava este tempo todo peregrinado por terras distantes, na missão, como me ordenou, e venho lhe informar que minhas andanças tiveram sucesso".

"Margirim sorriu, seus olhos brilhantes se aproximando de mim, meio espantada, segurando em meu braço".

– "Digno guerreiro, sabe que confio em ti. Gosto muito de você. Não me dê falsas expectativas, como fazem os falsos sábios".

– "Minha senhora, que meus dias sejam encurtados pelo fio de uma espada e que os deuses me enviem para o inframundo, se eu estiver mentindo.

"Margirim sorriu, apertando com força meu braço.

Glorioso Zargal, não deixe meu coração aflito, me ajude a encontrar o que tanto necessito".

"A Imperatriz estava realmente ansiosa. E para não deixá-la ainda mais, resolvi lhe contar, de vez, o que sabia".

"Então, com grande satisfação, relatei tudo o que havia acontecido comigo nas terras estranhas. Falei das minhas aventuras, de como encontrei o lugar dos deuses, a luta contra o sentinela e os detalhes da minha viagem de volta. E o mais importante, falei tudo sobre o artesanato voador. Ao findar meu relato, ela deu um pulo, se levantando espantada".

– "Pelos deuses! Você quer me dizer que realmente viu o artesanato voador? Confio em você Zargal".

– "Sim, o artesanato voador existe. Eu vi tal peça nas regiões da Anatólia... pode ficar tranquila".

"Sentando-se ao meu lado, ela era um combinado de curiosidade e espanto".
– "Mas isso é uma coisa que não tenho nem palavras para te dizer. Então, realmente o Artesanato do deus Anu existe? Zargal, você não sabe como meu espírito está neste momento! Esta é a melhor notícia que ouvi em toda minha vida! – ela me informou, me encarando com olhos brilhantes e penetrantes.

"Após breve contato, confesso que fiquei abalado pela extrema beleza de minha senhora. Recompondo-me, sorvi um gole de Sikaru e, comendo um naco de carneiro assado, finalizei meus relatos, falando sobre o artesanato voador de Anu e como eu o vi em todos seus detalhes".

"Margirim ainda me encarava com um largo sorriso, toda encantada com o que eu dissera".

– "Zargal, grande herói... você hoje preencheu de luz meu espírito! Esta é a melhor informação de todos os tempos! Pelos detalhes, tenho a plena certeza de que esse lugar é bastante similar àquele que me foi descrito pelo sábio. Você, em sua odisséia, acabou por me revelar o local perdido que eu tanto buscava para encontrar a minha imortalidade!

Margirim falou em imortalidade não entendi o queria disser.

Muitos me falaram desta morada das divindades; você foi o único que conseguiu encontrá-la para mim".

"Muitas comidas na mesa de cedro. Uma mesa farta e Imperatriz muito feliz comigo um pobre guerreiro.

– "Zargal, você ainda sabe como chegar à esta região"?

"Refleti por um tempo, mas resolvi lhe contar.

– "Sim, majestade. Porém, algo me preocupa... Pretende ir à essa região perigosa?"

– Sim, quero ir e vou te relatar direitinho por que quero. Me desculpa se não te contei os detalhes antes, mas vou te revelar tudo".

– "Não se preocupe, minha senhora. Antes de sair em missão, eu não quis saber os motivos. Na realidade, o que me importava era achar tal artesanato. Eu só queria alegrar o coração de vossa majestade... era o que me importava naquele momento, mas como lhe informei, infelizmente eu lutei e venci o sentinela do mal. Isso deve trazer complicações se voltarmos àquele lugar tenebroso".

– "Não se preocupe com isso, Zargal. Se for preciso, levo todos os guerreiros e soldados do meu reino para combater naquela região, nem que seja para ver o artesanato de perto".

"A Imperatriz estava mesmo obstinada em ver o artefato dos deuses, e não seria eu que a deixaria frustrada".

– "Zargal, vou te contar agora porque quero tanto ver o veículo do deus Anu".

"Segurando a caneca de madeira polida, bebi mais um gole do Sikaru. Depois, sorri para Margirim, tentando confortá-la".

– "Zargal, o que vou contar são palavras da minha falecida mãe, a imperatriz Talishma, que governou este império muitos anos atrás".

"Eu estava curioso e atento às palavras de Margirim. Nesta altura, após ter visto o artesanato voador, eu podia acreditar em tudo que me dissessem".

– "Minha mãe, quando ainda era jovem, foi levada pelos deuses desse artesanato voador".

– "Ela foi capturada pelos deuses? – perguntei. Por mais que estivesse preparado, a nova informação me deixou surpreso".

– "Sim, ela estava sendo escoltada por nossos exércitos, em direção a Nippur. Ainda faltavam dias para retornarem, mas já escurecendo, resolveram acampar perto de um Oasis. Minha mãe contou que foi a noite mais terrível que já presenciara na vida, e falou que no meio da noite, acordou sobressaltada, escutando um forte barulho como o de um trovão. Olhou para o pai, que continuava dormindo. Estranhou, pois ele sempre ficava muito alerta para qualquer tipo de barulho. Ela o sacudiu, mas ele não abria os olhos. Ficou apavorada. Alguma coisa terrível havia acontecido ao Imperador, ele não acordava. Atônita e nervosa, se enrolou em um manto de linho e correu para fora da tenda, a fim de pedir ajuda às sentinelas. Para sua desagradável surpresa, viu que todos estavam caídos no chão, como que desmaiados. Correu para perto deles e tentou reanimá-los, sacudindo seus corpos. Percebeu que estavam vivos, porém, em sono profundo. Ela nada entendia. Sem opção, começou a correr em direção a uma outra tenda, esperando obter ajuda. Mas, nessa hora, algo horrível aconteceu. Ela escutou novamente aquele ruído e, ao olhar para cima, viu uma intensa luz que vinha do alto, acompanhada por um som ensurdecedor. Ela falou que a claridade era terrível e ofuscava sua visão, como se milhares de tochas estivessem sido acessas. Foi quando caiu por terra, ao ver o que vinha do céu. Aterrorizada, ela não sabia o que fazer. Infelizmente, estava acordada para enxergar o que não queria, disse-me várias vezes. Ela viu uma espécie de artesanato voador de metal polido, que lembrava um pássaro de assas curtas, vindo do céu. Ele estava todo iluminado. Ao descer, ela observou que a coisa mostrou suas garras antes de pousar, eram espécies de patas de metal com quatro rodas negras. Ela percebeu que na verdade aquilo era um grande artesanato que voava. Era enorme e tinha uma couraça de metal.. O grande pássaro de metal pousou e ficou em silêncio. Então, de sua barriga saíram dois homens altos e estranhos, envoltos em armaduras de metal lustroso, prateadas. Ela pode ver seus rostos por debaixo dos elmos. Não tinham barbas. Suas peles eram muito brancas, e um deles tinha o olho cor de lápis lazúli. Ela me informou que quando tocaram sua cabeça, ela desmaiou e não viu mais nada. Permaneceu assim por vários dias e, ao acordar, ficou impressionada, pois já estava dentro dos seus aposentos, aqui em Nippur. Falou que seus súditos a observavam com olhares curiosos, sem nada entender. Por momentos, pensou ter se tornado uma desvairada, sonhando com fatos estranhos.

– "Incrível, tudo bate com o que eu vi... todos os detalhes estão corretos. Eu vi exatamente como está me dizendo".

– "Saber disso me deixa muito feliz Zargal. Saber que você viu de perto a peça dos deuses e comprovou as coisa que foram ditas por minha mãe... que os deuses a tenham".

– "Sim, tudo é verdade, mas continue... fale mais sobre a revelação de vossa mãe.

– "Depois de muito tempo, ela me contou estas coisas. Com os olhos rasos d'água, falou que naquele terrível dia do ataque, ela havia desaparecido do acampamento do oásis e foi aparecer perto do rio Eufrates, nos arredores de Nippur. Todos se espantaram com o acontecido, pois, de acordo com os cálculos do meu avô, para que ela conseguisse chegar às imediações de Nippur, teria que viajar a camelo durante quarenta dias com a caravana, mas estranhamente ela chegou muito à frente, em apenas um dia".

"Segurando minha caneca, já seca, eu estava impressionado com o que ouvia".

– "Margirim, os deuses devem ter visitado a Terra! – exclamei, já procurando mais bebida".

– "Sim, creio nisto. Naquele dia, quando minha mãe acordou em seu leito, ela não sabia de nada, nem por que os homens alados haviam lhe levado para longe de seu pai e a deixado aos arredores desta cidade, sem nenhum arranhão".

– "Mas descobriram o que houve com vossa mãe? – perguntei, já muito curioso, comendo umas tâmaras".

– "Sim, ela me falou que com o decorrer dos meses, obteve uma resposta". "Sorvi mais um gole do Sikaru".

– "E qual resposta foi essa?"

– "Os homens que vieram do céu não lhe escolheram por acaso. Ao levarem ela para um local secreto, lhe tornaram uma mulher grávida".

"Minha caneca de madeira quase caiu da minha mão com a nova revelação... espalhei um pouco de bebida na mesa de cedro vermelho".

– "Mas por que fizeram isso? Ela te disse!

– "Não, e naquela ocasião, meu avô falou aos súditos que a criança que iria nascer era de um rico soberano de uma terra distante, que havia morrido em batalhas".

"Meu avô mentiu, passando por cima de seus princípios, para proteger minha mãe. Graças a ele, todos passaram a acreditar nessa história. E essa criança sou eu".

"Com a nova informação, fiquei muito supreso e curioso. Aquilo era fantástico e explicava porque Margirim tinha muita força e inteligência... exatamente as coisas que aconteciam comigo".

– "Eu, durante muito tempo, escutei minha mãe e, por muito tempo, procurei entender tudo o que aconteceu. Descobri, com ajuda de sábios e com muitas pesquisas, que esse veículo, não sei ao certo, mas pode pertencer ao deus Anu" – informou a imperatriz, sorvendo sua bebida.

– "Isso é grandioso Majestade... você então pertence à linhagem dos deuses!

– "Sim, creio nisso. Contudo, confesso que as estórias da minha mãe precisavam de provas. E agora você as trouxe. Eu queria há muito tempo encontrar evidências dos deuses e me confortar.

"Já um pouco atordoado pelo efeito do Sikaru, eu estava meio espantando, mas por ter visto e lutado com o sentinela, ela realmente falava a verdade. Eu sentia vontade de lhe mostrar tais coisas em passo acelerado".

– "Zargal, passei anos dando metal supremo para um nobre de berço, um sábio famoso da Anatólia, que veio até mim, trazendo as pistas que lhe informei.

– "Margirim, seu ouro entregue ao mestre surtiu efeito. As pistas que você me forneceu realmente me levaram ao encontro do desconhecido artefato mágico".

– "Muito bom ter acontecido isso, e bom saber que as coisas se comprovaram até aqui. Porém, ainda há mais a lhe revelar, porque há algo importante envolvido nisso tudo".

– "Mais coisas? – Sorvi agora uma cerveja feita com tâmaras assadas".

– "Sim, eu não tinha lhe falado porque essas informações não iriam lhe enriquecer em nada naquele momento, mas agora você merece saber o motivo real de sua aventura".

– "Entendo, Majestade, mas não se preocupe comigo, faça como desejar".

– "Obrigado, Zargal, você é um guerreiro de grande valor! Bem... continuando, o sábio da Anatólia relatou também que o veículo do deus Anu está protegido na fortaleza onde você esteve, e que esse veículo na realidade voa para um lugar secreto da Terra, onde está escondido uma coisa muito valiosa para eles".

"Me ajeitando na cadeira, permanecia atento as suas palavras. Margirim me encarou por instantes e respirando fundo, me olhou. Parecia agitada".

– "Majestade, sei que isso tudo é muito importante, mas deixe para me contar quando estiver mais tranquila".

– 'Zargal, estou bem, quero que fique sabendo deste segredo logo".

– "Certo, eu respeito seu desejo... você estava me dizendo que o artesanato voara para um lugar oculto, onde havia um segredo".

"Me senti muito honrado, quando ela apertou minhas mãos, parecendo um pouco angustiada,

– "Sim, este importante segredo é uma árvore, uma árvore que pode ter sido gerada pelos deuses, em um lugar secreto na Terra".

– "Uma árvore? – questionei, surpreso. Em meus pensamento, achei que ela iria falar em grandes tesouros, mas uma árvore me deixara meio confuso".

– "Sim, Zargal, uma árvore poderosa. O sábio da Anatólia me mostrou algumas tábuas de argila com antigos religiosos a cultuando, mas faltou informação mostrando o local exato dessa árvore. O sábio informou também que aqueles que conseguirem entrar no artesanato encontrarão tal árvore da vida, comerão do seu fruto poderão ver outros mundos e viver eternamente. O lugar é reservado apenas aos escolhidos. Eu te confesso que não estava acreditando nesse nobre de berço, mas com a ajuda dos meus súditos, buscamos mais provas em relação à nascente do rio Eufrates e Tigre. Foi o que te passamos, também, não conseguimos descobrir a zona correta da fortaleza. Graças a estudos posteriores, passei a acreditar nisso tudo".

– Entendi. Vossa majestade quer comer o fruto dessa poderosa árvore para se tornar imortal e visitar a morada dos deuses, já que é uma parente deles?

– "Sim Zargal, é isso o que busco... Na realidade, quero muito conhecer os meus semelhantes das estrelas, se tal for possível, porque acredito que eles não iriam engravidar minha mãe à toa. Há algum propósito nisso tudo, e também estou sozinha, todos os meus parentes humanos já faleceram. Eu comando este império com muita garra, mas muito solitariamente".

– "Entendi, você precisa saber se existem verdadeiramente esses parentes".

– 'Sim, valoroso Zargal quero! Volte àquele lugar e me leve" – pediu, me fitando entristecida.

"Muito preocupado, por ter derrubado o sentinela dos deuses no abismo, conjecturei por um momento, deitando a mão sobre a testa". Eu estava bastante temeroso, pois tinha certeza de que iríamos para o pior lugar da Terra, sob o domínio de forças desconhecidas".

"Percebendo na imperatriz um misto de tristeza e contentamento, resolvi ajudá-la. Afinal de contas, seria melhor uma grande líder como ela batalhar com alegria em seu coração, do que morrer em meio à riqueza, entorpecida pelas dúvidas e melancolias".

"Meus instintos me mostravam que eu estava ali justamente para alegrá-la. *"Então, que venham os inimigos invencíveis!"*, pensei, começando a me empolgar com a ideia. Afinal de contas, sou um guerreiro em busca de desafios".

– "Senhora de Nippur, meu espírito se alegra em levá-la rumo ao desconhecido. Mas tenha a certeza de que, se nós unirmos nossas forças, vamos vencer obstáculos impossíveis".

"Percebendo minha determinação, ela me fitou sorridente. Estava muito feliz em saber que poderia ter uma chance de ir às terras antigas e encontrar seus parentes das estrelas".

–"Sim, Zargal, teremos chance de vencer os obstáculos. Vou enviar mensageiros para Assíria e Akkad, informando aos líderes dessas regiões que passaremos pelos seus territórios. Farei contrato com esses Imperadores para nos deixarem passar".

– "Vossa majestade tem intenção de deslocar exércitos?"

– "Sim, não iremos sozinhos... levarei minhas legiões de soldados e guerreiros. Tenho que entrar nesse artesanato voador... anseio pela verdade.

"Calei-me diante das palavras de Margirim. Em minha mente só restara um objetivo: encarar aquela que poderia ser a mais terrível das minhas batalhas. A queda do sentinela permeava meus pensamentos.

– "Venha, Zargal, vamos fazer os preparativos".

"Margirim me puxou pelo braço. Ansiosa, quase correndo, me levou para dentro da segunda sala do trono. Ela estava determinada a vencer".

"Algum tempo depois, o salão estava repleto de pessoas da mais alta estirpe: sábios, generais, metalurgistas e armeiros, entre outros".

"Eu, sentado do seu lado, tive que relatar minha odisseia. Informei a grosso modo a rota que tinha feito, contudo, era muita informação; eu devia ter desenhado um mapa, mas nunca fui bom em desenhos. Eu devia ter levado um maldito sábio para fazer isso para mim, mas também não sabia se ia encontrar aquela região maldita. No final, ficou entendido que eu teria que ser o guia na desmedida aventura".

"A imperatriz alertou os seus generais, mandando preparar legiões de soldados. Instruiu mensageiros para avisar os Imperadores da Assíria e de Akkad, sobre sua passagem. Margirim devia ter algum acordo com estes despóticos Imperadores".

" Confesso que estava cansado de toda aquela movimentação dentro do segundo salão do trono. Precisava respirar, então me desloquei para a varanda do salão".

"E sempre a mesma movimentação dentro do colossal pátio da cidade emparedada, desta vez os militares estavam agitados com a nova informação da Imperatriz. Vi generais perfilando centenas de soldados, lanceiros, arqueiros, carruagens de combate e milhares de equipamentos de guerra. Eles já deviam estar se preparando. Era um dia tenso... eu era o pivô de tudo aquilo.

"Momentos tensos dentro do salão, mas após horas, a coisa toda chegou ao fim. Margirim se aproximou de mim".

– "Zargal, desculpa te fazer passar por todo esse desgaste, mas tive que antecipar os preparativo. Fico mais tranquila, os meus exércitos se deslocarão amanhã... vamos começar nossa jornada, eu vou precisar muito do seu apoio. Você nos guiará. Mas como precaução, amanhã vou pedir para escribas e sábios fazerem um mapa com suas informações, assim que acordar".

– "Valente guerreiro, vá descansar um pouco, pois precisará de energias para o novo trabalho. Muito obrigado, eu te farei a pessoa mais feliz deste reino... terás tudo que precisar... te darei maravilhas... você soube dar fim a minha angustia".

"Ela me informou, segurando meu braço com um largo sorriso e logo se afastando, indo com alguns súditos para o salão do trono".

Fiquei com um pouco de receio pelo que jeito que ela me olhara. Estava muito feliz, mas eu sempre soube o meu lugar em seu reino. Não podia me apegar a tão bela imperatriz.

Alguns criados me encaminharam para um largo aposento, onde poderia reclinar minha cabeça

"Fora um dia espetacular. Eu conseguira fazer a poderosa senhora de Nippur da Suméria ficar feliz... o que mais eu poderia querer? Minha felicidade era plena, e meu espírito agradecido por tudo que estava acontecendo. Se

dependesse de mim, eu a faria mais afortunada ainda, esse era meu intuito".
Com tal pensamento, reclinei minha cabeça no leito e procurei descansar para a grande jornada ao amanhecer.

"À bruma de um novo dia, pela porta entreaberta de meu aposento, pude ver a grande imperatriz passar imponente, acompanhada por generais e vários súditos. Ela vestia uma roupa real de combate, de couro e metal, com sandálias reforçadas e um elmo reluzente, onde era possível ver o desenho de um globo alado em suas laterais. Fui até a varanda, respirar o ar fresco do amanhecer, e fiquei impressionado ao olhar para fora... uma tropa gigantesca de soldados e seus materiais bélicos, todos perfilados em suas montarias, esperando o momento da viagem. Uma intensa movimentação de homens e carruagens. Me virando, vi no canto do aposento meu machado duplo... ele estava limpo e amolado. Algum serviçal o preparara para mim. Resolvi me vestir com um traje de combate, ali deixado. Acabava de me aprontar quando escutei um barulho infernal, como se um raio tivesse caído no meio do palácio".

"Sobressaltado, saí do aposento às pressas e vi centenas de pessoas correndo para uma só direção. Curioso, acompanhei o ritmo da turba. Todos foram para o pátio externo. Eu não conseguia sair do imenso corredor, havia milhares de soldados do palácio com armas em riste e arqueiros disparando suas flechas".

"Curioso e preocupado, forcei passagem entre eles e incidi pela multidão saindo do corredor. Vi soldados puxando suas espadas e milhares apontavam suas lanças para a mesma direção".

"E, no centro das atenções, vi o que não queria, uma coisa tão medonha que nem nos meus piores pesadelos queria ter presenciado de novo. Minhas pernas ficaram bambas e minha boca, seca... meus pensamentos pareciam turvar perante algo terrível e enigmático que estava acontecendo".

"Para a minha surpresa, era o amaldiçoado artesanato voador que acabava de pousar bem à nossa frente. Escutamos o ruído intenso de seu interior. Quatro rodas negras, uma ao lado da outra, saíram de sua barriga de metal polido".

"Na cabeça do pássaro havia uma cúpula de cristal. E por baixo da cúpula transparente, vi dois homens de armaduras, sentados em um pequeno trono cor de âmbar. Rajadas de vento e fogo eram lançadas pela cauda daquele animal do inframundo. Todos estavam tensos à minha volta... soldados nervosos e com medo do desconhecido. Eu corri para perto de Margirim com meu machado em punhos... tinha que protegê-la de qualquer investida".

"Já sobre o solo, ele permaneceu parado por algum tempo, em silêncio. O fogo de sua cauda cessara. Os arqueiros lançaram flechas... lanças foram arremessadas, mas tudo sem efeito. As setas batiam sobre a couraça do artesanato e caíam ao solo quebradas".

"Margirim ordenou que parassem de atacar. Então, após breve momento, de seu ventre metálico, abriu-se uma pequena passagem, por onde saíram dois homens. Eles vestiam uma estranha couraça amarela que transparecia brilhos de cristal".

"Ao se movimentarem, as cores do arco-íris brilhavam em suas armaduras".

– "Pelos deuses, Zargal! Acho que este é o veículo de Anu que tanto falamos, que tanto queria ver. Posso acreditar no que meus olhos insistem em me mostrar? Será que estou desvairada? Não pode ser, o que está acontecendo?"

"Margirim também estava desorientada com os acontecimentos. Ela estava certa, aquele era o artesanato voador, o veículo de Anu. O mesmo que eu tinha visto nas terras distantes na fortaleza dos deuses".

"Os militares estavam agitados, ansiosos para atacarem os invasores vindos do céu".

– "Afastem-se! Afastem-se! Tenho de saber o que fazem aqui! – ordenou Margirim, avançando destemidamente rumo ao desconhecido. Os generais e soldados ficaram espantados com a atitude da imperatriz. Confesso que até eu fiquei impressionado com sua coragem".

"Corri de arma em punho, seguindo Margirim, com todos os militares nos seguindo, fechando o cerco".

"Mas ao tentar chegar próximo aos invasores, eles ergueram suas mãos fazendo sinal para não avançarmos mais. Não queriam uma aproximação maior. Foi quando um deles se pronunciou:"

– "Senhora de Nippur, viemos de longe a mando de nosso líder supremo. Temos ordens para aplicar uma severa punição a você e esta criatura de nome Zargal".

"Margirim, naquele momento, fitou eles com expressão de íra, e logo disparou:"

– "Pois como invadem meus domicílios sem serem convidados e desrespeitam a morada de uma imperatriz?"

– "Senhora de Nippur, entramos em seu reino sem avisar porque formos designados a fazê-lo. Nossas palavras são poucas. Cumprimos ordens – respondeu o outro homem, com voz altiva".

"Um silêncio perturbador pairou sobre o pátio, diante da reação hostil dos enigmáticos visitantes".

– "Senhora de Nippur, por um dos seus ter entrado em área sagrada, e ter entrado em combate com a sentinela de nossa importante fortaleza, vocês serão penalizados! Sabemos que você anseia em ver nosso mundo e alcançar a imortalidade, mas não conseguirá! Seu coração ainda é duro e do fruto deste alimento não comerás. Nunca poderá passar pelas nossas regiões, pois se assim o fizer, será dizimada rapidamente. Você e seu reino serão destruídos sem piedade – prosseguiu um dos invasores alados".

"Diante da ameaça, Margirim contra-atacou:"

– "Acho que vocês não pertencem ao Deus Anu, a quem tanto me devoto! Quem exatamente mandou vocês até aqui? Como sabes de tais coisas, invasores amaldiçoados? Vamos, digam! Eu sou uma líder que tenho a honra como princípio, como ousa proferir palavras imundas aos meus ouvidos? Não tenho paciência quando sou insultada em minha própria cidade por seres estranhos! Diga quem os enviou, antes que eu dê ordem para destruí-los".

– "Senhora de Nippur, estamos aqui apenas para relatar as frases que o Mestre do Tempo nos ordenou. Não são nossas, essas palavras, e não podemos falar sobre o que não é permitido! – disse o invasor mais alto".

"Tentando se controlar, Margirim trincava os dentes. Seu ódio era mortal. O mesmo invasor continuou:"

– "Para a criatura de nome Zargal, que invadiu solo proibido, há uma pena maior".

– "Malditos Tentem me afligir e experimentarão a lâmina de meu machado. Eu não terei piedade de vocês... por que não saem deste lugar agora?

Vocês correm perigo ao me proferirem insultos – gritei minhas palavras com raiva dos malditos seres".

– "Criatura Zargal, sua pena por ter feito o que não devia seria a morte. Mas um dos grandes de nossa companhia teve piedade de você. E sua pena será outra. Você será levado para as terras distantes deste reino".

"Minha ira estava quase se transformando em ataque, mas ainda tive raciocínio para me conter e ouvir a imperatriz:"

– "Por que nos humilham, seres infelizes? Já informei que correm perigo fazendo isso. Vocês devem saber também que somos parentes de sua raça e não seremos escravos de suas leis! Nunca! – declarou Margirim, com dentes trincados de raiva".

"Vi em seu semblante um misto de raiva e curiosidade".

– "Zargal, acho que essa será a única oportunidade de entrar no Artesanato... isso irá encurtar as coisas – me sussurrou ela".

"Antes que eu pudesse falar algo, a insanidade se estabeleceu. Margirim, cega pela vontade de entrar no artefato voador, ordenou que seus exércitos atacassem os invasores.

"Centenas de soldados armados até os dentes com lanças e flechas, impiedosamente partiram correndo para cima dos visitantes indesejados". Confesso que fiquei com pena dos inimigos.

"Margirim pegou a lança de um dos soldados e os acompanhou em sua louca investida. Eu fui logo atrás, erguendo meu possante machado duplo".

"Porém, não houve tempo para que os valorosos guardas de Nippur se aproximassem dos intrusos. Percebendo a ameaça, os mensageiros alados ergueram os braços para o céu, e de suas mãos, vi sair lingotes de energia, raios de uma força terrível que lançaram sobre os soldados de Nippur uma enxurrada de energia azulada e branca... um barulho terrível, parecendo que havíamos sido transportados para o inframundo, de tão quente que ficou o local".

"A coisa toda foi muito rápida. Eu, naquele instante, olhei em volta e vi a cena terrível. Os valorosos generais e soldados, que estavam mais próximo a Margirim, caíram ao solo, apagados e com suas armas quebradas. Dezenas de outros, mais atrás, também tombaram, tomados por convulsões. As sentinelas que restaram andavam de um lado para outro, como desvairados".

"Ao redor do artesanato voador, havia uma enorme bolha azulada de energia, com pequenos raios correndo em volta. Mais de quinhentos soldados desfaleceram ao mesmo tempo. Era inimaginável o que havia acontecido. Margirim e eu permanecemos de pé, intactos ao ataque. Os raios não nos causaram nenhum arranhão. Por algum motivo, havíamos sido poupados".

"Os homens de armadura nos olharam com semblante vingativo e nada falaram. A bolha de energia se desfez, e vi quando meu precioso machado duplo se quebrou em várias partes e caiu ao solo... devia ser a magia dos mensageiros. Fiquei com muita raiva, mas não podia fazer nada e colocar a vida de Margirim em perigo. Os invasores estavam livres para fazer o que quisessem".

– "Você vem conosco, criatura Zargal! Terá que começar a cumprir sua pena, agora! – relatou um deles segurando meu braço esquerdo com extrema pressão".

"Visivelmente descontrolada, Margirim tentou me arrancar com violência das garras dos algozes, mas não ofereci resistência. Mesmo que uníssemos nossas forças, não iríamos conseguir vencer aqueles seres muito poderosos. Perda de tempo, também seria arriscado, pois colocaríamos em risco vidas inocentes. A cidade de Nippur poderia ser destruída. Resolvi, então, seguir meu destino".

– "Eu irei com vocês, mas deixem eu me despedir da Imperatriz – pedi com calma a um dos invasores, aquele que me segurava. E ele, por incrível que pareça, me soltou, permitindo me aproximar de Margirim".

"Ela me abraçou com lágrimas nos olhos e inesperadamente beijou meus lábios com vigor". Fiquei com os pensamentos confusos, apesar da tensão do momento. Era algo inacreditável, a senhora de Nippur, a grande Imperatriz, ter me dado um beijo longo, demonstrando seus sentimentos por mim. Aquilo me deixou feliz, apesar de tudo.

– "Grande Margirim, me desculpa ter trazido ao seu reino tanta desgraça. Espero que me perdoe, eu não devia ter ido àquele lugar maldito e ter lutado com a sentinela deles... Mas eu confesso que queria te ver feliz com a descoberta. Sempre pensei em você e em realizar minha missão, mas acabei por trazer que infelicidade para seu reino".

– "Zargal... você não tem culpa de nada. Se foi ao solo proibido, foi porque quis me fazer feliz. Eu que o coloquei em situação complicada, não devia ter desafiado os deuses, mas a minha vontade de ser um deles me cegou, me desculpa– relatou, com lagrimas.

– "Margirim, apesar de tudo, estou feliz por saber que gosta de mim. Quero que saiba que também sempre nutri por você bons sentimentos. Gosto muito de você e te agradeço por tudo. Tenha a certeza, eu voltarei, te prometo... não será isso que me impedirá".

"Nos abraçamos e nos beijamos fervorosamente".

– "Creia em mim, eu voltarei. Quero ficar junto a ti – berrei em plenos pulmões, sendo arrastado para dentro do maldito artesanato voador".

– "Eu acredito, Zargal, valente guerreiro... Acredito em sua força, vou te esperar – disse Margirim".

"As palavras da imperatriz me confortaram. Entrei no maldito artesanato sem oferecer resistência, e os mensageiros me fizeram sentar em um pequeno trono de âmbar, por debaixo da cúpula de cristal terrível. Eu podia ver o lado de fora".

"Eles iniciaram uma espécie de ritual de encantamento. Meu corpo ficou preso ao estranho trono macio. Só conseguia mexer a cabeça e os braços lentamente. As outras partes de meu corpo pareciam quase paralisadas por uma força invisível".

"Podia ver, do interior do pássaro, o pátio externo o cenário calamitoso de destruição, com milhares de soldados feridos. Meu espírito estava indefeso perante tanto poder".

"Repentinamente, ouvi um barulho de trovão, que me assustou. O pássaro começou a levantar voo. Vi, através do cristal, Margirim triste, minha preciosa Imperatriz, quando ela se levantou, e eu lhe dei um último adeus, gesticulando. Ela correspondeu".

"O veículo dos deuses alçou voo. Aos poucos, a cidade emparedada foi ficando pequena sob meus pés, e a figura de minha querida ia se desvanecendo... tudo ia ficando pequeno".

"Os mensageiros prosseguiram com sua incompreensível cerimônia dentro do artesanato".

"Ao redor havia pequenas luminárias que piscavam como vaga-lumes; cores vermelhas, azuis e verdes e símbolos iluminados flutuavam no ar, como num mosaico vivo e transparente. E uma velocidade terrível, parecia uma ave de rapina subindo aos céus".

"Quando o pássaro mágico atravessou o céu com velocidade descomunal, minha alma se encheu de angústia, por ver as estrelas de perto, sabendo que jamais as alcançaria".

"Ele desceu com um mergulho rumo ao solo, tal qual um falcão peregrino à caça de seu coelho. Havia nuvens acima de áreas de terra e muitos oásis em desertos".

"O artesanato sobrevoou o grande deserto e diminuiu sua velocidade "Depois de algum tempo de voo, o pássaro desceu sobre uma enorme pradaria. Conhecia bem aquela região".

"Ficava próxima aos montes Zagros. Era um bom lugar para se viver, mas bastante solitário, onde um homem comum poderia enlouquecer sozinho. O ventre da peça voadora se abriu. Fui conduzido, enfim, a meu destino".

– "Criatura Zargal, aqui viverá com os animais e não mais poderá voltar à civilização, pois se assim o fizer, causará grave infração e novo castigo lhe será imposto. Não poderá entrar em nenhuma cidade emparedada. Não poderá se juntar aos homens de nenhuma tenda. Não poderá nunca mais se aliar à Imperatriz Margirim. Se assim o fizer, ela será destruída, junto à sua cidade. E você também será eliminado. Palavras transmitidas pelo Senhor do Tempo".

"Fiquei visivelmente revoltado com aquelas ameaças. Meus planos para levar Margirim até a árvore mágica estavam fracassando".

– "Criatura Zargal, se as ordens forem contrariadas, pagarás com a tua vida e com a vida de quem ama. Entendido? – perguntou um dos mensageiros".

"Engoli a seco aquelas palavras, balançando a cabeça a contragosto. Logo depois, os mensageiros retornaram ao artesanato que, em poucos minutos, levantava voo e sumia no horizonte. Estava sozinho na relva".

"O local era inóspito e já era tarde. Fazia um frio intenso e eu precisava me abrigar. Resolvi subir os montes Zagros e procurar uma caverna. Catei galhos secos e fui para o alto. Logo, encontrei uma que me servia".

"Achei que iria enlouquecer dentro da caverna, pensando nos lábios de Margirim. Com o pensamento agitado, alimentei com galhos secos o fogo, para mantê-lo bem vivo. Eu não conseguia descobrir uma saída para tal acontecimento".

"Foi quando senti a presença de alguma coisa se aproximando. Com audição aguçada, escutei passos vindo de fora da caverna. Cheiro de intruso. Vi a silhueta de um homem parando na entrada da caverna. Não ofereci resistência, pois até um inimigo neste momento seria bem-vindo. Que mais eu poderia temer".

"Um homem, de olhos semicerrados, vestindo um largo albornoz, de capuz na cabeça e segurando vários sacos de couro, veio falar comigo:"

– "Zargal, vejo que ficou só em suas aventuras".

– "Sim. Mas com quem eu falo? Diga quem é você?"

"Ele ficou em silencio. Mas não me importava; no momento, estava com a mente turva, pensando em Margirim".

– "Se és inimigo ou amigo, fico feliz do mesmo jeito. Aproxime-se!"

– "Não posso revelar meu nome. Venho de um lugar longínquo, que não pertence a sua terra. Tenho pouco tempo para estar com você e vim aqui para lhe entregar informações importantes, que o farão entrar em meu mundo.

"Um vento quente invadiu a caverna se misturando à umidade do lugar".

"Abrindo um dos grandes sacos de couro, perto da fogueira, o mensageiro me mostrou várias tábuas feitas de um estranho metal prateado e com inscrições cuneiformes".

– "Zargal, nestas placas está descrito como acessar o artefato voador e fazê-lo voar até a árvore-ponte. Também há importantes informações de um ritual para que possa comer o fruto da árvore dos mundos sem perturbar os guardiões que a protegem. Faça o ritual por precaução e será um imortal.

– "Mas para que eu me tornaria um imortal? Não tenho tal desejo, já sofro pensando na imperatriz, porque estenderia tal agrura pela eternidade? Eu não tenho ambição pela imortalidade. Entregue essas placas à minha querida Margirim... ela está a procura delas por muito tempo. Vi que o visitante mudou a expressão de seu rosto".

– "Conheço Margirim, a imperatriz de Nippur. Não posso entregar a ela estes segredos".

– "Mas por quê? Ela está quase morrendo para consegui-los – relatei, vendo uma das placas".

– "Somente agora que sua imperatriz iniciou seu processo de transformação, ela começa a enxergar o que é o certo. Se ela tiver o poder neste momento, o futuro da Terra correrá perigo. Algum dia, ela poderá entrar onde resido, mas não agora, pois seus erros passados ainda a condenam, e assim não poderá fazer a passagem".

"Tinha ficado triste com as respostas, mas procurei não contrariá-lo".

– "A imortalidade servirá para que você possa voar mais rápido que o tempo e seguir para uma terra que não conhece, sem ser afetado,

"Então, esse era o verdadeiro segredo da árvore, Margirim ficaria doida se soubesse dessa verdade".

– "Mas como farei para que o artesanato me obedeça e voe?"

– "Nas placas, como te disse, estão as ordens. Há nomes que terás de pronunciar em pensamento para que o pássaro obedeça os seus comandos".

"Olhei para as peças e, ao segurá-las, notei que eram feitas de metal resistente e não de argila. Porém, eram leves como madeira. Estavam em linguagem cuneiforme que eu podia entender. Acho que o visitante devia tê-las fabricado com o auxílio da antiga magia, para minha melhor compreensão".

– "Zargal, agora tenho que ir. Estou aqui clandestinamente. Faça que lhe peço, e seus problemas estarão resolvidos

"Informou o mensageiro, colocando seu capuz e saindo da caverna, dando um aceno".

"Voltei a ficar sozinho, agora pensando também naquele estranho visitante. Eu estava menos triste, e agora tinha as placas para me distrair. O segredo da árvore estava ao meu alcance. Eram duas enormes e pesadas bolsas de couro lotadas de pequenas placas... havia várias delas, com milhares de informações".

"Passei dias estudando as inscrições gravadas naquele estranho metal e pude compreender todo o seu conteúdo".

"Eram informações muito importantes. Eu deveria voltar à fortaleza onde lutei com o sentinela e entrar no artesanato voador. De tanto estudar as placas, acabei por memorizar toda a sua informação implícita. Sabia perfeitamente como proceder em cada passo. Como fazer voar a peça para encontrar a árvore magica e como fazer o ritual para comer de seu importante fruto".

"Porém, não pretendo ir atrás do artesanato tão cedo. Há uma pessoa amada que precisa saber das boas novas".

"Espero que mensageiro entenda o que pretendo fazer, pois será tudo em nome do amor".

"Aqui termino meu depoimento. Ele permanecerá gravado nessas tábuas de argila que cunhei, e as deixarei ao lado das placas do visitante. Se algo me acontecer, as placas servirão de prova para mostrar que o artesanato voador e os povos das estrelas existem. Eu intitulo estas placas de Segredo das Almas.

Meu nome é Zargal, o gladiador de Nippur".

22

O Voo do Milênio

Um curto assovio metálico anunciou o final da narrativa. Os participantes, em alvoroço, debatiam o assunto. Hansemon tamborilava os dedos em seu assento, visivelmente ansioso.

De taça na mão e confortável em seu trono, o Imperador apenas ria discretamente, olhando a confusão em volta. Vitã e Helena, de cabeças cobertas e abaixadas, também observavam tudo.

– Vitã, consegui registrar tudo o que foi dito – sussurrou Helena.

– Eu também gravei os relatos. Acho tudo isso muito incrível para ser verdade... – murmurou ele.

– Parece coisa séria – disse Helena, analisando dados em seu visor.

– Vamos acompanhar o desenrolar dos fatos.

– Certo.

Antigos empresários, acomodados na parte central da assembleia, conversavam agitadamente. Subitamente, o líder do grupo se levantou.

– Senhor, com todo respeito, as estórias descritas nestas tábuas antigas são interessantes e instigantes, mas acho que é necessário provas, para que possamos acreditar nelas.

Todos em em volta concordaram com o líder dos empresários.

– Cavalheiros, não fiquem exaltados. Nosso pesquisador é considerado um dos melhores deste planeta. E eu o agradeço por estar aqui hoje. Ele e sua equipe já me revelaram o segredo das placas. Quero que tenham paciência e prestem bastante atenção no que ele irá dizer.

Temerosos, os participantes ficaram em silêncio.

– Prossiga! Mostre logo as provas! – ordenou o líder.

Farraj, obedecendo ao pedido do Imperador, caminhou do centro do salão para perto de sua equipe, situada num dos cantos da assembleia.

A partir de um aceno, solicitou a presença de dois estudiosos que se levantaram, segurando nas mãos um recipiente de metal semelhante a uma maleta eletrônica.

– Senhores, eu sei perfeitamente que a narrativa que acabaram de ouvir aqui soa estranha aos ouvidos, e confesso também que não havia acreditado neste antigo relato. Porém, analisando as surpreendentes provas que a história revelou, passei a acreditar. Aqui dentro está um dos motivos de nossa reunião – anunciou um dos pesquisadores, digitando uma senha na maleta eletrônica.

De seu interior, ele retirou uma placa prateada, repleta de inscrições, prosseguindo a explanação.

– Senhores, esqueçam a narrativa. Se não acreditam nela, apenas olhem para essa placa que seguro em minhas mãos. É uma das que o mensageiro entregou a Zargal, mostrando a localização do pássaro de metal.

Um pequeno burburinho tomou conta do salão. Todos vislumbraram, curiosos, o material. O pesquisador-chefe tomou a palavra:

– Eu e minha equipe estudamos essas placas a fundo e descobrimos várias informações a respeito delas. Para começar, ela foi confeccionada com material exótico. Um mineral raro não encontrado em nosso planeta. E essa estranha composição nos mostrou que possui três vezes a resistência do aço e sua durabilidade é comparada a do ouro.

Hansemon deixou o nervosismo de lado e também demonstrou curiosidade, assim como os demais participantes ao ver a placa exótica.

– Isso quer dizer que essas placas foram realmente gravadas fora da Terra? – perguntou Hansemon.

– Sim.

– Então, com essas placas, você confirma que tudo é verdade? Existe mesmo um pássaro de metal a ser encontrado, e que poderá voar para perto de uma árvore mágica?

– Sim, grande Hansemon. Esse é o segredo das placas que denominamos Arquivos das Almas.

Nesse instante, dentro da assembleia, todos os presentes ficaram espantados com a nova revelação. No entanto, um dos empresários se levantou, agitado.

– Mas isso é impossível de se acreditar! Como alguém poderá alcançar a imortalidade? Não há cabimento! Majestade, gostaria de deixar registrada a minha desconfiança em relação a essas peças.

O Imperador, com rosto sereno, balançou a cabeça, em sinal afirmativo.

O chefe da equipe interveio:

– Senhores, eu quero tranquilizá-los, mas para isso é necessário que acreditem no que digo. Nós conseguimos traduzir essas últimas placas de mineral exótico e, acreditem, descobrimos o fabuloso pássaro de metal!

Todos dentro do templo ficaram estarrecidos com a estranha informação.

– A construção onde se localiza o pássaro de metal fica na atual Turquia, em uma região chamada Konvacilar, próxima à nascente do rio Eufrates com o Tigre. As imagens mostram que o mensageiro escondeu seu pássaro em um hangar primitivo. Essa construção fica dentro de uma imensa gruta, e sua estrutura lembra muito uma espécie de hangar feito com blocos de pedras ciclópicos, alguns dos quais medem cerca de 15 metros de comprimento, seis metros de largura e quatro metros e meio de espessura. Cada um deles representa, assim, cerca de 160 metros cúbicos de pedra e pesa mais de 700 toneladas. Todos foram talhados com ajustes perfeitos e encaixados com precisão em seus lugares. O fato mais intrigante da construção é que, mesmo nos tempos atuais, não haveria nenhum equipamento capaz de levantar esses blocos e muito menos de transportá-los por solos irregulares. No entanto, em épocas imemoriais, alguma civilização ou alguém, de alguma forma, realizou essa façanha, e...

– Mostre as imagens! Resolva logo esse assunto! – disse impaciente Lugaleshi, sorvendo um pouco de bebida.

– Sim, majestade.

Sem demora, o chefe dos especialistas se dirigiu para o meio do salão. Com o auxílio da luva paramétrica, ativou novamente a grande tela holográfica, mostrando os impressionantes videorrelatórios feitos meses antes.

– Senhores, o que mostrarei agora são os videorrelatórios feitos pelos nossos assessores.

A enorme imagem no meio do salão mostrava o importante achado. Uma colossal câmara de pedra, sendo explorada por assiriologistas e arqueólogos que, com seus equipamentos de ponta, iluminavam e pesquisavam a curiosa arquitetura. Vários soldados do império cuidavam da vigilância.

No vídeo, os pesquisadores andavam de um lado para o outro. Alguns deles faziam medições e outros permaneciam em bancadas eletrônicas, observando a leitura de dados.

Com o auxílio de avançados microscópios, eles analisavam partículas diversas. No centro da construção, havia um grande tumulto. Cientistas e militares estavam ao redor de uma estranha aeronave prateada.

– Por favor, parem a gravação! – solicitou o coordenador das pesquisas, que continuou em seguida. – Senhores, desculpem interromper essas imagens, mas gostaria de deixar claro o que significa tudo isso.

Todos, em silêncio, prestaram atenção.

– Essas imagens mostram o hangar primitivo onde o Mensageiro escondeu seu pássaro de metal. Terei agora o orgulho de lhes mostrar o veículo aéreo usado pelos antigos! – anunciou ele, sinalizando para a retomada da apresentação.

O vídeo-relatório continuou a ser processado. Os membros da assembleia vislumbraram a aeronave de linhas arrojadas, com inscrições em suas laterais e cujo tamanho era semelhante a um caça de combate.

Em sua incomum fuselagem, havia um desenho prateado de leão, na asa esquerda, e outro de touro, na asa direita. No meio, perto da carlinga de cristal polido, destacava-se um emblema com a cabeça de leão. Raios de eletricidade estática corriam randomicamente por sua curiosa estrutura.

A nave estava pousada com suas quatro rodas no chão, feitas a partir de uma substância amarela translúcida. Dois assentos em seu interior, por debaixo da carlinga, tinham uma composição gelatinosa de coloração azul-celeste.

De súbito, as asas foram suspensas, girando em seus eixos, e encostaram uma na outra. De dentro saíram dois pesquisadores que estudavam o interior da singular aeronave. Os membros da assembleia, assistindo às cenas, ficaram impressionados.

– Por Deus, Vitã, é verdade! O pássaro de metal existe! É uma nave!

– Helena, essa descoberta pode revolucionar o planeta! Caso esse veículo seja capaz realmente de levantar voo, o mundo correrá grande risco, se eles encontrarem a tal Árvore da Imortalidade.
– E será que essa árvore existe mesmo?
– Depois de ter constatado a existência da construção e da aeronave, sou capaz de acreditar em tudo.
– Tudo parece absurdo, Vitã. Estou confusa...
– Essa reunião está começando a ficar arriscada. Vamos tentar obter mais algumas informações e depois sairemos rápido daqui, ok?
– Certo!
Os oficiais permaneceram em suas posições, disfarçados.
Mais uma vez, a gravação era interrompida.
– Senhores, como veem, o tão falado pássaro de metal é na realidade uma possante aeronave alienígena que ficou escondida durante toda a história humana dentro desse silo de pedra – informava o chefe dos pesquisadores.
Todos se espantavam com as explicações e analisavam, perplexos, a imagem da nave na grande tela.
– Nossa equipe, há meses, estuda esse veículo aéreo. E já sabemos vários detalhes de sua composição. Conhecemos, por exemplo, que o mineral da fuselagem e outras partes da nave são feitos com o mesmo tipo que compõe as placas, e que o cristal da carlinga tem uma estrutura molecular muito parecida com o tungstênio. Só não conseguimos descobrir ainda por que ele é translúcido... porém, com o avanço das pesquisas, logo saberemos. Além disso, estamos analisando a estrutura do material gelatinoso dos assentos, que tem como propósito favorecer a neutralização dos efeitos nocivos da gravidade durante os voos.
– Muito bem. Fale mais sobre o mecanismo dessa nave. Ela ainda pode voar? – perguntou, ansioso, Hansemon.
O cientista respirou fundo, olhou para o Imperador e prosseguiu a narrativa.
– Grande Hansemon, essa nave, apesar de contar com materiais exóticos e sistemas internos complexos, é capaz de levantar voo a partir de comandos mentais. Qualquer pessoa, mesmo não conhecendo esses mecanismos,

pode operá-la quase de imediato, se souber as instruções das placas. Esse veículo, em vários aspectos, deixa as nossas mais sofisticadas aeronaves de caça parecendo velhas carroças.

– Isso tudo é muito interessante. Só mais uma pergunta: se ela levanta voo, qual o tipo de combustível utilizado?

Com a mão no queixo, o chefe dos pesquisadores se calou por alguns instantes. Lugaleshi Sharrukin, o Imperador em seu trono, com um sorriso, movimentou a cabeça, dando consentimento ao relator para que prosseguisse sua explicação.

– Grande Hansemon, como havia dito, o material que compõe essa nave é alienígena, desconhecido ainda. Contudo, sabemos que lhe proporciona infinita durabilidade e faz com que seus mecanismos estejam em completa conservação ainda. Respondendo à pergunta, a nave possui em seu interior partes complexas que lembram diminutos reatores de mercúrio, funcionando como formidáveis centros de energia, e que produzem uma violenta descarga semelhante ao plasma. Ainda estamos estudando que tipo de energia é essa. Conseguimos descobrir apenas que a carga liberada durante voo, se fosse transformada em eletricidade, seria capaz de suprir por um mês todas as casas do Oriente Médio.

Alguns participantes aplaudiram e outros ficaram embasbacados.

– Com a carga gerada por esses reatores, o piloto é capaz de interagir e remanejar energia remotamente para toda a nave, por meio de uma pequena peça que denominamos transceptor de energias.

– Mas que incrível! Vocês já testaram a nave? – indagou um empresário curioso na assembleia.

Novamente, o Imperador fez sinal, permitindo o prosseguimento das explicações.

– Sim, já testamos a nave. Conseguimos fazê-la voar de maneira impressionante. Sua energia desprendida é hiperativa. Não há nada nesse planeta que supere sua velocidade, que chega muito próximo à velocidade da luz.

A essa altura, os participantes suspiraram em uníssono, acompanhando os espetaculares relatos.

– Mas os pilotos sentiriam a pressão sobre os seus corpos quando um certo limite da força gravitacional os atingiu? – questionou um militar.

— Sim, você está certo. Mas, por incrível que pareça, o próprio piloto pode corrigir isso com auxílio da aeronave. Como eu disse, ele pode controlar as cargas de energia no interior do veículo.

— Desculpe, poderia tornar isso mais claro para nós? — insistiu o militar.

— O que quero dizer é que o piloto, ao entrar na aeronave e ao se acomodar no assento, coloca na cabeça uma espécie de tiara eletrônica que denominamos transceptor de energias. Com ela, o piloto é capaz de acionar os reatores e todos os mecanismos da aeronave, a partir de comandos mentais.

— Função mental? — reagiu, intrigado, Hansemon.

— Sim, Quarto Conselheiro. A tiara eletrônica torna o próprio piloto um transceptor vivo que recebe e envia cargas energéticas para toda a nave, controlando-a através de um tipo novo de neurotransmissão, de forma bastante amplificada.

A confusão tomou conta do plenário. Muitos dos participantes tentavam fazer perguntas ao mesmo tempo, provocando um ruído desagradável no recinto. Mas a figura do Imperador se fez presente, abafando o caos, berrando energicamente.

— Mostre logo o resultado disso tudo! Creio que todos já estejam cansados de tantos detalhes complicados.

— Sim, majestade.

"Até que enfim esse falastrão egocêntrico irá mostrar o que eu quero. Não aguento mais essa voz.", pensou Hansemon.

As imagens no telão foram reativadas.

— Bem, senhores, agora chegamos ao final dos relatos. Mostrarei a função final dessa aeronave e revelarei a operação que foi executada dentro do silo primitivo.

Movimentando a mão esquerda sobre as holografias, ele adiantou algumas cenas do vídeo-relatório. Clicando em um ícone flutuante, passou a mostrar imagens de um piloto dentro da extraordinária aeronave alienígena, acompanhado por pesquisadores que preparavam o voo.

Os cientistas, com trajes especiais e luvas, cuidadosamente instalaram a tiara eletrônica na cabeça do piloto. Ela foi rápida e cautelosamente acionada.

Por cima desse aparelho, encaixaram um largo capacete de astronauta, que passou a exibir, em sua parte frontal, um emaranhado de gráficos e números.

Do lado de fora do hangar, havia tropas de soldados, caminhões militares e vários cientistas. Dentro de um enorme trailer, os principais oficiais iniciavam a operação de lançamento do veículo aéreo.

O operador de um dos consoles consultou seu painel holográfico e, mapeando a representação do traje do piloto, notou que todas as funções estavam corretas.

– Senhor, lista de status completa.

– Correto – respondeu o tenente dentro do trailer, coordenando a operação. – Oficial, como reage o organismo do piloto?

Outro operador checou, via tela, o estado orgânico do astronauta.

– Senhor, situação estável, sem alterações.

– Certo.

A assembleia continuava atenta às imagens extraídas do vídeo-relatório.

– Verifiquem a temperatura – ordenava o general.

– Graus normalizados, senhor – disse um oficial, olhando sua prancheta eletrônica.

– Pressão interna.

– Em ordem. Dados conferem – respondeu outro oficial.

– Finalizando avaliação orgânica do piloto.

– Certo. Como estão as condições do tempo?

– A meteorologia mostra condições ideais para o voo, senhor – indicou um soldado, olhando para o general

– O quadro é favorável. Senhores, iniciar decolagem.

Então, dois assiriologistas, analisando as placas exóticas do Mensageiro, olharam para o oficial.

– Senhor, iniciando envio de primeiras instruções. Posso prosseguir? – perguntou o general ao Imperador, que assistia a tudo por uma tela projetada.

– Sim, continue – ordenou Lugaleshi.

O astronauta viu as primeiras inscrições que chegaram ao ecrã de seu capacete e escutou as ordens dos tradutores assiriologistas.

– Dê inicio à decolagem. Você tem permissão para ler a primeira faixa de inscrições.

Prontamente, o piloto fez o que os assiriologistas o haviam ensinado durante meses: decifrar, pronunciando mentalmente, as primeiras inscrições cuneiformes.

– Xasagar! Ragaz tel mun! (Viva pássaro do tempo!).

De súbito, as asas da aeronave, que estavam elevadas, se abaixaram, fechando o veículo aéreo. Raios azuis faiscantes saíram de sua parte inferior e percorreram toda a fuselagem. Ouviu-se um ruído mecânico, um zunido, e a incrível máquina extra-terrestre se tornou completamente ativa.

Os membros da assembleia assistiam estupefatos as imagens da incrível operação no vídeo-relatório, que mostravam o início da ascensão do pássaro de metal. Com suas faixas laterais brilhantes, ele flutuou a poucos centímetros do solo, recolhendo suas rodas.

– Senhor, primeira fase concluída com êxito. Aeronave acionada – disse o general ao Imperador na tela projetada.

– Inicie a segunda fase – ordenou novamente o Imperador.

– Prontamente, senhor.

O piloto notou que o veículo havia girado em seu próprio eixo. Um pouco espantado, percebeu uma nova faixa de inscrições que apareceu em seu ecrã.

– Piloto, permissão para a segunda fase. Leia a instrução – ordenaram novamente os assiriologistas.

Sem hesitar, o astronauta se concentrou e pronunciou o seu significado mentalmente.

Ragaz! Laru el ru! (Pássaro! Erga-se ao céu!)

A nave, obedecendo à nova ordem, emitiu uma forte carga energética. À volta, tudo brilhava. Dentro da cabine, o corpo do piloto ficou mais leve sobre o assento especial.

Girando novamente em seu eixo, o pássaro metálico começou lentamente a alçar voo, sendo envolvido por uma espécie de casulo de emanações energéticas azuladas. Ouviu-se um pequeno estampido.

Abruptamente, a nave hiperveloz voou para fora da antiga construção e disparou no céu, deixando em seu rastro resíduos de pura energia. A máquina havia desaparecido em um piscar de olhos!

Todos ficaram impressionados com aquela ação inimaginável. Rapidamente, programaram seus equipamentos para conferir os dados do voo. Todos se espantaram com uma linha vermelha que se formara na representação gráfica do globo terrestre. O fio de luz mostrava a trajetória que a nave havia feito em poucos segundos.

– Senhor, a nave entrou na órbita da Terra e está em posição estacionária – observou o general.

– Mas isso é impossível! – exclamou o Imperador.

– Senhor, a aeronave levou apenas três segundos para chegar a essa posição!

Lugaleshi, tentando acreditar no que lhe fora dito, observou no console a posição do veículo no espaço.

– Espantoso! Como está a estrutura da aeronave? – perguntou o militar para o operador a seu lado.

– Dados mostram que a nave está intacta e não sofreu com a ação da gravidade – relatou analisando simultaneamente centenas de dados em seu painel.

– Isso é muito bom! E os dados clínicos do piloto, como estão?

– Sinais vitais do piloto são estáveis. Funções orgânicas estabilizadas e sistema neurológico sem alteração. Quadro clínico total em ordem.

– Perfeito!

Um controlador de voo se aproximou, chamando a atenção do general.

– Senhor, o piloto fez contato e informa que está fora da Terra e que todos os sistemas estão operativos. Além disso, não sentiu nenhum efeito durante a viagem.

A assembleia, acompanhando o vídeo-relatório, explodiu em um grande aplauso, contando ainda com o brado imponente do Imperador. Vitã também se espantou com as imagens, devidamente gravadas por Helena.

Hansemon era todo alegria, ao perceber que seus sonhos de poder poderiam se concretizar. As cenas da mirabolante operação continuavam a se desenrolar na grande tela projetada, onde o general dava ordens.

– Operador, envie as próximas instruções ao nosso piloto.
– Sim, senhor!
Atônito, o astronauta observava estrelas à volta e o planeta Terra, com seus continentes, oceanos e alguns satélites transitando ao longe. Repentinamente, ele teve a atenção desviada para o novo conjunto de instruções que aparecem em seu ecrã, e escutou a voz do controlador.
– Por favor, não faça nada por enquanto. Aguarde instruções – dizia o general. – Senhor, posso prosseguir? – perguntou ao Imperador. – O piloto recebeu a terceira sequência de comandos, esperando ordens. Posso proceder?
– Certo, esse novo comando será o mais importante e fará com que a nave encontre a posição da Árvore. Continue a operação.
– Permissão concedida.
Mais uma vez, os pesquisadores orientaram o piloto. O astronauta respirou fundo e, com frieza no olhar, seguiu as inscrições em seu ecrã, lendo mentalmente o seu significado.
– Ragaz! Or nodu, ardin ivex! (Pássaro! Vá para a Árvore do Tempo!)
Produzindo um estampido, a aeronave se deslocou de sua posição estacionária no espaço e deu um mergulho alucinante na direção da Terra. Ela ultrapassava facilmente as camadas da atmosfera terrestre e se posicionou com extrema velocidade a poucos metros do solo, em uma região conhecida no planeta.
O pássaro da antiguidade finalizou seu voo, sendo observado pelos operadores, que registravam sua trajetória e ficavam espantados em razão do local onde havia aterrissado.
O piloto se comunicou com a base de controle. Está apavorado e pedindo ajuda. Ao mesmo tempo, transferiu as imagens que via para a base. A aeronave havia parado por cima de uma surpreendente área militar dentro de uma imensa floresta verdejante, protegida por aparatos militares.
Naves de caça sobrevoavam todo o perímetro, fazendo a vigilância do espaço aéreo. Porém, o que mais chamou a atenção naquele lugar foi uma formidável arquitetura em forma de torre, de grandes proporções.

23

Fuga de Abisinia

Ninguém conseguia acreditar no que via.
– Senhor, confirmando a posição da aeronave.
– Certo. Prossiga! – ordenou o general.
– Senhor, meus dados mostram que a aeronave estacionou ao lado de uma torre de duzentos andares. Ela está em uma área militar, denominada Codajás, dentro da Amazônia brasileira.
Os militares ficaram em alvoroço, ao descobrirem que aquele lugar era a base-torre de Codajás.
– O piloto está apavorado, pedindo ajuda! – disse o operador.
– Abra o canal, por favor – solicitou o general.
– Base, preciso de ajuda! Minha nave foi localizada. Há uma esquadrilha de caças brasileiros vindo em minha direção. Repito! Preciso de ajuda urgente!
– Como devemos proceder? – perguntou um oficial.
– Tenente, tire o nosso homem da área e marque a localização. Agora já sabemos as coordenadas geográficas da árvore – ordenou o Imperador.
Prontamente, o operador da base secreta se comunicou com o condutor da aeronave.
– Ordem superior. Saia dessa região, agora. Leia a segunda instrução! – ordenou o operador, ativando a segunda faixa de inscrições no capacete do piloto.
Sentindo a ameaçadora aproximação dos caças, o piloto se concentrou e procedeu a leitura mental das enigmáticas frases.
Ragaz! Laru el ru! (Pássaro! Erga-se ao céu!).
Então, a aeronave se retirou rapidamente do espaço aéreo brasileiro, para ficar em órbita da Terra. Nesse momento, as imagens do vídeo-relatório

terminaram. E na assembleia, ouviu-se um intenso burburinho. O Quarto Conselheiro se levantou ansioso.

– Pelos deuses! A Árvore mágica existe mesmo! Está dentro da base-torre de Codajás?

– Exato, Quarto Conselheiro. Esse é o segredo de nossa reunião – revelou Lugaleshi, com a face serena.

Todos ficaram assombrados. Começou, então, um grande debate entre os participantes.

– Meu Deus! Confesso que estava preparada para essa revelação, mas saber que a tal árvore está dentro da base-torre já é demais para a minha cabeça – cochichou Helena, através do comunicador do capacete.

– Tudo é muito complexo, Helena. Se essa árvore existe mesmo, o que faz dentro de nossa base? E como não sabíamos disso? – questionava Vitã.

– Major, não temos como fugir dos fatos. Precisamos entrar em contato com o comandante e avisá-lo sobre a situação rapidamente.

– Mas como? Se acionarmos um link, ativarmos um sinal, e poderemos ser descobertos pelos satélites de vigília.

– Tem razão. Temos de tentar sair daqui, primeiro. Não sei como faremos.

– Vamos esperar uma oportunidade. Creio que, tão logo essa reunião termine, poderemos sair– concluiu Vitã.

– Certo.

Lugaleshi Sharrukin, em seu trono, ativou novamente um sinal sonoro e atraiu a atenção dos participantes.

– Senhores, como todos já sabem, estamos diante da maior de todas as descobertas. A Árvore da Imortalidade, que nos dará poder e riquezas pela eternidade, existe! Creio que agora todos estejam ansiosos para comer desta preciosa árvore e obter a vida eterna, estou certo?

Alguns dos membros da assembleia voltaram a ficar alvoroçados e meio a alegria de varios empresários e militares.

– Majestade, também temos direito sobre ela! Por que somente o Brasil detém esse direito? Isso não é correto!

Um outro membro se manifestou, em alta voz.

– Você está certo! Que direito o Brasil tem de esconder esse patrimônio mundial?

Um gordo partidário se levantou, furioso.

– Esse país não deveria ter escondido essa incrível riqueza do resto do planeta. Isso é um roubo! Acho que poderiam ter nos avisado sobre sua existência.

Outros participantes indignados se levantaram, um após o outro, fazendo várias perguntas ao mesmo tempo e gerando o caos no recinto. Lugaleshi voltou a chamar a atenção de todos, como forma de eliminar a confusão.

– Senhores, acalmem-se! Já tenho meus planos e creio que todos concordam comigo. Como eu disse, temos dados concretos sobre a localização exata dessa árvore. E já tenho uma estratégia de busca.

Nova agitação se fez ouvir.

– Por favor, senhores, calma! Eu e minha equipe de generais, com a ajuda de nosso agente em Codajás, conseguimos criar um formidável plano de ataque... mas para que possamos pô-lo em prática é necessária a colaboração de todos.

Os membros da assembleia ficaram supressos. Vitã e Helena ficaram espantados com o que acabaram de ouvir. Hansemon sorriu, ouvindo o Imperador.

– Se decidirmos atacar a Amazônia, poderá haver retaliação por parte dos aliados europeus, e muitos de nossos setores seriam prejudicados. No entanto, precisamos decidir o que fazer em relação a essa descoberta. Confesso que, com o novo plano de invasão, já deixei a maior parte de nossas forças armadas de prontidão. Sei que causaremos uma revolução no planeta com tal atitude e poderemos enfraquecer muitos de nossos departamentos a princípio. Mas também creio que, quando as provas vierem à tona, muitos países nos seguirão. Então, senhores, vocês não acham que seremos grandes vitoriosos com os aliados e o poder em nossas mãos?

Após um breve momento de silêncio, a assembleia estourou em fortes aplausos. Todos sabiam que o Imperador Lugaleshi Sharrukin era um grande conquistador e naquele dia se mostrara democrático. Portanto, não seria bom contrariá-lo.

– Muito obrigado, senhores. Interpretarei esses aplausos como um voto de confiança. Darei agora andamento à operação. Boa parte de nossas forças está de prontidão, aguardando meu sinal para invadir a base de Codajás e retirar daquele local a árvore do poder.

Partidários políticos e empresários aplaudiram incessantemente o poderoso líder.

— Vamos pôr em prática os planos de invasão — confirmou Lugaleshi, que passou a transmitir ordens, conversando com um oficial através de seu comunicador.

Helena e Vitã se mostravam perplexos com os acontecimentos. Fechando com força o punho direito, Vitã se revoltou, ao saber que sua base seria invadida. Porém, nada podia fazer no momento, a não ser escutar as palavras do inimigo.

Militares conversavam em rodas de discussão. Serviçais andavam pelo salão, oferecendo vinhos e guloseimas aos presentes. Vitã e Helena, ainda indecisos quanto às ações imediatas, tentavam fingir que nada ouviram. Balançavam seus incensários e registravam todo o conteúdo da reunião. Hansemon, ao lado do Imperador, acompanhava atento a tudo.

Saboreando um canapé e tomando um gole de vinho, o Imperador retomou a palavra:

— Conforme disse, o sinal já foi dado. A maior parte de nossas aeronaves de combate estão sobre o oceano, esperando pelo meu comando — Apontou e prosseguiu. — Invadiremos a Amazônia brasileira com com um grande contingente de nossas forças armadas. E como será uma operação de grande porte, escolhi a pessoa mais indicada para liderá-la.

A curiosidade pairou no ar.

— Convoco o senhor Hansemon Hadad, nosso Quarto Conselheiro, para comandar essa importante operação em solo inimigo — anunciou o Imperador, pousando a mão sobre o ombro de Hansemon.

Surpreso, o Conselheiro reagiu:

— Majestade, fico honrado com vosso pedido. Meu coração se enche de alegria, em poder liderar a maior de todas as missões. Isso é uma grande honra para mim — declarou ele, com semblante sereno, escondendo suas verdadeiras intenções.

– Meu estimado Hansemon, confio em sua liderança. Todos conhecem seu trabalho. Essa missão foi entregue aos seus cuidados por motivos óbvios. Não preciso repetir o que foi dito sobre seu desempenho de liderança, estou certo?

– Sim, majestade, agradeço mais uma vez.

– Pois bem. Podemos, então, nos considerar preparados para invadir a Floresta Amazônica, e dela retirar seu patrimônio mundial... a grande árvore milenar. Iremos mostrar ao mundo o que estava escondido de seus olhos há muito tempo.

O clima na assembleia era de total satisfação. Vitã trincou os dentes. A raiva surgiu estampada em seu rosto. Helena estava visivelmente preocupada com tudo aquilo que ouvira.

– Majestade, desculpe minha ansiedade, mas gostaria de saber quando e como será dado início a essa operação.

Meu caro Hansemon, já foi dado... – gargalhou ele –...não se preocupe com isso agora. Daqui a pouco, você terá de partir. Fique tranquilo.

"Até que enfim, esse maldito egocêntrico me deu uma brecha, facilitando minha vida. Se essa árvore realmente existir, poderei usurpar seu trono com mais facilidade. Me aguarde, maldito! Seu dia está chegando!", pensava Hansemon.

– Cavalheiros, espero ter agradado a todos, mostrando os segredos milenares e a riqueza que iremos adquirir em breve. Porém, antes de irmos embora, gostaria de apresentar-lhes a nova aquisição de nossas forças armadas... uma pequena diversão bélica.

Os participantes ficaram sob expectativa.

– Vejam uma das maravilhas da biotecnologia: os clones transgênicos de combate!

Lugaleshi acionou um pequeno mecanismo no encosto de seu trono tecnológico. Luzes iluminaram a área externa do templo, anulando a penumbra e mostrando que, atrás das imensas janelas envidraçadas, havia uma espaçosa arena retangular, sustentada por várias colunas.

Decorada com motivos de guerra em baixo relevo, mostrava cenas de morte, onde figuras humanas, em tom azul escuro, empunhavam espadas e enfrentavam feras em carruagens bélicas, emolduradas por símbolos astrológicos.

Em volta da arena, sentinelas armadas, trajando pesadas armaduras eletrônicas, permaneciam em posição de sentido. De Súbito, enormes grades foram erguidas. Dos corredores escuros surgiu um grupo maltrapilho de escravos. Com pedaços de panos sujos amarrados aos corpos, muitos deles exibiam ferimentos.

Então, Os prisioneiros foram empurrados para dentro da arena pelos soldados do império. Alguns deles, cambaleantes, berravam de dor. Um a um, caminhavam para o centro da arena. Os guardiões se retiraram, fechando as grades.

De uma sacada, o Imperador, o Quarto Conselheiro e toda a comitiva conseguiam ver os escravos por um ângulo melhor. Vitã e Helena acompanhavam o sacerdote e os monges.

Com cautela, ambos se distanciaram estrategicamente do grupo e observaram a terrível movimentação dentro da arena. Com o terror estampado nos rostos, os prisioneiros ouviram o ruído metálico de grades se abrindo.

A expectativa e o medo aumentaram. Ouviu-se um barulho assustador de cascos de cavalo contra o solo, indo em direção às infelizes figuras. No centro da arena, os escravos, espremidos uns contra os outros, ao ouvirem as passadas, tentaram fugir em sentido contrário. Foi quando surgiram três horrendas criaturas.

As bestas pareciam famintas e enlouquecidas, e avançaram determinadas, os homens apavorados, fugindo da morte. Um dos prisioneiros, gravemente ferido, não conseguiu acompanhar o grupo.

Enfraquecido, tombou, suplicando socorro a seus companheiros. Como último recurso, tentou se reerguer, mas em vão. Uma das feras, semelhante a um crustáceo gigante, agarrou o maltrapilho pela cintura e ficou olhando para ele, curiosa. Aproveitando-se disso, outro monstro pulou, posicionando-se em uma atitude desafiadora ao crustáceo, para tentar disputar a presa. O ser largou a vitima e, de imediato, atacou o oponente, o prisioneiro aproveitando a chance e correndo para atrás de uma coluna.

Em poucos minutos, mas e mais feras digladiavam entre si.

A assembleia vibrava de alegria. Vitã, transtornado, tentou agir, mas foi contido por Helena que, de olhos arregalados, o segurou pelo braço.

– Vitã, calma! Não podemos fazer nada por enquanto. Há muito mais vidas em jogo! – disse ela, nervosa.

Com ódio estampado no rosto, o major assistia com seus olhos semicerrados ao espetáculo de horror. O terceiro monstro transgênico tinha cascos de cavalo, aparência de lobisomem e garras afiadas. Ele chamou a atenção dos outros dois seres que brigavam para a necessidade de avançar e garantir a janta do dia.

Os escravos aproveitaram a confusão e correram para o fundo da arena, mas foram coagidos a sair da posição pela matilha de monstros e, mais uma vez sem opção, correram em bandos. Perturbado pelo terror, um dos fugitivos perdeu o controle e caiu de joelhos, se distanciando dos demais.

– Não, eu não quero morrer assim! Por favor, me ajudem, façam alguma coisa! Eu não quero morrer assim! – berrava o rapaz, em transe, desesperado.

Porém, ninguém conseguia ouvir suas súplicas. Seus gritos serviram para atrair ainda mais a atenção de um bizarro lagarto bípede. O Imperador e o Conselheiro acompanhavam os acontecimentos às gargalhadas, entre boas goladas de vinho, junto aos demais presentes, que faziam questão de ridicularizar o estado dos prisioneiros.

Um dos escravos, que aparentava ter sessenta e poucos anos, enrolado em trapos e curativos, se compadeceu do rapaz e, corajosamente, correu em sua direção para tentar ajudá-lo.

– Vamos, garoto! Temos de ficar juntos! É o único meio de tentarmos sobreviver neste lugar! Venha! – disse, retirando um pano enrolado em sua cabeça para amarrar o braço machucado do jovem.

– Senhor, não vamos sair dessa arena com vida! Ainda sou jovem para morrer! Não quero morrer assim! – respondeu o garoto, em prantos, sob a ameaça da aproximação da fera.

Inconformado com tanta injustiça, Vitã percebia o perigo que rondava os dois coitados no meio da arena, prestes a serem atacados. Então, um pequeno sinal luminoso alertou o major. Ele olhou em seu ecrã alguns gráficos.

A imagem de um homem cintilou à sua frente.

– Major Vitã, esta pessoa corresponde à representação do alvo encontrado – informou UN-1, com sua voz metálica.

Neste exato momento, o major descobriu que o senhor que ofereceu ajuda ao rapaz e que estava prestes a morrer era Balbílio, pai de Bartolo e Grispin. O monstro bípede farejou o ar e expeliu um líquido viscoso pela cavidade bucal, pronto para dar o bote.

Balbílio, por sua vez, ao perceber que a morte era inevitável, tomou a frente do rapaz, protegendo-o das garras da besta. O lagarto de dois metros e meio começou sua acrobacia mortal.

Os membros da assembleia e o Imperador se divertiam com o "show improvisado".

– Malditos! Podem rir agora! Matem-nos, mas fiquem sabendo que não irão escapar da ira de Deus! Que suas almas infelizes apodreçam no inferno! – gritou o corajoso senhor, com ódio, encarando a morte de frente.

Sem nenhuma ameaça ao redor, o ser transgênico partiu para fazer vítimas. Ele correu e saltou, em seu voo mortal, projetando as garras à frente e mirou para acertar o pescoço de Balbílio.

Porém, mal pousou na vítima, a fera teve sua atenção distraída por um vibrante assovio. Uma esfera de energia azulada voou como um raio por dentro da arena, colidindo violentamente contra o monstro.

O impacto fez com que o lagarto rodopiasse no ar e caísse ao solo, urrando de dor. O Imperador, instantaneamente, mudou o semblante, largando a taça de vinho.

Hansemon nada entendeu. A assembleia ficou estática. Todos queriam saber o autor do ataque. Foi quando o líder e alguns assessores perceberam a presença de um monge na arquibancada, ao fundo, com arma em punho. Era o major Vitã, escondido atrás de um capuz, deferindo novos disparos.

Com isso, o Imperador foi dominado por uma louca raiva.

– Quem é esse miserável que ousa eliminar minhas feras? Guardas, peguem esse maldito! – berrou, transtornado, saindo da sacada.

Rapidamente, Vitã correu, disparando contra as sentinelas. Helena o seguia, também atirando e ferindo vários guardas, apesar das armaduras resistentes. Os escravos, contentes com a aparição de um "salvador", aproveitaram a ocasião e se aproximaram das grades, tentando levantá-las. Contudo, muitos foram alvejados por projéteis energéticos.

Balbílio, sabendo que tinha escapado da morte, ergueu o jovem que havia acabado de salvar e o puxou para perto dos outros prisioneiros.

– Revestimento! – ordenou Vitã ao sistema de proteção, fortalecendo sua armadura.

O monstro com formas de lagarto partiu para cima do major. Helena, notando o grave risco que corria Vitã, pulou pela arquibancada, apontando seu multifuzil, que lançou projéteis de alta precisão.

Os artefatos atingiram as costas da aberração, e sua fantástica queda estremeceu o solo. Vitã atirou para o alto em direção aos soldados inimigos e correu arena afora, indo de encontro aos escravos.

Porém, algumas sentinelas tentaram alcançá-lo. Helena abriu fogo contra eles e ativou também a energia de sua armadura. Ao se aproximar do combalido grupo de prisioneiros, o major agarrou Balbílio, o empurrando para sua retaguarda. Rajadas de munição pesada cortavam o ar.

– Vamos! Vamos! Rápido! – ordenou Vitã.

– Mas quem é você? Agradeço por me salvar!

– Não há tempo para conversarmos! Temos de sair daqui! – advertiu o major, disparando contra os inimigos, que caiam ao solo, com as armaduras danificadas.

Helena sofria um ataque massivo de rajadas que ricocheteavam em seu traje. Sem recuar, foi de encontro aos prisioneiros. Mesmo apavorados, eles conseguiram ver uma ponta de esperança para se salvarem. Juntos, uniram forças para levantar as grades. E a ação gerou resultados. Desesperados, os escravos realizaram sua fuga em massa.

– Maldição! Homens, matem todos! Matem todos! – gritou Lugaleshi dentro do templo, transmitindo a ordem por seu sistema de comunicação.

Pelotões de pequenos robôs batedores com aspecto de aranhas metálicas saíram dentro da arena indo de encontro aos escravos. fazendo disparos incessantes. O fogo inimigo ricocheteava na armadura tecnológica de Vitã, que servia de escudo para alguns fugitivos.

Helena se aproximou de Vitã para reforçar o ataque.

Vitã empurrou Balbílio e parou perto dos escravos que fugiam. Com mira infalível, ele fez novos disparos, atingindo e destruindo vários batedores metálicos que se aproximavam rapidamente. De repente, o escudo protetor de Helena começou a apresentar problemas brilhando cada vez mais.

– Vitã, o campo energético do escudo está enfraquecendo. Temos de sair daqui!

– Certo! Leve Balbílio. Eu garanto a sua retaguarda.

Helena rapidamente mirou o multifuzil em direção as grades principais e fez um potente disparo que abriu um espaço suficiente para fugirem. Muitos deles saíram se arrastando pelo chão ou alcançando o corredor interno. Outras grades foram abertas simultaneamente, dando passagem a centenas de soldados. As feras sobreviventes ficavam estáticas e coagidas, diante da artilharia.

– Helena, vamos sair daqui agora! – decidiu Vitã, empurrando Balbílio e sua companheira para a saída debaixo das grades.

O alvoroço dos escravos continuava. O casal de oficiais correu e levou consigo Balbílio para o corredor de onde tinham vindo. Alguns dos prisioneiros, ao tentarem fugir por zonas arriscadas, foram atingidos instantaneamente por soldados que vinham pelo corredor.

Em meio à confusão, Vitã, Helena e Balbílio alcançaram a passagem de saída e ingressaram na câmara de pedra. Sentinelas se aproximavam rapidamente.

– Helena, ajude Balbílio, que eu cuido dos soldados.

– Mas Vitã...

– Não se preocupe, estou com o multifuzil.

– Tenha cuidado!

Helena levou o pai de Bartolo e Grispin para os fundos da câmara e o ajudou a descer pela rampa de pedra. Vitã, ajoelhado atrás da porta de entrada, viu os soldados se aproximando.

– Granadas de luz! – disse, acionando o sistema.

A espetacular arma tecnológica emitiu um pequeno ruído e expeliu os formidáveis projéteis luminosos.

– Disparo sequencial!

O multifuzil se retraiu, destacando pequenos canos em sua lateral se configurou em forma de metralhadora pronto para o lançamento. Vitã pulou de seu esconderijo e mirou as cruéis sentinelas. Em seguida, fez vários disparos, dando cambalhotas. Os inimigos foram pegos de surpresa pela arma metralhadora e tombaram, com suas armaduras danificadas.

Vitã novamente havia salvado prisioneiros e atrasado o inimigo. Sem pestanejar, correu para a câmara, desativou sua armadura e colocou a arma a tiracolo, rastejando rapidamente pela rampa de pedra.

– Vitã! Vitã! – chamou Helena, preocupada.

– O que houve? – perguntou o major, chegando à pequena caverna, onde sua companheira se protegia.

– Veja! – Ela apontou para frente, tentando chamar a atenção de Vitã.

– Não! Não pode ser! O que vocês estão fazendo aqui? – indagou Vitã, nervoso, ao presenciar Bartolo e Grispin abraçados ao pai.

– Senhor, nos desculpe, mas não deu para ficarmos do lado de fora. Há homens com robôs de três pernas rondando a floresta – informou Bartolo.

– Certo, mas vamos embora daqui. Não há tempo a perder. Eles estão em nossa captura.

Bartolo se abaixou, saindo da estreita passagem e indo para a pequena ponte de pedra, dando apoio a seu pai, também sob os cuidados de Grispin. Logo, o grupo chegou à cachoeira. Havia muita umidade e lodo. Helena orientou Balbílio sobre os perigos do lugar e o ensinou a andar corretamente. Vitã fez a retaguarda, segurando Grispin à frente.

– Vamos, pessoal, devagar! – disse a major.

O grupo ingressou mais uma vez no arriscado caminho por trás das quedas d'água. Havia um mau cheiro no ar, mas nada disso parecia importar. O perigo maior vinha ao encalço dos aventureiros.

Ao olhar para seu ecrã, Vitã viu centenas de corpos orgânicos rastejando e se deslocando lentamente pela rampa da câmara. Alguns, já de pé, apontavam armas em sua direção.

– Os soldados se aproximam! – alertou Vitã.

E mais disparos foram realizados contra o major e seus companheiros.

– Revestimento! – pediu Vitã ao sistema, que automaticamente o protegeu.

Por pouco, Vitã não foi atingido pelos projéteis luminosos que ricochetearam em sua armadura. O impacto do ataque quase o lançou ao abismo negro. Investindo em toda sua força, ele se agarrou à borda de pedra da cachoeira. Firmando-se, apontou o multifuzil, configurado como metralhadora, e segurando com o braço direito a arma e auxiliado pelos alvos em seu ecrã, disparou precisamente contra os inimigos, revidando o massacre impiedoso.

– Malditos! Malditos!

A mira perfeita de Vitã acertou quatro atiradores de uma única vez, todos tombando ao solo, atordoados.

– Vamos, andem depressa! Eles estão atacando! – ordenou Vitã, disparando contra as sentinelas.

O grupo se esforçou ainda mais para tentar encontrar o outro lado da passagem. O major continuava a investir contra os soldados, derrubando um que insistia em sair da estreita via.

Uma rajada de projéteis luminosos acertou em cheio os oponentes. Utilizando o multianalisador, Vitã percebeu que a primeira leva de soldados fora bloqueada.

– Com cautela, Helena! Temos de sair daqui, pois logo estarão em nosso encalço novamente!

– Voltem! Voltem! Voltem! – gritou a oficial, desesperada.

Com isso, todos em pé, no estreito caminho de pedra por trás das quedas d'água, ficaram apavorados.

– O que houve, Helena? Você está bem? – indagou Vitã, sem nada entender.

– Meu sistema mostra batedores!

– UN-1, ativar multianalisador!

Sem perda de tempo, o major, por meio de rastreadores e do visor de seu capacete, localizou formas metálicas que se aproximavam à frente.

– Recuem! Recuem! – pediu Vitã, nervosamente.

Tentando escapar do perigo iminente, Helena começou a retroceder. No entanto, já era tarde. Um dos batedores penetrou por trás da queda d'água, aparecendo a sua frente.

Imediatamente, ela fez um disparo, mas o robô, analisando os movimentos da oficial, se esquivou com precisão inimaginável. Helena se desequilibrou e caiu de costas para trás.

O trípode metálico aproveitou o momento e fez uma averiguação do grupo, usando os gráficos de seu sistema. Concluiu que todos representavam grande ameaça. Como resposta, apontou sua arma, que começava a brilhar.

– Abaixem-se! – gritou Vitã.

O major acionou seu multifuzil contra o batedor metálico. Como em um duelo, ele agiu com mais rapidez e conseguiu disparar o projétil de precisão na frente, que atingiu o robô em cheio que explodiu.

Agarrado nas frestas de pedra, Vitã passou com dificuldade por Balbílio e pelos garotos, e socorreu Helena, que começava a se levantar.

– Centenas dessas máquinas estão vindo em nossa direção! – alertou Vitã, ajudando sua companheira a ficar de pé.

Mas ao tentarem recuar, Helena e Vitã tiveram uma ingrata surpresa. Eles viram mais inimigos atravessando a rampa. Estavam no final da descida.

– Daqui a pouco vão disparar! Os robôs estão entrando na cachoeira! – disse o major.

Definitivamente, Vitã e seu grupo estavam encurralados!

– E agora, Vitã? Estamos perdidos!

– Helena, pessoal, não temos outra alternativa. Vamos pular!

– O quê? – indagou Balbílio, apavorado, segurando o braço de Grispin.

– Confiem em mim! Essa queda nos levará para fora da montanha. Eu já analisei as coordenadas. É uma espécie de escorregador gigante.

– Mas, major, podemos morrer! – gritou Balbílio.

– É a nossa única chance! Não há tempo para discussões! Helena, segure Bartolo! Eu fico com Balbílio e Grispin.

Os soldados começaram a sair da câmara e fizeram novos disparos. Do outro lado, três batedores-aranhas caminhavam na ponte de pedra.

– Helena, agarre Bartolo e pule!

Os inimigos vinham de todos os lados. O major, com seu revestimento ativado, abraçou forte Balbílio e Grispin e deu um salto no abismo negro, acompanhando a queda d'água.

– Helena, faça a mesma coisa!

Sentindo a morte lhe cercando, ainda com sua precária armadura energética ativada, a oficial agarrou Grispin e pulou. Os inimigos acompanharam atônitos, aquela ação suicida.

Gritos de loucura e de insanidade invadiram a escuridão. O desespero se misturou à potente massa d'água. O encontro com a morte era um pesadelo infindável. Berros esganiçados e alucinados.

Escorregando, quase inconscientes, pelas paredes lisas da caverna, os oficiais e seus acompanhantes foram tragados por um longo tubo de pedra polida, por onde a água passava com extrema velocidade, sufocando a respiração humana. Sua força impiedosa os mantinham agarrados, sem que pudessem saber se sairiam dali com vida.

Após segundos – que pareceram horas – de tortura mental e física, uma pequena claridade surgiu no claustrofóbico inferno. As águas finalizaram seu trajeto, expulsando o grupo da montanha, até chegar ao leito manso de um lago cristalino.

Com a respiração comprometida, Vitã emergiu em um acesso de tosse e palpitação. O pai dos garotos resfolegava bastante fraco e cansado, mas logo ganhou a assistência do major. Helena engasgou-se por ter bebido grande quantidade de líquido.

– Pensei que fôssemos morrer... – confessou ela.

Grispin e Bartolo estavam desacordados. Os oficiais os carregaram nas costas, tentando manter suas cabeças erguidas. Todos estavam muito exaustos e tentavam sair do profundo lago. Os garotos acordaram em seguida.

– Todos estão bem? – perguntou Vitã com água até o pescoço.

– Estou melhorando, senhor – respondeu Grispin, com a voz enfraquecida.

– Meus Deus! Pensei que o senhor quisesse nos matar! – disse o pai dos garotos, em espanhol arrastado.

– Não há tempo para conversas! – interrompeu o major. – Helena, precisamos entrar em contato com a torre de Codajás e informar o que está acontecendo aqui.

– Certo, eu cuido disso.

Helena tentou se comunicar, mas sentiu dificuldades.

– Vitã, eu não consigo abrir um canal com a torre.

– Droga! Eu sabia! Eles devem estar rastreando e bloqueando comunicações nessa área. Temos de ir para a nave o quanto antes!

Mal Vitã acabara de falar, e três esfero-câmeras saíram da mata, sobrevoando suas cabeças, velozmente.

– Essas malditas câmeras de vigilância vão nos denunciar! Vamos embora, rápido!

O grupo começou a nadar para a margem do lago, mas, neste momento, uma intensa movimentação foi ouvida dentro da floresta. Ouvia-se o ruído perturbador de galhos se quebrando, berros humanos e a revoada de pássaros espantados.

Então, o pior aconteceu: do interior da mata surgiram dezenas de batedores-robôs, que apontavam suas armas para os fugitivos.

– Maldição! Fiquem todos parados! Não façam movimentos bruscos! – alertou Vitã.

– Senhor, esse é o grupo que rondava a floresta!

– Certo, Grispin, fique quieto! – pediu Vitã, percebendo que havia perdido suas armas durante a queda.

Antes que Vitã pudesse ter uma nova ideia, oficiais surgiram da floresta, apontando rapidamente suas armas e fixando o olhar para o grupo dentro do lago.

– Pensaram que iriam escapar tão facilmente daqui, senhores? – O Imperador vai ficar muito feliz com essa captura – falou o oficial que liderava a tropa de militares inimigos, dando gargalhadas e usando o tradutor de seu capacete.

Sentinelas e batedores, em uma das margens do rio, mantinham o grupo dentro d'água, sob sua mira. O líder do pelotão, sem perda de tempo, utilizou o sistema de comunicação de seu capacete para entrar em contato com o Imperador que, a essa altura, já deixara o templo subterrâneo, visivelmente nervoso, acompanhado pelo Quarto Conselheiro.

– Senhor, pegamos os inimigos! Conseguimos localizar os invasores quando tentavam escapar pela cachoeira!

– Muito bem, oficial! Bom serviço! – elogiou o Imperador, caminhando com sua comitiva por dentro dos corredores do templo.

– O que faço com eles agora, senhor?

Lugaleshi ficou pensativo e silencioso por algum tempo.

Dentro do lago, Helena, Balbílio e os garotos olhavam preocupados para o major que, disfarçadamente, passava a mão nas costas de Helena, por debaixo d'água, tentando encontrar algum armamento.

– Droga, Helena! Perdemos nossas armas durante a queda! – sussurrou ele, revoltado.

– Eu sei disso! O que podemos fazer?

– Nossa única chance é o resgate. Tente dar o sinal. Meu traje está danificado.

Helena bateu em seu peito. Um pequeno sinal luminoso foi ativado. Dentro do submundo subterrâneo, ao vagar pelos corredores, Lugaleshi Sharrukin conversava com Hansemon.

– Conselheiro, esses oficiais blasfemaram gravemente contra nosso império. Humilharam-nos em nossa própria casa. Fizeram o que ninguém antes ousou fazer. Destruíram minhas novas invenções e me envergonharam perante meus súditos. E o pior de tudo, descobriram nossos segredos sobre a árvore do milênio. Eles não poderão levar essa informação a lugar nenhum, ou irão atrapalhar nossos planos!

– Majestade, o senhor está coberto de razão! Eles nos prejudicaram muito! – reforçou Hansemon.

– Meu estimado Conselheiro, pela ira que causaram e pelos motivos que acabo de relatar, eu os declaro culpados e os sentencio à morte! Que assim seja. Dê ordens para que nossos homens exterminem esses parasitas. E que a execução seja técnica, seguindo os preceitos de nossas leis.

– Ordem recebida, majestade! Repassarei ao oficial de campo – confirmou Hansemon, já se comunicando com seus assessores. – É meus caros, pensei que ia pegá-los e torturá-los, mas os soldados darão cabo de vocês!

Empresários, políticos, militares e todos os súditos em torno do Imperador se mostravam satisfeitos e contentes ao ouvirem as palavras do líder supremo. Eles sabiam que estavam prestes a se livrar de um grande problema.

Na área do lago, o oficial acabara de receber a informação repassada pelo Conselheiro.

– Pessoal, a notícia que tenho não é nada boa. Infelizmente, não deram sorte. Nosso Imperador não quer que vocês vivam nem mais um minuto – informou, irônico, o comandante, e arrematou em tom sarcástico: – Pois bem, a história é essa. Sem final feliz. Preparem-se para conversar com os deuses!

Os soldados davam gargalhadas.

– E aí, pessoal? Querem falar alguma coisa antes de morrer? O tempo está acabando! – perguntou o sargento.

Vitã, com ódio mortal estampado em seu rosto, olhou para os inimigos.

– Vocês não passam de meros covardes! Se me dessem alguma arma, acabaria com vocês facilmente!

–Pessoal, o nosso amigo aqui é bem atrevido, hein? – zombou o sargento, feliz com a captura.

Cruéis, os soldados permaneceram rindo da situação.

– E aí, Helena? Conseguiu dar o sinal de alerta? – sussurrou Vitã.

– Sim, consegui. Está a quinhentos metros daqui e se aproximando rápido.

– Ótimo!

– Bem, vejo que não querem dizer suas últimas palavras. Portanto, digam adeus à vida, senhores! O espetáculo vai começar! – bradou, neuroticamente, o líder dos militares.

– Certo! Certo! Já que insistem, direi minhas últimas palavras. – disse Vitã, enxergando, em seu ecrã, um grande ponto luminoso voando velozmente em sua direção.

– Diga logo, infeliz! Não temos o dia todo!

– Bom, já que insiste... Vão se ferrar! – gritou Vitã a plenos pulmões.

– Homens, matem estes vermes! – ordenou o oficial maligno.

– Mergulhem! – ordenou Vitã, puxando Helena para dentro d'água.

Balbílio e os garotos obedeceram.

As sentinelas apontaram suas armas. Mas antes mesmo que os disparos fossem feitos, um forte assovio se fez ouvir. E depois, um pequeno estrondo seguido por uma luz vinda do céu, em movimento descendente.

Os inimigos olharam para o alto. Foi quando uma enorme bola de fogo caiu bem à frente. O pequeno míssil, ao colidir com o solo, gerou uma forte explosão, jogando para o alto os militares e os robôs.

Após alguns segundos, o caos cessou por completo. Vitã, Helena, Balbílio e os garotos emergiram da água e observaram atemorizados, uma pequena cratera que se formara no local onde se concentrava a tropa de ataque.

Antes que o velho Balbílio e seus filhos pudessem imaginar quem havia lhes salvado a vida, o grupo escutou um som agudo a seu lado, formando marolas.

Uma forma enigmática e reluzente apareceu do nada progressivamente sobre o lugar onde estavam.

– Meu Deus! O que é isso? – perguntou Balbílio, entusiasmado ao ver uma aeronave flutuando sobre as águas.

– Essa é a SIB 41... a nave de inteligência artificial. Demos um sinal de alerta, um código de resgate, e ela salvou nossas vidas...– explicou Vitã.

– Por Deus!! – comemorou, emocionado, Balbílio, abraçando seus meninos.

– A vitória ainda não chegou. Temos de prosseguir. Há mais inimigos espalhados por aí – disse Vitã.

A espetacular aeronave de combate SIB 41, sem camuflagem, pairava com precisão sobre o grupo. Helena foi a primeira a embarcar e ajudou os garotos. Vitã apoiou e empurrou Balbílio para dentro. Por fim, o major tomou impulso para ingressar no veículo.

De repente, um imprevisto aconteceu.

Um dos batedores metálicos, que conseguira sobreviver à explosão, ativou os sistemas de defesa e, se apoiando precariamente em suas patas metálicas, disparou pequenos projéteis de energia contra a aeronave.

Ao perceber o perigo em cima da hora, SIB 41 automaticamente girou em seu eixo e contra-atacou, emitindo um raio azul contra o pequeno robô, que explodiu. Porém, o pequeno batedor já havia concluído sua investida, lançando projéteis em direção à fuselagem da nave, que naquele momento ainda não havia ativado seu escudo protetor.

– Segurem-se! – alertou a aeronave.

O impacto foi violento e fez a nave sacudir, quase provocando uma queda. Vitã foi jogado de um lado para outro, rolando pelo piso de látex. Balbílio e os garotos, apreensivos em seus assentos, procuraram os cintos de segurança.

Um golpe a mais e Helena caiu de costas. Os painéis de controle, com seus gráficos, os reservatórios de energia e as luzes da SIB 41 sofreram interferência. Alguns curtos circuitos geraram ruídos, fumaça negra e um desagradável cheiro no ar.

O acúmulo de fumaça no ambiente fez o major tossir ainda mais.

– Helena! Você está bem? – perguntou Vitã, engasgado.

– Estou um pouco tonta. E você? – Helena se apoiou no ombro de Vitã, tentando se limpar.

– Sufocado pela fumaça. Mas já vai passar. E os garotos?

Vitã olhou em volta e percebeu que os irmãos nada sofreram, já presos em seus assentos. Balbílio tossia muito.

– Major, eu vi o que nos atingiu! Foi a aranha de metal! Vi quando ela se levantou e disparou em cima de nós! Ela pode nos atacar de novo!

– Não se preocupe, rapaz. O robô já foi destruído.

Neste momento, o sistema inteligente da aeronave chamou a atenção.

– Major, o sistema mostra que houve avarias nas placas de suporte de energia. Os condutores de refrigeração foram seriamente danificados. O impacto também danificou o sistema de transferência termal. O núcleo de estabilização está desregulado e não será possível modificar a temperatura interna quando necessário...

– Certo. Mais alguma informação pertinente?

– O sistema de invisibilidade foi completamente arruinado. Estou impossibilitado de emitir ondas de antidetecção. A comunicação com a fuselagem e as partículas de projeção não respondem ao meu comando. Sistema de camuflagem totalmente inoperante.

– Minha nossa! Não há como reconstituí-lo, SIB? – perguntou Helena, preocupada.

– Major Helena, minhas hastes robóticas de manutenção estão parcialmente danificadas. É necessária a presença humana para reconstituí-las.

– E agora, Vitã? Vamos nos expor pra sairmos dessa região!

– Droga! SIB, entre em contato com a base-torre! – pediu Vitã, nervoso.

Alguns segundos se passaram.

– Senhor, os sinais estão bloqueados!

O que faremos?

– Vamos embora, Helena! Temos que avisar o comandante sobre o ataque à base. Nossa única opção é sair daqui, antes que os inimigos invadam a base. Vamos! – ordenou o Vitã.

– *Perigo! Perigo! Perigo!* – alertou SIB, mostrando gráficos em seu console.

– Naves inimigas disparam em nossa direção! – informou Helena, vendo dois artefatos bélicos se aproximando a poucos segundos dali.

SIB, saia daqui. Módulo de combate! – berrou Vitã.

Um míssil ar-terra partiu em disparada na direção dos heróis.

A aeronave muito rapidamente girou em seu eixo, expondo suas armas, e levantou voo, como se fosse um foguete. As naves-inseto ainda estavam longe, mas os mísseis que lançaram começavam a cair como se fossem pequenos meteoros malignos.

Vitã, no comando central, acionou os pedais de aceleração estática.

– SIB, rastreie a trajetória dos mísseis!

Com cálculos rápidos e gráficos tridimensionais, SIB 41 previu os movimentos que os artefatos fariam e os mostrou para os oficiais.

–SIB, envie despistadores térmicos à frente, agora!

SIB 41, tal como um peixe pulando fora d'água, calculou as trajetórias de seu voo em relação ao inimigo. Em segundos, o primeiro míssil avançou em alta velocidade, para colidir de frente com SIB, mas foi desorientado pelo artefato flamejante liberado pela nave.

Com ajuda de cálculos de rota, Vitã conseguiu fazer uma espetacular manobra evasiva e iniciou um movimento ascendente, se esquivando do choque explosivo. Feito bola de fogo, o míssil errante bateu contra o solo e produziu um estrondoso clarão, emitindo um intenso calor na área da cachoeira.

Dentro da SIB, todos vivenciavam, terrificados, o pesadelo do perigo. Subindo como um foguete, a aeronave entrou na mira de um segundo míssil.

– SIB, lançar mísseis térmicos! Regular movimentos! – ordenou Vitã, vendo, por meio do ecrã, a trajetória da ogiva, que se deslocava como um raio.

Aterrorizados, Balbílio e seus filhos berravam de pavor, diante do jogo da morte. Segurando firmemente o manche e concentrado em sua estratégia, o major acionou novamente os pedais da SIB. O sistema inteligente recalibrou a trajetória em relação ao inimigo. Então, o impossível aconteceu.

O míssil inimigo, em velocidade alucinante, veio de encontro à nave, mas se tornou uma bola de fogo, ao colidir com o artefato lançado por SIB que, naquela hora, foi sacudida pelas ondas de choque. Porém, o sistema prontamente reorientou a movimentação da aeronave. SIB realizou mais uma subida, desenhando uma espiral no espaço.

A arma inimiga caiu por terra, causando outra explosão. Passado o susto, Vitã e seus companheiros se recompõem. Balbílio estava desmaiado, e seus filhos, abatidos, tinham suores frios pelo corpo. Helena respirava fundo. O major sentiu na pele o êxito de seu plano de defesa.

– Estão todos bem? – perguntou Vitã, preocupado e atento em fazer a nave voar em sentido horizontal, para escapar daquela região hostil.

– Esta foi por pouco, Vitã...

– Helena, cuide do pessoal. Eles precisam de apoio.

Helena olhou para trás e viu um grupo bastante maltratado. Grispin ameaçava vomitar. Bartolo parecia ter dores de cabeça e Balbílio continuava desacordado, devido à pressão de subida da nave.

– Vitã, há dois caças inimigos vindo em nossa direção. Eles ainda estão em nosso encalço. Estamos sem o sistema de camuflagem. Precisamos despistá-los antes que seja tarde – disse Helena, segurando com firmeza o *manche* de controle da nave.

– Certo, major. Vejo que eles estão se aproximando muito rápido – disse Vitã, observando a imagem das naves inimigas pelo seu ecrã. – Teremos de queimar energia. A velocidade máxima é nossa única chance contra os inimigos. Não temos escolha!

– SIB, ative dados técnicos. Fique em modo de alerta contra tropas e blindados no solo. Proceder a desvio da base inimiga de Abisinia e mostrar nova rota a seguir.

Rapidamente, o sistema inteligente projetou mapas de linhas geográficas sobre o campo de visão eletrônica dos majores.

– O novo curso passará de modo externo à base inimiga. É preciso contornar a reserva indígena de Uaupés e entrar na divisa Cabeça de Cão para alcançar Japurá.

– Siga essa rota, SIB!

A major, no entanto, não escondeu sua preocupação em relação aos tripulantes. Olhava para trás diversas vezes. Os garotos pareciam enfraquecidos e enjoados, e Balbílio, o pai, continuava desacordado. Mesmo assim, ela avisou que a velocidade iria aumentar.

– SIB, ativar módulo hipersônico.

– Ordem recebida. Agrupando energia dos reatores.

As naves-inseto se aproximavam e faziam impiedosos disparos. Dois novos mísseis voavam de encontro à SIB 41, já a poucos metros.

– *Pléim! Pléim! Pléim!* – alertava o sistema com um ruído sonoro, para mostrar a trajetória fatal dos artefatos bélicos.

– Módulo hipersônico! Agora! – ordenou o major.

A nave recebeu o novo comando do major. Encolheu suas asas e liberou uma poderosa carga de energia esverdeada, seguida por um pequeno estampido. Voando agora a cinco vezes a velocidade do som, SIB foi impulsionada como um meteoro para frente.

Vitã, Helena e os outros passageiros tiveram seus corpos jogados para trás, a aeronave passando a voar em céu inimigo com extrema velocidade. Do lado de fora, a paisagem se mostrava como um borrão.

– Pléim! Pléim! Pléim! Distância operante, em progressão, senhor – informou o sistema.

Apesar da nova velocidade, os artefatos ainda se aproximavam da nave. Mão firme no controle principal da SIB, Vitã jogou a nave para os lados, dando alguns giros... mas os mísseis insistiam naquela perseguição.

– Droga! Eles regularam a velocidade das ogivas e estão nos acompanhando! – disse o major.

– Vitã, cuide da navegação. Vou acabar com eles agora! – rebateu Helena, obstinada.

– Certo.

– SIB, ative alvo duplo e me dê controle de artilharia – ordenou a oficial, em voz alta.

Os neuromísseis voavam com força total. O sistema inteligente da SIB, em menos de um segundo, utilizando seus sensores, travou duas miras, uma em cada míssil inimigo, e mostrou no console à frente de Helena as coordenadas para o contra-ataque.

– Alvo duplo ativado. Ângulo de mira enquadrado.

– Disparar retrofoguetes!

– Procedendo ao comando.

– Segurem-se! – alertou Helena, movimentando a alavanca de disparo.

Mal os retrofoguetes saíram pela retaguarda da nave, atingiram em cheio as ogivas que estavam muito próximas. Ouviu-se uma forte explosão, seguido de um enorme clarão.

– *Mísseis destruídos* – relatou a SIB.

– Precisamos agora nos livrar dos malditos caças – disse Vitã, atento ao ecrã e à direção da nave em alta velocidade.

– Tem alguma ideia?

– Vou usar um truque! Prepare novo disparo duplo, Helena! – pediu major.

– Certo.

– SIB, deixe a gravidade regulada ao máximo e desative os motores completamente ao meu comando.

– Regulando gravidade artificial ao máximo. Aguardando comando de desligamento.

– Helena, aguarde meu sinal para fazer os disparos.

Os dois caças em forma de inseto aumentaram sua potência e se mantinham a pouca distancia de SIB 41, riscando o céu como meteoros.

– Naves inimigas estão a meia milha e prestes a atacar – informou o sistema.

– Vitã, se eles dispararem agora não teremos como revidar!

– Calma, a festa está apenas começando! Fique firme agora!

As duas naves, lado a lado, se aproximavam a Sabiam que para abater o inimigo era preciso estar perto.

– Pleim! Pleim! Alerta! Alerta! Disparos simultâneos! – denunciou o sistema.

– SIB, lançar flares! Helena, acionar retrofoguetes! SIB, desativar motores! – ordenou o major.

Dessa vez, quatro mísseis mortíferos se aproximavam com espantosa velocidade. Helena disparou os retrofoguetes, atingindo dois dos mísseis que estavam a caminho. SIB, em seguida, desativou os motores.

Com mãos firmes, Vitã direcionou a alavanca do comando central, com toda força para o seu peito, retirou os pés dos pedais e fez com que a nave subisse uns poucos metros, antes de ser agressivamente jogada para trás, dando reviravoltas, como se tivesse sido alvejada.

Com isso, os dois artefatos bélicos restantes, desorientados com o fogo dos flares, perderam seu alvo. A ousada manobra fez a nave girar várias vezes em seu eixo e passar por cima dos inimigos. Após reestabilizar o sistema, o oficial partiu atrás dos caças inimigos.

– SIB, ativar motores! Velocidade hipersônica! – comandou Vitã.

As turbinas voltaram a funcionar com potência máxima, e os perseguidores agora eram os perseguidos. Sib voava a quase seis vezes a velocidade do som. Helena, orientada por representações gráficas exibidas em seu capacete, enxergava alvos fáceis à frente e, sem hesitar, fez disparos.

Por debaixo das asas da nave saíram dois pequenos mísseis esverdeados, que foram de encontro ao inimigo, em celeridade inimaginável. O primeiro bateu contra uma das naves-inseto, provocando uma explosão de cor cinza, envolta em fumaça negra.

Tentando escapar do impacto, o outro caça ensaiou um mergulho, mas não chegou a completar a manobra, o piloto inimigo ejetando de sua nave pouco antes do segundo míssil acertar em cheio por trás, ocasionando mais uma explosão.

Vitã, com muita destreza, conseguiu se desviar dos destroços aéreos ao redor.

– As forças do mal perderam mais uma vez! – comemorou Vitã.

– Seu plano nos salvou! Viva! – exclamou Helena, esbanjando alegria para seu companheiro.

– Nesse jogo mortal não haveria outra coisa a ser feita.

– O que importa é que estamos vivos, Vitã.

– E espero continuar assim por um bom tempo! – brincou Vitã.

– SIB, rastreie o perímetro e veja se há mais naves neste quadrante. – pediu Helena

– Ordem recebida.

SIB 41, voando rápido, começou a se desviar da base inimiga. Saindo do templo subterrâneo, já ao nível do solo, e junto à sua comitiva, o Quarto Conselheiro conversava com oficiais através do sistema de comunicação.

– Maldição! Esses imbecis não podem escapar de nossas fronteiras! Dê alerta geral e envie mais aeronaves para fazer a busca!

Segundos após transmitir suas ordens, ele se dirigiu ao Imperador rapidamente.

– Majestade, os malditos espiões conseguiram escapar de nossos homens na cachoeira.

– O quê?

Lugaleshi se tornou visivelmente transtornado.

– Mas isso não pode estar acontecendo! Eles não podem ter escapado!

– Majestade, segundo imagens recolhidas de um dos nossos sistemas de segurança, uma nave os resgatou.

– Nave?

– Sim, majestade, uma espécie de caça inteligente.

– Isso é péssimo! Eles não poderiam ter levantado voo! Estão sabendo demais!

– Majestade, militares de Abisínia me informaram que os inimigos estão contornando a reserva indígena de Uaupés. Dei ordens para todos os caças partirem em busca deles. É impossível que escapem desta vez. Ficarão cercados!

– Precisamos abater urgentemente esses inimigos ou poderão atrapalhar nossos planos de invasão.

– Creio que não conseguirão escapar, senhor – confirmou Hansemon.

– Certo! Parta agora. Vá encontrar nossas aeronaves. Os generais lhe passarão as instruções de ataque durante o voo.

– Majestade, terás a árvore do poder em breve! – afirmou Hansemon, lançando um falso olhar para o Imperador.

– Perfeito. Suas palavras me deixam confiante.

– Que os deuses sempre lhe reservem o poder!
– Obrigado, Conselheiro – agradeceu o Imperador, marchando rumo à sua gigantesca aeronave, acompanhado por sectários.
– Sim, vá, meu Imperador, pois será a última vez que me verás! Serei o único a usufruir do poder desse verdadeiro tesouro!– disse Hansemon, cinicamente para si mesmo, observando seu líder se distanciar.

Aeronave de combate SIB 41, pilotada pelo major Vitã, voava alucinadamente, tentando alcançar a fronteira.

– Helena, daqui a alguns minutos entraremos em espaço aéreo brasileiro.
– Acho que a sorte está conosco. Os inimigos não conseguiram nos localizar...

Antes que a oficial pudesse concluir sua frase, um forte alarme foi disparado.
– Passe a informação – ordenou o major.
– Senhor, detectei uma esquadrilha se aproximando de nossas coordenadas. Estão vindo de todas as direções. Pelas características, são caças. Veja a planta.

Vitã viu no console a localização dos inimigos. Eram muitos.
– Estamos perdidos! – exclamou Helena.
– Não! Ainda não jogamos a última pedra nesse jogo! – revelou Vitã, que assumiu feições de revolta.

Helena consultou gráficos em seu ecrã.
– São mais de quarenta caças, Vitã!

Dezenas de naves-inseto surgiam de todos os lados, fechando o cerco. Ainda não eram vistas a olho nu, mas os majores perceberam que elas estavam na iminência de lançar mísseis. Nesse caso, a SIB, mesmo com velocidade hipersônica, seria facilmente atingida.

– Malditos! Eles vão atirar! – exclamou Vitã pelas indicações de seu visor pessoal.
– SIB, calcule trajetória de ataque. É possível alvejar míssil na distância que estamos? – perguntou Helena, apreensiva.
– Procedendo à estratégia de contra-ataque – anunciou o sistema.

SIB fez simulações de possíveis ataques e mostrou rapidamente os resultados, em imagens e gráficos.

– Considerando clima e hora desta região, posso afirmar que, se os caças mantiverem a mesma rota e lançarem mísseis semelhantes aos que foram abatidos, será possível anular alguns projéteis.

"Droga! Nossa chance de sair daqui é quase zero." pensou Vitã apreensivo.

– SIB, prepare esquema tático defensivo usando os novos cálculos. Rastreie meus movimentos – solicitou o major.

– Esquema tático ativado.

– Helena, use a metralhadora de plasma. Tive uma ideia.

– Certo.

– Preciso fazer algo para salvar essa gente – murmurou Vitã.

– Prepare a arma e mantenha a mira nos veículos à frente. Aguarde meu comando – pediu Helena para o sistema.

– Metralhadora ativada.

– Helena, não podemos errar em nenhuma hipótese. É nossa única chance. Mesmo com a vantagem de estarmos de costas para o sol, é preciso acertar!

– Não se preocupe. Eles estão na mira.

– Correto.

Manuseando o manche, o major encarou a ameaçadora esquadrilha e prosseguiu com sua tática. No céu e ao nível do horizonte, dezenas de pontos luminosos eram pesadelos reais. Fechavam o cerco!

– Naves prontas para o disparo! – alertou SIB.

– Agora, Helena!

Concentrada na realidade virtual de seu ecrã, a oficial, ao ver as naves-
-inseto liberarem seus mísseis, fez disparos múltiplos com a formidável metralhadora de projétil de plasma.

Os artefatos voaram mais rápido que os dos inimigos. Ouviu-se, então, uma estrondosa explosão. A ação surtiu efeito. Os mísseis dos caças foram destruídos em pleno ar. Helena permaneceu estática. Ela reconheceu que o momento não era para comemoração. Outras naves avançavam com velocidade impressionante.

No controle do manche, Vitã fez um voo *camicase*. Partiu para cima do perigo. Das laterais da SIB, dois pequenos canhões arrojados dispararam projéteis de energia, em uma rajada sequencial.

Os caças, sem opção, se desviaram, mas foram pegos de surpresa. Tentaram novo esforço para não colidirem com a SIB. Nessa hora, foram alvejados por outros mísseis. Em questão de segundos, os oficiais assistiram a uma espetacular explosão em série, com diversos pilotos inimigos ejetando de suas naves, transformadas em bolas de fogo no espaço.

A nave prosseguiu sua trajetória, com velocidade total. Helena ficou perplexa ao descobrir em seu visor outra esquadrilha se aproximar.

– SIB, calcule as trajetórias do inimigo. Regule meus movimentos. Helena, dispare em qualquer objeto estranho que se aproximar de nós.

– Certo, Vitã.

Neste momento, os caças atacaram massivamente. Helena lançou retrofoguetes despistadores térmicos e ativou a metralhadora de plasma, procedendo a disparos múltiplos para obstruir o voo de alguns inimigos.

Sua tática fez com que vários mísseis fossem alvejados com precisão. Com a ajuda dos cálculos de trajetória da nave, Vitã conseguiu se esquivar de alguns torpedos desorientados, que passaram ao seu lado, a partir da retaguarda.

– Vitã, o estoque de retrofoguetes está acabando! Quando vamos atingir a fronteira?

– Estamos passando por ela! – informou Vitã, visualizando o mapa da região no console.

– Conseguimos?

– Ainda não, Helena. Os malditos ainda estão nos perseguindo.

– Eles têm que recuar! Estão entrando em nosso país! – disse Helena, prosseguindo com os disparos.

– Acontece que alguém esqueceu de informar isso a eles! – respondeu ironicamente Vitã, compenetrado em sua estratégia mirabolante de defesa.

Helena lançou os retrofoguetes restantes, abatendo algumas naves. Flares e rajadas de energia foram lançados para trás, deixando os mísseis inimigos desorientados.

Vitã, apreensivo, notou dois pequenos artefatos que voavam muito próximos em sua direção. Rapidamente, receberam o contra-ataque fulminante de Helena. O impacto da explosão sacudiu violentamente a nave.

Alguns fragmentos dos mísseis bateram contra a metralhadora da asa esquerda da SIB, que ficou danificada. A nave passou por uma forte trepidação. Havia pequenos focos de incêndio em seu interior. Tomado pela fumaça negra, Helena desmaiou com o impacto.

– Meu Deus! E agora? – perguntou Vitã, vendo a major desmaiada, lançando seus últimos flares.

Os inimigos vinham em seu encalço. Porém, Vitã estava em um dilema. Não poderia ser ejetado e deixar os tripulantes para morrerem dentro da nave, como também não era capaz de aguentar por mais tempo aquela caótica situação aérea.

Vitã se esforçava em sua tentativa de se manter vivo, mas tinha a nítida impressão de que o fim estava perto.

– SIB, não vamos conseguir! Eles são numerosos! – alertou Vitã para o sistema.

Naquele instante, mais de trinta caças dispararam mísseis. O fim se aproximava. Empurrando para frente a alavanca do manche, Vitã fez os últimos disparos com que restou do armamento da aeronave e fechou os olhos para não presenciar o fatídico final. No entanto, algo inesperado aconteceu.

Uma chuva de pequenas ogivas irrompeu do interior da Floresta Amazônica. Eram milhares. Com trajetória inteligente, passavam à frente de SIB, sem causar danos. Com velocidade surpreendente, os caças inimigos começaram a contra-atacar os artefatos bélicos. Antes, porém, quase todos foram atingidos.

Sobre a Amazônia pairava uma nuvem de fortes explosões. A força proveniente da floresta continuava a causar a progressiva derrota inimiga. Depois de muita destruição, poucos caças conseguiram fugir retornando ao espaço aéreo da Colômbia. SIB, em alta velocidade, voava agora em céu de brigadeiro.

– Maravilha! Não poderia ser melhor! A cavalaria veio nos salvar! – comemorou Vitã, com um soco no console, ao visualizar no ecrã as possantes máquinas de combate.

Havia seis grupamentos de blindados no quadrante três e cinco na base de fronteira.

– Ótimo! Eu sabia! – bradou Vitã, às gargalhadas. – É isso aí... fogo neles, meu Brasil!

– Atenção, homens! Os inimigos bateram em retirada. Cessar fogo! Seguiremos em frente! – alertou o oficial superior, no comando de seu espetacular tanque andarilho de três metros.

Em plena Floresta Amazônica, uma infantaria de tanques-robôs bípedes blindados se deslocava sob as ordens de seu líder.

– Major Vitã, espero que esteja bem. Nossa tropa afugentou o inimigo – disse o comandante da infantaria blindada, tendo sua imagem projetada sobre o console à frente do oficial.

– Sargento, nem sei como agradecer. Você e seus homens nos salvaram. Seu apoio veio em boa hora! – reconheceu Vitã, puxando o manche para trás, fazendo SIB voar com velocidade normal.

– Major, fique despreocupado. Estamos cuidando deste território. O apoio aéreo já está se aproximando.

– Obrigado, sargento.

A comunicação foi desativada.

– SIB, entre em módulo de navegação. Pousar em Japurá.

– Caindo para bravo 300. Solicitando permissão para pouso.

– Certo! – consentiu Vitã.

Com ar preocupado, ele se levantou e se aproximou da amiga. Passou carinhosamente a mão sobre sua testa e depois tocou seu pescoço. Ativou o sistema de oxigênio e fez com que ela respirasse com mais força. Após alguns segundos, Helena começou a despertar.

– O que houve, Vitã? Eu desmaiei? – perguntou, balbuciante, ainda atordoada.

– Você apagou com o impacto – disse o major, forçando a companheira a respirar com o aparelho.

– E os inimigos? Por que você está fora de seu posto? – perguntou ela, afastando do rosto a máscara de respiração.

– Fique tranquila, Helena. Nossa infantaria já tomou conta deles.

Caças passavam rasgando o céu amazônico. Era a esquadrilha de apoio à base de Japurá, seguindo para a divisa de fronteira.

– Líder de Ouro para Falcão de Prata. Como está, major Vitã? – indagou o líder da missão de apoio.

– Líder de Ouro, estamos indo para a base de Japurá. Está tudo bem agora, obrigado.

– Ótimo. Iremos escoltá-lo até o pouso. Siga-nos – ordenou o comandante da esquadrilha.

SIB passou a acompanhar lado a lado a esquadrilha de apoio. Helena se levantou e, preocupada, foi averiguar os tripulantes, que respiravam com a ajuda de aparelhos e já começavam a acordar.

– Senhora Helena, onde estamos? Conseguimos derrotar os inimigos? Cadê meu pai? – perguntou Grispin, sonolento.

– Sim, querido. Aguente mais um pouco. Eu sei que a viagem foi muito dura para vocês, mas já chegamos.

– Graças a Deus. Como está meu pai? E Bartolo?

– Eles vão ficar bem.

Helena se aproximou do velho Balbílio, ainda desmaiado, e colocou a mão em seu pescoço e testa, percebendo que ele estava com febre. Bartolo, sentado ao lado, dormia. Havia vomitado. Helena, então, retornou ao seu posto.

– Estamos a 15 quilômetros da base, e a torre de tráfego aéreo está nos dando permissão para pouso. Caso permita, vou aterrissar na plataforma designada pela torre – anunciou o sistema.

– Certo, SIB. Faça o pouso.

Os caças de Japurá saíram de formação para que a nave procedesse ao pouso. Depois de pairar sobre cenários de terror e enfrentar lutas contra vários inimigos, a SIB 41 chegava ao seu destino.

Reluzente, girou em seu eixo, descrevendo noventa graus. Com a permissão da torre de Japurá, ela começou a fazer um pouso suave. SIB finalizou a descida, fazendo uma suave aterrissagem no aeródromo de Japurá.

Os heróis saíram da aeronave. Do lado de fora, veículos flutuantes, ambulâncias, carros de bombeiros, soldados e militares da base se aproximavam da SIB. Todos prestavam continência aos valentes majores que retornaram da perigosa missão.

Os oficiais retribuíram o gesto, com acenos e sorrisos. Paramédicos foram de encontro à tripulação. O médico e os enfermeiros correram imediatamente para dentro da nave. Um jipe flutuante estacionou ao lado dos majores. Era o general Vespasiano.

Prontamente, os oficiais prestaram continência.

– Senhores, estávamos preocupados. Por que demoraram tanto?

– General, tivemos que entrar em uma base inimiga, e muitas coisas aconteceram por lá. Há espiões infiltrados na torre. Um grande ataque está para acontecer. Precisamos urgentemente entrar em contato com o comandante Lemos e lhe informar com detalhes tudo o que está por vir.

O General Vespasiano, ouvindo tais informações, deixou escapar um ar de preocupação.

Os médicos e seus auxiliares usavam macas para recolher os tripulantes atordoados da aeronave, mas Grispin correu de encontro ao casal de oficiais.

– Vitã, obrigado por vocês salvarem nosso pai! Vocês nos trouxeram alegria! – comentou ele, dando um abraço apertado no major

– Grispin, depois vamos nos encontrar com mais calma e vamos conversar sobre a situação da sua família, que esta presa no Oriente Médio. Vamos ver se tem um jeito de libertar seu tio da câmara de inércia, mas vá agora; você precisa de cuidados médicos.

O garoto, sorrindo e com lágrimas nos olhos, abraçou Helena, os paramédicos se aproximando.

– Pessoal, cuide bem desse trio! Eles passaram por maus momentos – pediu Helena aos especialistas, que se afastaram, levando o garoto que acenava para os oficiais.

Certo, então vamos – disse o general, levando o casal para dentro do Jipe flutuante, que se deslocou rapidamente pela base de fronteira.

Passaram por enormes equipamentos de defesa, em direção aos elevadores. Helena e Vitã resolveram explicar ao general o que havia acontecido. enquanto seguiam para central de comando SIB 41 foi levada por um guindaste andarilho e recolhida para a manutenção.

24

O Bem e o Mal

Do outro lado do continente sul-americano, uma pequena nave cortava rapidamente o céu noturno sobre o Oceano Atlântico. Ela ia em direção a pontos luminosos que piscavam no horizonte negro. Conforme avançava, os pontos ficavam mais intensos.

Surgiram, então, as superestruturas. Centenas de aeronaves gigantes, em forma de charuto, e muito maiores do que grandes estádios de futebol. Outras tinham linhas circulares e fuselagem blindada. Dezenas de caças rondavam, alinhados, e se movimentavam nervosamente, como abelhas à procura da colmeia.

A ameaça maior podia ser notada pela quantidade absurda de armamento acoplado a estas máquinas voadoras. Ao sobrevoarem o Atlântico, deslocavam grossas camadas de ar sobre as águas, promovendo involuntariamente minitormentas.

A pequena nave voava de encontro à esquadrilha e finalizava seu voo, ingressando em uma das naves-mães. Dentro o veículo aterrissou, dando passagem à tripulação. Militares enfileirados e temerosos a observavam, permanecendo em posição de sentido.

O Quarto Conselheiro e seus soldados de elite saíram do veículo aéreo e marcharam pelo corredor principal do aeroporto voador. Milhares de caças pousados, operadores de pista e robôs de manutenção completavam o cenário.

– Senhor, como é bom recebê-lo a bordo. Temos ordens expressas de nosso Imperador para apoiá-lo nessa nova campanha – disse um general, ao recepcionar Hansemon.

– Sim, isso é verdade, mas há muitas coisas a serem mudadas nesse plano de invasão. Vou precisar do seu apoio e de seus homens.

– Entendido, excelência. Estamos às ordens!

– General Sadagat, de agora em diante, você será meu braço direito. Se tudo correr bem em nossa operação, você será promovido!

Sadagat se mostrou surpreso com a informação.

– Grande Hansemon, fico honrado com vossa indicação!

– Mas para que isso aconteça, quero que você siga à risca tudo o que eu disser. Precisarei de seus préstimos como nunca.

O general, sem opção, prestou continência.

– Excelência, tudo o que desejar!

– Muito bem! Venha, vamos para a sala de estratégia. Nossos subordinados estão a postos com os planos de ataque?

– Sim, senhor!

– Vou explicar o que quero que aconteça.

Vibrando sua capa, Hansemon caminhou em direção a um dos salões da aeronave, acompanhado por seus soldados. Depois de atravessar alguns corredores, o grupo adentrou pela sala de estratégia, lotada por equipamentos em funcionamento.

Tenentes transitavam pelo local. Outros oficiais operavam seus avançadíssimos consoles. Porém, todos ficaram sobressaltados com a chegada da pequena comitiva. Prontamente, se levantaram em posição de sentido, prestando continências ao Quarto Conselheiro.

– Como líder da nova operação que se dará na América do Sul, quero relatório constante de todos vocês. Agora, voltem aos seus postos!

Os oficiais voltaram a se acomodar em seus lugares. Acompanhado pelo general Sadagat e alguns subordinados, Hansemon se aproximou de um painel horizontal eletrônico que projetava holografias.

Um dos oficiais interveio:

– Excelência, estamos voando a baixa altitude, com sistemas de antidetecção ativados. Nossa direção é o ponto alvo, destino Amazônia Brasileira, base-torre de Codajás.

– Perfeito! Bem, senhores, quero que me exponham agora os documentos do plano de ataque e vejamos como poderemos modificá-lo – ordenou ele, olhando todos em volta do painel.

Um dos presentes, utilizando um quadrivisor e um bracelete paramétrico, fez alguns gestos e, à frente do grupo, surgiram centenas de holografias mostrando documentos diversos e mapas da região amazônica.

Um grande número de dados estratégicos, documentos militares desenvolvidos pela mais alta cúpula da Nova Mesopotâmia, gerados pelo próprio Imperador e seus assessores, relatórios confidenciais e estratégias de combate serviriam para auxiliar o mortífero Quarto Conselheiro em sua insana tentativa de invadir a Amazônia.

Os caças iam à frente, escoltando os imensos bombardeiros e os aeródromos voadores, em voo soturno, abalando o oceano e o próprio clima. Como flechas certeiras, invadiam o litoral brasileiro. Dentro da base subterrânea de Japurá, o general Vespasiano e os majores Vitã e Helena conversavam com o comandante Lemos, através do holocomunicador.

– Comandante, é por isso que eles querem invadir a Amazônia. Estão atrás dessa árvore que supõem existir – concluiu Vitã, olhando para a imagem de seu superior.

– Vitã, os elementos que vocês colheram são muito importantes. Eles não irão nos pegar desprevenidos novamente, mesmo que espiões tenham passado informações sigilosas da base torre.

– Senhor, será que a diplomacia não resolveria este caso? – indagou Helena.

– Não há como fazer acordo com tais fanáticos. Devem ter inventado essa desculpa de árvore mágica para enganar seus membros e invadir nosso território – disse Vespasiano preocupado.

– Você tem razão. Acho muito fantasioso o que relataram – disse Helena, olhando para a imagem do comandante.

– Bem... fantasia ou não, precisamos nos preparar para o pior. Obrigado, majores. Irei urgentemente avisar ao Presidente – anunciou Lemos.

– Comandante, o senhor acha que o Presidente vai tentar a diplomacia com eles?

– É como eu disse, Helena. Creio que a diplomacia não vá dar resultados com esses inimigos. Esse império é bastante conhecido pelo extremismo. Nada do que fizermos os impedirá de agir.

– Então haverá guerra? – perguntou a major.

– Os fatos tendem para esse aspecto. Senhores, não há mais tempo para conversamos. Vou alertar imediatamente meus superiores. Precisaremos de apoio. General, deixe a sua base de prontidão. Vou alertar todos os outros centros. Precisamos interceptar os inimigos, antes que entrem em nosso espaço.

– Senhor, gostaria de participar dessa nova missão. – solicitou Vitã.

– Concedido, major. Se estiver bem, não há por que não aceitar seu apoio – concordou Lemos.

– Comadante Lemos, enviarei sua esquadrilha de volta. Acho que toda a força aérea de Codajás será necessária neste caso.

–Concordo, general. Agora, tenho que ir. E vocês, majores, se juntem a nós. – concluiu Lemos.

– Com certeza, comandante – respondeu Vitã.

– Ótimo. Manteremos contato. Câmbio final.

A imagem do comandante desapareceu do console. Vespasiano, pressionando suas digitais sobre ícones em três dimensões, entrou em contato com o tenente coronel Boanerges, que surgiu na tela.

– Tenente, há uma missão em sua base, venha para a sala de estratégia. Pois não, senhor!

– Senhores, com a vinda do tenente, iremos definir a volta de vocês para Codajás – expôs Vespasiano, que continuava a conversar com os majores.

Enquanto isso, no Oceano Atlântico, nuvens mais baixas eram rasgadas, assumindo outras configurações, e raios de sol sofriam cortes brutais em certos pontos sobre o solo. A gigantesca armada de naves colossais já sobrevoava o território brasileiro.

Dentro do salão de comando da principal aeronave de combate, o clima era de agitação. Operadores, estrategistas e pequenas máquinas voadoras avançadas executavam suas funções.

Em meio a tal cenário, o Quarto Conselheiro se acomodava em seu trono tecnológico. Perto dele, o general Sadagat transmitia ordens com o auxílio de um comunicador.

– DVY 4 para seção de lançamento. Preparem baterias aéreas. Sistemas de rastreamento em processo de ativação. Repassem dados técnicos para todos os caças. Iniciar contagem de lançamento. Em menos duas horas, aguardem minhas ordens.

– Senhor, finalizei envio de diretrizes para os líderes de esquadrilhas. Estamos prontos para o lançamento dos Shamash H3. O cronograma está em dia. Vossa excelência pretende ficar até o ponto zero?

– Sim. Vou participar diretamente das operações. Precisamos entrar na torre. Já dispomos do novo relatório de nosso agente infiltrado?

– Sim, excelência.

– Então, me passe as informações.

– Senhor, além das baterias antiaéreas e da infantaria motorizada, a própria torre de Codajás possui em toda sua extensão lançadores de mísseis MTAN-4, que usam rastreio de trajetórias. Esses artefatos bélicos podem facilmente derrubar nossos caças e mísseis, se os detectarem.

– Conheço bem essas armas. Mas como poderão proceder dessa forma, se não conseguem detectar equipamentos?

– Senhor, segundo nosso agente, o inimigo agora pode visualizar nossos caças.

– Como assim? Defina!

– Excelência, nosso agente nos relata que cientistas da base de Codajás conseguiram desenvolver um pequeno radar capaz de detectar a presença de aeronaves de pequeno porte.

– E por que ele não nos transmitiu esse dado antes?

– Porque tomou conhecimento do fato há pouco tempo, senhor, após uma reunião que participou na torre.

– General, me dê detalhes.

– Senhor, a explicação que me foi passada é que cientistas, ao realizarem pesquisas na Floresta Amazônica, descobriram acidentalmente nossos caças por meio de um aparato tecnológico que estudava a atmosfera.

– Eles testaram um aparelho que decompõe as cores da atmosfera, um pequeno mecanismo para estudos climáticos. O aparelho, durante os testes, apresentou anomalias e acidentalmente detectou nossos caças sobre o espaço aéreo da Amazônia.

Hansemon ficou pensativo.

– Agora entendi como esses malditos se infiltraram em Abisinia. Devem ter seguido um de nossos caças, usando esse maldito mecanismo!

– Excelência, no resto da mensagem, o agente nos informa que o inimigo está fabricando, em escala industrial, esses dispositivos, e que vários caças de algumas bases da Amazônia já o receberam.

– Isso não é bom! Temos a planta desse aparelho? Qual seu alcance?

– Senhor, não temos dados técnicos por enquanto, mas ficamos sabendo que o aparelho é de pequeno porte e está em fase experimental. Seu alcance de varredura é muito curto e limitado.

– Correto. Eles não devem ter desenvolvido ainda um equipamento de maior varredura. General, creio que não devamos nos preocupar com isso por hora. Pelo que notei, não irão nos captar a tempo. Bom serviço! – finalizou Hansemon.

– Certo, senhor!

O oficial se retirou, após prestar continência.

Por hora, as aeronaves inimigas sobrevoavam, acima de nuvens negras de um temporal. Ao nível do solo, sobre a base de fronteira, em Japurá, havia vários tipos de aeronaves aterrissando e fazendo decolagens.

Tanques andarilhos marchavam pesadamente em fileira e começam a sair da floresta. Lança-mísseis, carros flutuantes, soldados em ação, operadores, equipamentos diversos e pequenos robôs de manutenção, com sirenes ligadas, iam e vinham por todos os lados.

Porém, de todas as visões, a que mais chamou a atenção naquele cenário militar foram os poderosos caças – os N5 Armadillo, as possantes aeronaves de combate. Havia centenas deles, prontos para agir. Preparados com o mais variado sortimento de mísseis e armas tecnológicas, esperavam pelo comando para levantar voo.

Um jipe e um caminhão flutuante se aproximaram das aeronaves. Pilotos com originais trajes de voo, carregando seus capacetes, saíram do caminhão e correram para as respectivas aeronaves. De dentro do jipe saíram o general Vespasiano, o tenente coronel Boanerges e os majores Helena e Vitã.

– Senhores, espero que estejam prontos para esta missão – disse o coronel Boanerges, pronto para liderar a esquadrilha.

– Sim, coronel, prestei bastante atenção no que foi dito na sala de estratégia. Estou a par do plano de defesa aérea. Espero que possa contar plenamente com nossos serviços durante a missão.

Boanerges sorriu para Helena, satisfeito com sua resposta.

– Senhor, faço minhas as palavras da major.

– Fico feliz em saber disso! – aprovou o coronel.

– Bem, vocês precisam partir agora. – disse o general Vespasiano. – Desejo a você e à equipe muita boa sorte, coronel. E que Deus nos ajude nessa árdua campanha que temos pela frente. – completou Vespasiano, segurando com firmeza o ombro esquerdo do tenente coronel Boanerges.

– Poderá contar conosco, senhor!

– Ótimo! Que vocês tenham sucesso nessa missão!

– Obrigado, senhor. – agradeceu Boanerges.

– Majores, antes de me despedir, gostaria de informá-los de que a nave de vocês já se encontra plenamente reestabelecida e funcional – anunciou Vespasiano.

– Perfeito, senhor – respondeu Helena, observando o polimento da aeronave.

– O pessoal conseguiu reparar a nave. Municiaram-na completamente. Trocaram as metralhadoras de plasma, colocaram novos mísseis e renovaram a fuselagem danificada. Infelizmente, não conseguimos consertar o sistema de camuflagem. Isso é trabalho para pessoal mais especializado. Apesar disso, a nave está pronta para combate.

– Agradecido, senhor. – disse Helena, em posição de sentido, esboçando um sorriso.

– Foram também repostas suas armas portáteis, os multifuzis.

Vitã deixou escapar um sorriso ao ouvir a última frase.

– Bom, é melhor nos apressarmos.

Vitã e Helena se despediram formalmente do general, que os cumprimentou antes de tomar seu rumo no jipe flutuante.

– Senhores, os pilotos de nosso esquadrão estão a postos. As instruções de voo que discutimos já foram carregadas no banco de dados da nave. O controle aéreo irá nos dar permissão para o voo. Podemos partir – informou o coronel Boanerges, alojando seu capacete tecnológico.

Os majores procederam da mesma forma. Prestaram continência ao superior e seguiram para a nave. Boanerges partiu em direção ao caça-líder. Operadores de pista, com macacões eletrônicos cor de abóbora, faziam o reconhecimento de todos os pilotos, inclusive de Helena e Vitã, e rapidamente os liberaram.

Dentro da aeronave de ataque SIB 41, os tripulantes se acomodaram. O sistema se tornou ativo com a presença dos oficiais, e os consoles de operação foram acionados.

– Equipamentos renovados. Reparos na fuselagem bem sucedidos. Sistema de armamento em plena capacidade. Flares e mísseis reabastecidos. Sistemas internos operantes e energizados. Posso fornecer mais detalhes?

– Agora não, SIB. A rota de voo já está em seu banco de dados?

– O registro procede, major Helena.

– Sincronize lançamento. Siga a instrução do líder de voo – ordenou Vitã.

– Ordem recebida, major. Canal aberto com as naves do esquadrão. Seguindo diretrizes do líder de voo.

Todos os pilotos em seus caças passaram a ouvir a voz do comando.

– Atenção, Esquadrão Amazônia! Como já sabem, iremos participar de uma perigosa missão em defesa da base central de Codajás. Peço a todos que mantenham a concentração e deem o máximo de si, pois os inimigos estão usando tecnologia obscura, com equipamentos sofisticados dos quais ainda não temos pleno conhecimento. As aeronaves estão equipadas com novos radares que utilizam a decomposição de cores para visualizar o inimigo. Espero que todos tenham se familiarizado com essa sofisticada aparelhagem durante os treinos. No mais, boa sorte para todos! – disse o coronel, iniciando sua movimentação. – Controle, aqui é o Líder de Prata pronto para decolar.

– Entendido, Líder de Prata. Você e sua equipe têm permissão para decolar. Pistas Ômega 1 e Ômega 2 liberadas.

– Correto, controle. Tripulação, podemos partir.

– Majores, recebi permissão para decolar. Posso proceder? – alertou a SIB.

– Prossiga. – autorizou Vitã.

À frente, a nave do líder disparou. A propulsão permitiu uma decolagem precisa em noventa graus. Helena e Vitã encostaram rapidamente suas cabeças em seus assentos. As poderosas turbinas de energia da SIB 41 receberam carga máxima, o forte ruído dos motores se fazendo ouvir.

O veículo levantou voo, se posicionando atrás do Líder de Prata. Na retaguarda, outros caças os seguiam, em formação lateral à nave principal. Em alta velocidade, partiam para a grande missão em direção a Codajás.

Dentro da base, um intenso alarme era disparado. Comandante Lemos foi pego de supressa pelo som estridente enquanto olhava para umas plantas virtuais. Espantado, e sem pensar duas vezes, atravessou rapidamente o movimentado corredor e foi para o salão de comando, onde todos estavam alvoroçados. Oficiais se aproximaram.

– Senhor, a base de Cazônia foi destruída! – informou Nelson.

– Como assim?

– Aeronaves gigantescas invadiram nossas fronteiras. Recebemos o aviso em cima da hora e, infelizmente, a base foi completamente arrasada!

– Minha nossa! Os inimigos chegaram! Conseguiram detectá-los? – perguntou em alto tom, se aproximando de um oficial que cuidava do rastreamento.

– Não captei nenhuma aeronave nesse perímetro, senhor. A única coisa que posso registrar é a presença de uma enorme tempestade eletromagnética vindo nesta direção – respondeu a tenente Júlia, que olhou com preocupação para o pequeno console.

– Droga! Devem ser eles!

– Não entendemos, senhor – disse Nelson.

– São os inimigos! Devem estar usando algum tipo de camuflagem para evitar nossos rastreadores. A que distância essa massa se desloca?

– A forte anomalia esta a 243 quilômetros daqui, e se aproximando rapidamente. Devem sobrevoar essa base em 15 minutos – informou a militar.

– Maldição! Querem fazer um ataque relâmpago sobre a base, como fizeram com Cazônia. Eles devem saber que precisamos de apoio aéreo de outros estados para combatê-los – concluiu o comandante, com profunda preocupação, cruzando os braços.

– O senhor desconfia de que alguém está repassando informações aos inimigos?

– Tenho certeza, Nelson, de que há espiões revelando nossos pontos fracos. E o pior é que nem iniciamos o processo de evacuação dos civis.

– Não seja por isso. Poderemos fazer isso imediatamente. Basta disparar o alerta.

– Não, não. Pode ser perigoso. Eles se aproximam muito rapidamente. Poderão pegar os civis durante a fuga.

– E agora, senhor? – perguntou Nelson.

– Dê o alerta vermelho. Acione a infantaria blindada e as baterias antiaéreas. Prepare nossas esquadrilhas para lançamento imediato. Vamos reagir ao ataque.

– Sim, senhor!

O tenente, apressado, foi para o fundo do salão. O comandante se aproximou de um outro oficial.

– Élcio, redirecione todos os nossos mísseis para a interferência eletromagnética.

– Todos?

– Sim! Eu disse todos os mísseis, entendeu?

– Correto, senhor! – respondeu o oficial, teclando em seu console holográfico.

No gigantesco aeroporto subterrâneo de Codajás, a agitação tomou conta com o alerta sonoro. Dúzias de veículos levaram pilotos para seus caças. Ao desembarcarem, com seus capacetes de baixo do braço, correram para as aeronaves, aguardando ordens.

Do lado de fora do aeroporto, uma incrível bateria de tanques blindados, fortemente armados, se posicionavam. Os andarilhos, que lembravam grandes robôs, se deslocavam para posições estratégicas, sob o controle dos oficiais, apontando para o alto seus braços mecânicos com armas em punho, esperando pelo pior.

Lançadores de mísseis terra-ar, de portes variados, mudavam de ângulo, elevados por enormes estruturas, alinhados para a mesma direção ao céu. Civis e militares, transtornados, corriam para dentro da base-torre, ao som das sirenes disparadas.

O tempo estava tempestuoso, com previsão de chuva. As colossais aeronaves do Império, em estranha formação, continuavam a avançar impunemente sobre a Amazônia e provocavam o caos na baixa atmosfera. Elas empurravam grossas camadas de ar e pequenas nuvens, com a passagem de seus imponentes corpos metálicos.

– Excelência, estamos a 180 quilômetros da base de Codajás. Devemos sobrevoá-la em 8 minutos – anunciou um oficial.

– Excelente. Dê ordem para todos os caças da aeronave DYV-5 se prepararem para lançamento e me informe – disse Hansemon.

– Correto.

Dentro da base-torre, a agitação imperava. Todos estavam apreensivos com a aproximação do inimigo. Oficiais sob o comando de Lemos correram agitados para seus setores.

– SNO, ativar as armas da torre. Inicie varredura com rastreador RDC, vasculhe perímetro, dispare e contra-ataque possíveis projéteis e aeronaves não catalogadas que invadam nosso perímetro aéreo. Entendido?

– Ordem recebida, comandante Lemos. Armas da torre em modo de alerta. RDC iniciando varredura agora – informou o neuroprograma da base-torre com voz metálica.

– Tenente, entre em contato com as outras bases e dê o alerta! – ele falou para a oficial sentada à frente.

– Sim, senhor.

Dentro da nave do Império, um militar se manifestava:

– Excelência, os caças da aeronave DYV-5 já estão totalmente preparados para lançamento.

– Perfeito. Dê ordem de ataque. Quero que destruam tudo que estiver pelo caminho. Menos a torre principal, entendeu?

– Os pilotos já estão cientes disso. Faz parte do plano de voo deles, conforme Vossa Excelência tinha elaborado.

– Eu sei, mas quero que isso fique bem claro para eles.

– Fique tranquilo, excelência. Transmitirei a ordem.

– Ótimo!

O comandante Lemos, ao lado de seu amigo oficial, mirava o horizonte através de uma das janelas do salão de comando. Preocupado, parecia tentar visualizar o terrível perigo que se aproximava, o semblante carregado pela angústia.

– O inimigo que se aproxima é poderoso, Nelson. Sei quem são. Tenho documentos que mostram como agem e quais são suas estratégias para dominarem países. Não seremos páreo para eles sem o apoio de outros estados.

– Comandante, me desculpe perguntar, mas todos dentro da base estão querendo saber por que esse inimigo está aqui e o que procura na Amazônia.

Lemos se surpreendeu com a pergunta do oficial e então pensou: "e agora, o que eu vou falar? Não gosto de mentir, mas também não posso revelar a verdade".

– Caro amigo, há uma grande riqueza nessa região e se eles a possuírem, se tornarão mais fortes – concluiu ele, colocando a mão sobre o ombro do oficial.

– O senhor se refere às plantas medicinais e aos minerais?

– Essas coisas também fazem parte...

Antes que o comandante pudesse completar a frase, um forte alerta sonoro foi ouvido dentro da base, novamente deixando a todos sobressaltados. Tenente Élcio, saindo de seu posto, correu para perto do comandante.

– Senhor, o SNO, usando o RDC, detectou milhares de aeronaves de pequeno porte se aproximando em velocidade hipersônica. Estão vindo para cima de nós.

– A que distância estão, tenente?

– A última leitura do SNO mostra que estão a 60 quilômetros.

– Droga! Resolveram atacar mesmo! Oficial, passe rapidamente esses dados para nossa bateria antiaérea. Mandem mísseis de interceptação para cima deles. Não vamos esperar pelo pior!

– Certo, senhor! – assentiu o tenente, indo para seu comando.

Em terra, do lado de fora da torre, as enormes estruturas que sustentavam os mísseis deram um pequeno giro de 35 graus, produzindo um estranho ruído mecânico e, ao parar, iniciaram o lançamento de dezenas de pequenos mísseis que, em sequência, ganhavam os céus.

– Senhor, o SNO está on-line. As trajetórias foram repassadas para os controladores de mísseis – informou o tenente, virando-se e percebendo o comandante já atrás de si.

– Correto. Coloque os caças em formação e espere pelo meu comando de partida. – ordenou Lemos, apreensivo, apertando uma mão contra a outra.

Um enorme alvoroço tomava conta do agitado aeródromo subterrâneo. Dúzias de N5 foram posicionados no sentido vertical por enormes estruturas metálicas. Vários deles eram disparados, enquanto outros esperavam por sua vez.

Os caças, em altíssima velocidade, passavam por dentro de longos tubos de lançamento, em voo ascendente, e alcançavam o espaço aéreo, formando um grande esquadrão sobre a torre de Codajás.

Os caças Shamash H3, com formas de insetos, sanguinários veículos aéreos que haviam provocado a destruição de várias cidades no Oriente Médio, voavam sobre a magnífica floresta Amazônica feito uma enorme nuvem de gafanhotos, em busca de novas vítimas.

Mas, desta vez, eles não iriam encontrar tanta facilidade. Um líder de esquadrilha ficou alarmado com o que viu nos sensores. Milhares de mísseis vindo em sua direção. Mesmo ordenando aos pilotos de sua equipe para recuar, a tentativa foi em vão: várias aeronaves foram atingidas, obrigando a muitos pilotos ejetarem de seus veículos aéreos com o imprevisto.

Os caças adversários restantes fizeram manobras evasivas para se livrarem das investidas, mas os mísseis da base-torre eram bem mais velozes, lhes acertando em cheio. Eram explosões atrás de explosões.

A investida da torre promoveu a destruição de mais da metade das esquadrilhas dos Shamash H3. Ao presenciar os resultados, toda a equipe da base comemorou, eufórica.

— Isso é para vocês aprenderem a não mexer com a gente! – vibrou Élcio, tirando o fone do ouvido.

— Deu certo, comandante. Eles podem ser atingidos. Não estamos tão vulneráveis assim! – comentou o eufórico militar.

— Oficial, não é hora de comemorar! Envie os caças para cima deles, agora! – ordenou Lemos, com rigor.

Então, os espetaculares N5 Armadillo dispararam, em formação, indo de encontro aos inimigos.

— Seu imbecil, como seus homens não detectaram o fogo inimigo? – berrou Hansemon, muito irritado.

— Senhor, eles usaram neuromísseis de baixa frequência. Por isso, sofremos as perdas – justificou o general Sadagat.

— Isso foi um grande erro! Não podemos ser pegos de surpresa assim. Não admitirei mais fracassos, entendeu? – disse Hansemon, deixando cair a máscara, nervoso, olhando nos olhos de seu subordinado.

— Sim, sim, sim, senhor! – reagiu o temeroso general.

De repente, uma imagem surgiu no telão das forças de ataque, mostrando caças N5 Armadillo da base-torre voando de encontro aos adversários.

— Ouça uma coisa, Sadagat, quero destruir totalmente esses malditos caças como revanche. Espere que eles se aproximem da área de segurança e lance todos os caças do aeródromo DYV-6. Vamos ver se virão reforços para ajudá-los!

— Sim, excelência – respondeu o general, já se movimentando pelo salão para providenciar a estratégia.

Do outro lado do campo de batalha, a tensão aumentava.

— Comandante Lemos, nossos caças estão se aproximando do alvo – informou Nelson.

— Certo! Mas cadê o nosso apoio aéreo?

— A maior parte das esquadrilhas de outras bases e das fronteiras chegarão aqui em 40 minutos – informou a tenente Júlia, analisando os gráficos do painel.

— 40 minutos?

— Sim, comandante.

– Mas não vai dar! Não vamos conseguir aguentar tanto tempo assim. O inimigo agirá o quanto antes. Não há nenhuma esquadrilha que chegue mais depressa?

A oficial consultou rapidamente os dados no console.

– Comandante, felizmente, a 14 minutos daqui, se aproxima o Esquadrão Amazônia.

– Perfeito! Eles são valentes e serão de grande ajuda. Temos de atrasar o inimigo ao máximo, até que outros reforços nos alcancem.

Enquanto isso, na aeronave do Quarto Conselheiro, novas estratégias eram elaboradas.

– Excelência, os inimigos chegaram e passaram da área de segurança. Devem querer derrubar nossos aeródromos. O sistema de interceptação está acionado – disse o general.

– Isso é bom. Não queremos ver nossas naves mais caras sendo derrubadas por esse pessoal, não é mesmo?

O general Sadagat entendeu a pergunta do Conselheiro como sinal de ameaça. A 95 quilômetros da base-torre, sob um céu ameaçador, tinha início um intenso combate aéreo. Os N5 Armadillos perseguiam e duelavam valentemente contra os Shamash H3. Havia grandes explosões, muitos pilotos inimigos ejetando de suas aeronaves.

– Comandante, nossos caças entraram em confronto com o inimigo. Líder Tucano pede imagem de tela.

– Ok. Oficial, abra o canal.

A imagem do líder da esquadrilha, coronel Vítor, apareceu sobre uma tela projetada.

– Há muitos bandidos por aqui, comandante. Nossas aeronaves estão sendo atingidas muito rapidamente. Precisamos de apoio aéreo.

– Entendi, Líder Tucano. Faça o que deve ser feito e saia logo daí.

– Correto, senhor!

Sete caças da base-torre, mesmo sob fogo cerrado, decidiram atacar uma das naves maiores, disparando mísseis para danificar sua fuselagem. Porém, algo inesperado aconteceu.

Centenas de canhões de plasma surgiram das laterais da aeronave inimiga, abrindo fogo. Com cálculos precisos, fizeram milhares de disparos de energia, atingindo e anulando os mísseis lançados pelos N5.

– Comandante, não conseguimos afetar os aeródromos voadores. Eles estão usando canhões de rastreio – informou o Líder Tucano.

– Retire seus homens daí! Force os caças a combater longe das naves maiores!

– Já estou utilizando essa estratégia, senhor – rebateu o líder, puxando seu manche para a esquerda, o que fez a nave dar uma guinada.

O tenente passou a informação para os pilotos, e os N5 deram meia volta, saindo de perto dos aeródromos voadores. Das laterais da colossal aeronave inimiga, DYV-6, começaram a ser abertas dezenas de pesadas comportas. Para a surpresa de todos, mais uma carga de H3 foi lançada. Milhares deles ameaçaram o céu amazônico.

– Parabéns! Os canhões funcionaram bem. Deixamos o inimigo desnorteado. Creio que pensarão duas vezes ao tentar cometer essa insanidade novamente – elogiou o Quarto Conselheiro.

– Obrigado, senhor! Eu gostaria de lhe informar que passaremos por cima da base-torre daqui a 50 segundos – relatou um general Sadagat aliviado.

– Ótimo! Dê ordens para que as naves fiquem em modo de gravitação e que a metade de nossos caças inicie ataque no solo. Precisamos diminuir a força do inimigo em terra antes de pousarmos.

Um combate injusto era travado nos céus. Caças guerreavam intensamente. Eram sete Shamash H3 para cada N5 Armadillos. Explosões e fogos cobriam todo o perímetro aéreo. Homens corajosos enfrentavam destemidamente seus destinos.

As naves faziam piruetas mortais para lançar seus mísseis. Os pilotos da base-torre, em menor número, tentavam defender com unhas e dentes a região amazônica. Na base, os militares observavam através de janelas e telas, que projetavam um cenário que mais parecia o fim do mundo.

Uma ventania intensa proveniente do norte trazia densas nuvens que se revolviam com explosões e raios. Um verdadeiro esquadrão de H3, com aspecto de praga de lavoura, destroçava os caças da Amazônia em um fatal espetáculo pirotécnico no firmamento.

– Líder Tucano para base, precisamos de ajuda urgente! Estamos vulneráveis! – alertava o coronel Vítor.

Esquadrilhas de caças inimigos mergulhavam em direção à base de Codajás. No interior da torre, o clima era de terror. Berros de desespero eram ouvidos dentro da sala de comando, com a investida mortal dos inimigos.

– SNO, dispare! – ordenou o comandante Lemos sem pensar duas vezes.

Todos os armamentos, incluindo mísseis e canhões de plasma que estavam sobre a estrutura da torre, foram ativados instantaneamente, fazendo disparos precisos e derrubando algumas aeronaves inimigas.

– Infantaria, fogo! – bradou Lemos, atento à tela projetada.

Os fantásticos tanques andarilhos, operados por valentes oficiais, elevaram seus pesados braços mecânicos para o alto, expondo suas armas e abrindo fogo contra a ameaça vinda das alturas.

Ainda assim, o inferno tomou conta da base. No solo, explosões incessantes, máquinas sendo destruidas, naves em queda e tanques em chamas. No céu, o cenário não era nada diferente. Muitos pilotos ejetando de suas aeronaves.

– Senhor, estamos sofrendo inúmeras baixas. Precisamos urgentemente de reforços! – prosseguia informando o coronel Vítor, o Líder Tucano

Dentro da sala de comando, todos estavam estarrecidos.

– Maldição! Não há tempo para recebermos apoio aéreo! Já estão em cima de nós. Será tarde quando chegarem aqui. Precisamos salvar nossos pilotos! – lamentou, com tristeza, o comandante.

De súbito, um alarme estridente ativou uma tela no centro da sala de comando, e os oficiais perceberam uma imagem familiar.

– Calma, pessoal! O socorro está chegando! – disse Vitã, pilotando sua espetacular aeronave de combate junto aos caças de Japurá.

Todos dentro do salão, apesar do clima sombrio, deram vivas ao terem a visão do major e do esquadrão de apoio.

– Estamos salvos! – comemorou Élcio, dando socos no ar, ao ver a imagem de seu amigo.

– É Vitã! – reconheceu, satisfeito, um outro operador.

Com os ânimos recuperados, a equipe ficou na expectativa da aproximação dos "campeões". Do fundo do horizonte verde, surgiam as reluzentes aeronaves do Esquadrão Amazônia. Em extrema velocidade e muito corajosamente os veículos partiam na direção do confronto.

– Aqui é o Líder de Prata do Esquadrão Amazônia retornando à base, senhor.

– Você e seus homens chegaram em boa hora – disse Lemos – Precisamos atrasar o inimigo, até que mais ajuda venha de outros estados.

– Conte conosco, senhor! Iremos fazer o melhor.

Perto das aeronaves maiores, ouviam-se retumbantes explosões de caças que eram aniquilados. Os ases intrépidos do Esquadrão Amazônia abriram fogo, mergulhando no meio daquela balbúrdia para acabar com os inimigos.

Vitã, avistando quatro caças à frente, deu uma guinada. Helena, olhando para as miras múltiplas em seu ecrã, disparou cinco pequenos mísseis, que desafiaram o vento forte.

Voaram com precisão, obedecendo aos cálculos de trajetória da nave. Os inimigos, surpresos, foram atingidos em sequência, um após o outro. Quatro aeronaves explodiram no ar, dando novo moral ao combate.

– É isso aí, Vitã! Bela manobra! Vamos acabar com esses canalhas! – comemorou, pelo comunicador, o piloto Alexandre.

– Sim, agora temos menos quatro! Mas agradeça à Helena. Foi ela quem fez o trabalho – disse Vitã, voando por debaixo de uma nave mãe, para se desviar dos disparos.

– Major, há mais inimigos atrás de você! Eles não gostaram nada do contra-ataque! – informou Alexandre pelo sistema de comunicação.

–Isso é bom! Temos de nos livrar desse lixo! – disse Vitã, manuseando o manche para a esquerda. A nave então desceu em parafuso, para escapar da artilharia pesada.

Dois caças da esquadrilha de Vitã, observando o major ameaçado, mergulharam e voaram pela retaguarda, atacando os inimigos, que ejetaram. As naves que estavam no encalço de Vitã foram rapidamente destruídas.

– Amigos, obrigado pela ajuda! – agradeceu o major, pelo canal eletrônico de transmissão de voz.

SIB fez nova manobra e partiu em alta velocidade.

– Vamos sair daqui. É melhor nos separarmos – disse Vitã aos companheiros.

Os inimigos eram muitos. Uma grande esquadrilha em formação se aproximava por trás dos audazes pilotos, disparando uma sequência de pequenos mísseis.

– Filhos da mãe! Estão vindo aos montes! – esbravejou o major.

Os três caças fizeram uma coreografia no céu, lançando despistadores térmicos, para dissimular suas rotas. Cada piloto guiou sua nave para uma direção diferente, forçando os inimigos a se separarem. Corajosamente, atravessaram uma verdadeira muralha de guerra, entre explosões e fragmentos de naves que caíam.

– Eles são numerosos! O arsenal está acabando! – O coronel Vítor reclamava dos H3 que estavam na outra ponta do combate, ao tentar se esquivar de uma enorme perseguição.

– Acalme-se, Líder Tucano, estou me aproximando – informou Vitã.

– Vitã, eles devem saber que o Líder Tucano comanda umas das esquadrilha da base-torre. Por isso querem eliminá-lo – disse Helena.

– Tem razão. Temos de ajudá-lo rapidamente. Prepare-se.

Iniciando manobra arriscada, a SIB 41 desceu repentinamente no ar, na tentativa de socorrer o solitário oficial em seu campo de batalha. No *display* da nave do coronel, cintilava o alerta de mísseis inimigos se aproximando ao montes.

Então, ele decidiu disparar despistadores térmicos e conseguiu se livrar do primeiro míssil. Vitã se aproximou pela retaguarda dos oito H3 que o perseguiam.

Helena fez novos disparos, acertando dois deles. Porém, o voo era tortuoso e a perseguição dificultava o campo de mira da major.

– Líder tucano, aumente a velocidade! Eles estão na sua cola! – alertou Vitã.

– Eu sei, major, mas não consigo!

Concentrado, Vitã iniciou incessantes acrobacias, tentando livrar seu amigo do grande perigo.

– Coronel, eles travaram mira em você novamente. Estão muito próximos. Vão disparar de novo. É melhor ejetar!

O líder não conseguiu ouvir o major e disparou retrofoguetes, tentando afastar os perseguidores. Com sorte, abateu dois de seus algozes, mas os outros quatro caças Shamash continuavam em sua sombra.

SIB, em velocidade hipersônica, chegou perto dos inimigos. Helena, através de seu ecrã, liberou mísseis e conseguiu derrubar mais duas aeronaves. Os três H3 que ainda restavam disparam impiedosamente seus artefatos bélicos, à queima roupa.

– Salte, Vítor! – gritou Vitã, apavorado. – Salte!

A nave do Líder Tucano explodiu com o ataque.

– Malditos!– protestou Vitã, a plenos pulmões.

Os três caças que haviam abatido o Líder Tucano perceberam a presença da SIB. Uma das aeronaves continuava à frente e as outras duas fizeram um *loop* para tentar atingi-la por trás.

– Vitã, eles estão tentando travar mira em cima de nós. Precisamos de mais velocidade! – informou Helena, analisando as imagens em seu ecrã.

– Certo. SIB, velocidade máxima!

A inteligência artificial da aeronave remanejou toda a energia para a turbina, e a SIB 41se tornou ainda mais rápida. A velocidade foi tanta que o que se viu foram apenas borrões disformes no espaço.

Vitã, com olhos semi-serrados e dentes trincados de nervoso, perseguiu a máquina que abatera seu colega de trabalho. As duas aeronaves inimigas ficaram para trás, e a SIB rumou para cima do Shamash H3, que voava à frente.

– Vitã, mantenha o curso. Estou com o bandido na mira. Vou disparar.

– Certo, Helena.

Sem pestanejar, a oficial apontou para a estranha aeronave em forma de inseto e lançou um pequeno míssil flamejante. Porém, o piloto, percebendo o perigo, conseguiu ejetar-se a tempo, escapando da morte. O impacto do míssil provocou outra grande explosão.

– Intermediário, aqui é o Líder de Prata. Volte para cá. Cinco de nossos caças foram abatidos.

– Precisamos de você! – ordenou o tenente coronel Boanerges.

– Certo, senhor. Estamos indo – confirmou Vitã, já retornando ao conflito.

O céu era um caos, com centenas de duelos e várias explosões que dificultavam ainda mais as manobras aéreas. Havia muitos caças inimigos para poucos do Esquadrão Amazônia.

Porém, os destemidos pilotos davam o melhor de si, e insistiam no combate, apesar de sofrerem muitas perdas.

Em terra firme, continuava intensa a movimentação.

– Homens, fortaleçam a zona esquerda da base. Disparem agora! – gritava o líder do pelotão blindado.

Posicionado em seu tanque andarilho, ele liderara o contra-ataque. Os tanques-robôs, com suas pernas metálicas, corriam para todos os lados, abrindo fogo. Os Shamash davam rasantes e lançavam bombas sobre a base, transformando as máquinas andarilhas em imensas bolas incandescentes. Por pura sorte, vários operadores desses tanques conseguiram escapar a tempo.

– Excelência, os caças que chegaram estão derrubando muitos dos nossos.

– Mísero oficial! Você se preocupa com isso? Veja quantas aeronaves temos e quantos eles são – respondeu, com impaciência, Hansemon, vendo imagens através da tela projetada. – Meu caro, ouça bem. Será uma questão de minutos até que todos estejam sem munição e caiam perante nossos olhos. Aí poderemos pousar. Não percebeu isso ainda?

– Sim, excelência, realmente nossas aeronaves são em maior número. Não deveria me preocupar com isso.

– Porém, para termos ainda mais certeza de que não sobrará nem mesmo o pó desses infelizes, mande a DYV-6 descer e lançar o restante dos H3.

– Entendido, senhor!

Dentro da sala de comando da base, nervosos e tensos oficiais operavam seus equipamentos e assistiam aos combates. A torre, utilizando-se de sua inteligência artificial, cuidava da própria defesa, deflagrando projéteis, anulando mísseis e atacando naves invasoras.

– Tenente, onde estão as naves de apoio de outros estados? – perguntou Lemos, em alto tom, olhando para o console da oficial.

– Comandante, sinto muito, mas todas as comunicações de longa distância estão sofrendo fortes interferências. Não consigo abrir o canal com ninguém fora da base – disse Julia.

Lemos surpreendeu-se com a resposta, ficando cabisbaixo por alguns segundos. Os N5 do Esquadrão Amazônia caíam por terra. Metade da infantaria blindada fora destruída. Esse era o tenebroso quadro que se formava diante de um comandante perplexo.

Nelson se aproximou, observando Lemos abatido.

– Senhor, posso ajudar?

– Que Deus nos ajude. Se não conseguirmos segurar os inimigos agora, a ajuda de fora não chegará a tempo, se é que já não estão sendo atacados por outros caças. Nossos pilotos não poderão aguentar por muito mais tempo – disse o comandante para seu tenente de confiança.

Os corajosos pilotos da Amazônia, apesar de estarem em menor número, eram bem mais audazes e conseguiam, com manobras espetaculares, detonar as aeronaves adversárias.

– Os canhões de rastreio não permitem que os projéteis se aproximem das naves maiores. Alguém tentou eliminar essas naves? – perguntou o major Vitã a todos os pilotos que estavam com os canais de comunicação ativados.

– Todos nós tentamos. Não conseguimos nem arranhar a fuselagem dessas malditas aeronaves-mães. Os canhões de rastreio anulam nossos mísseis, e se chegarmos muito perto, irão nos acertar com facilidade – respondeu o Líder de Prata.

– Então, o que faremos? – indagou Alexandre.

– Temos de criar uma estratégia para destruir esses aeroportos voadores – disse Vitã.

Os pilotos restantes do Esquadrão Amazônia escutavam a conversa do seu líder com o major. No entanto, algo inesperado surgiu no céu, desviando suas atenções.

– O que é isso?

– O que foi, piloto Alexandre? – perguntou o coronel Boanerges.

– A popa, a mil e quinhentas jardas, senhor. Aumente a imagem, acho que estou vendo coisas.

Coronel Boanerges, com ajuda de seu ecrã, amplificou um pequeno ponto negro que se destacava no horizonte, e exclamou:

– Um maldito aeródromo voador, maior que os anteriores! Está vindo nessa direção!

– Estamos cada vez mais vulneráveis! Vai ser difícil vencer essa guerra! – disse um dos pilotos.

– Você tem toda razão. Precisamos de apoio aéreo, pois não conseguiremos dar cabo de novas esquadrilhas no estado em que nos encontramos – reforçou Boanerges.

– Senhor, não consigo fazer contato com ninguém fora desse perímetro. Meus sistemas de comunicação a longa distância estão bloqueados – observou um oficial.

– Os meus também não funcionam! – disse outro militar.

– Os bandidos bloquearam, de alguma forma, nossas comunicações para longe. Não consigo falar nem com a torre. Estamos isolados! – relatou o Líder de Prata.

– Coronel, daqui a pouco ficaremos sem munição e não poderemos reabastecer. Sugiro atacarmos agora mesmo e impedir o lançamento de novos caças – pediu Vitã.

– Você diz para irmos até àquela nave-mãe e arrebentar a abertura de lançamento?

– Sim, senhor. Se voarmos em altíssima velocidade e usarmos cálculos de trajetória incessantemente, poderíamos surpreendê-los antes que cheguem a esse ponto – explicou o major.

– Vitã, apesar de muito arriscada, sua ideia me atrai. Se conseguirmos realmente passar pelos caças enquanto levantam voo, poderíamos destruir a abertura de lançamento. Creio que não há muitos canhões de rastreio nesse ponto. Mas é uma pena não termos fogo pesado para fazer um estrago maior! – lamentou Boanerges durante a batalha aérea.

Helena, concentrada nos disparos, colocou a mão sobre o ombro de Vitã.

– O que foi, Helena?

– Vitã, nós temos o brilho de fogo! – lembrou ela a tempo.

– Poxa! Como tinha me esquecido desse míssil?

– Líder de Prata, temos o brilho de fogo.

– Por que não me falaram antes? Poucos oficiais têm permissão para carregar esse míssil. Fico feliz com essa informação.

– O senhor concorda em fazer o ataque?

– Lógico, major. Mas teremos de nos dividir. Uma parte de nossos N5 terão de aguentar na luta, enquanto eu, você e mais quatro pilotos voaremos em formação diamante por cima do aeródromo. Chegaremos bem perto da área de lançamento dos caças. Temos de nos certificar de que nada irá destruir seu míssil.

– Correto, Líder de Prata.

– Mas, senhor, se nos agruparmos agora, eles nos pegarão em cheio – disse o piloto Leonardo.

– Não há tempo. Já somos em menor número e não poderemos repor nossos armamentos. Não sabemos se realmente virá ajuda, nem se os nossos sistemas de comunicação de longa distância voltarão a funcionar. Essa é nossa única oportunidade de enfraquecê-los. Se não derrubarmos esse maldito aeroporto agora, será o fim de tudo. Irão destruir a base-torre. Não podemos deixar isso acontecer, entende?

– Entendo, Líder de Prata. Vamos atacar então? – perguntou Leonardo.

– Sim. Se quiser, venha conosco. A escolha é sua.

– Estou com o senhor, coronel! – apoiou o piloto Ary.

– Nosso major segue à frente. Preciso de mais três pilotos. Quem está comigo?

– Conte comigo, senhor – disse Leonardo.

– Líder de Prata, estou aqui para o quer der e vier! – se manifestou Alexandre.

– E não se esqueçam de mim! – completou Jean.

– Certo! Vocês vêm comigo. Guilherme, o resto de nossa equipe fica por sua conta! – ordenou Boanerges para o oficial que guerreavam no céu.

– Fique tranquilo, senhor!

A colossal nave-aeroporto elevou pesados portais de acesso como preparativo para o lançamento de suas máquinas de combate.

– Vai começar! – alertou Jean.

– Pessoal, chegou a hora de usar toda a nossa coragem. Façam como nos treinamentos. Entraremos em formação diamante, usando cálculos de trajetória a todo instante para nos proteger. Será arriscado, mas é a única alternativa de salvar a base-torre, correto? – disse o Líder de Prata.

– Sim, senhor – respondeu Vitã.

Os outros três pilotos também concordaram.

– Vitã, tome a frente e prepare o brilho de fogo. Daremos apoio.

– Entendido, Líder de Prata.

–Velocidade máxima agora, rapaziada!

Em pleno ar, os ases do Esquadrão Amazônia, em velocidade extrema, abandonaram o combate e iniciaram formação, rumo ao aeroporto voador que, pesadamente abria suas comportas blindadas.

SIB 41, a nave, guiada por Vitã, disparava em ritmo alucinante e seguia à frente, deixando os pilotos dos Shamash H3 desnorteados com sua ação inesperada. A equipe da perigosa missão foi tomada pelo calor da adrenalina.

Em movimento hipersônico, os pilotos arriscavam-se num voo *camicase*. Os despistadores térmicos e os cálculos de trajetória os ajudavam a atravessar barreiras espaciais.

Os cinco caças, voando lado a lado, se desviavam de projéteis e, ao mesmo tempo, eliminavam mais inimigos. Com isso, mostravam a eles uma nova estratégia que desconheciam. Com ação eficaz e realizando incessantes disparos, abriam caminho para a nave SIB, que carregava o poderoso míssil brilho de fogo.

– Senhor! Senhor! Senhor!

– O que houve, general Sadagat? – perguntou Hansemon.

– Adversários em alta velocidade estão indo para cima da DYV-6.

– Quero imagens.

Um operador de voo acionou ícones na tela projetada e mostrou a movimentação do Esquadrão Amazônia. Cinco reluzentes aparelhos aéreos duelavam contra centenas de H3, que começavam a levantar voo.

– Líder de prata, estamos nos aproximando da área de disparo dos canhões de rastreio.

– Correto, Leonardo, mas temos de manter a rota. Precisamos nos aproximar mais um pouco.

Os caças dispararam artefatos pirotécnicos à frente e, dando guinadas com a ajuda dos cálculos de trajetória, se livravam dos mísseis que se aproximavam.

Na área da base, a batalha continuava: os tanques andarilhos saltavam e corriam, contra-atacando com fogo os vários Shamash que arriscavam voos rasantes.

— Homens, transitem pela base. Não podemos enfraquecer a retaguarda! — ordenava o líder do pelotão, em meio a clarões de explosões.

No céu, a incrível missão dos N5 Armadillos prosseguia. Ouviu-se um forte estrondo, seguido de intensa luz e fumaça verde. O caça em posição de retaguarda, no esquadrão, foi atingido.

— Líder de Prata, fui alvejado! Rombo na fuselagem! Asas avariadas! Motor pifando!

— Ary, salte!

Em questão de milésimos de segundos, a nave de Ary explodiu.

— Meu Deus! Líder de Prata, Ary conseguiu pular? — perguntou Jean.

Coronel socando o encosto do acento visualizava os tristes fatos.

— Infelizmente não! — respondeu o coronel.

Os ases intrépidos com extrema velocidade prosseguiam como flechas em direção ao seu destino.

— Líder de Prata, não estou mais aguentando. Precisamos entregar logo o presente — confessou Leonardo, com nervosismo, no controle da aeronave.

— Aguente! Ainda temos de nos aproximar mais um pouco!

Impiedosamente, os canhões de rastreio, nas bordas das pistas de lançamento, abriram fogo, realizando disparos sequenciais contra os N5. O esquadrão, por sua vez, contra-atacou.

Com o auxílio dos cálculos de trajetória, os pilotos conseguiram se preservar da morte. Mas o cerco se fechava cada vez mais e a artilharia inimiga começou a atingir, com mais precisão, suas vítimas.

— Vou disparar, coronel. Já está na hora! — informou Vitã, com o suor escorrendo pelo rosto.

— Ainda não! Há caças à nossa frente. Eles podem interceptar o brilho de fogo.

Líder de Prata empurrou ainda mais seu *manche* para frente, aumentando a velocidade do caça, e passou a voar à frente da nave SIB.

— Coronel, porque fez isso?

— Não me faça perguntas, Vitã. Só aguente mais um pouco — ordenou o coronel, atento aos disparos.

— Eles estão perto! — informou Leonardo.

Uma esquadrilha de Shamash, vinda do alto, mergulhou para atingir o caça do piloto. No *display* da nave de Leonardo, cintilava o alerta de mísseis se aproximando.

— Ejete, Leonardo! Agora! — gritou Vitã.

—Leonardo não conseguiu sair de dentro da bola de fogo, que era sua aeronave em chamas.

Mais uma aeronave explodia.

— Droga! — protestou Vitã, socando as laterais de seu assento.

— Vitã, agora sim, prepare-se para disparar! — Informou o coronel a frente do perigo.

— Tudo pronto, Helena?

— Sim! SIB, remaneje energia para o brilho de fogo — solicitou Helena para o neuroprograma.

— Ordem recebida, senhora, 60% da energia da nave repassada para míssil brilho de fogo! — informou o sistema.

— Líder de Prata, míssil preparado para lançamento. Estamos com energia de reserva agora.

— Certo. Aguarde minha ordem.

Mesmo com apenas três caças, o confronto prosseguia. Os N5 Armadillos, em velocidade máxima, abriram fogo contra o corredor de aeronaves inimigas, causando o estrago de muitos Shamash H3.

Os canhões de rastreio na compota de lançamento eram poucos. Mesmo assim, começavam a disparar na tentativa de destruir os N5 que tomavam a dianteira, casualmente derrubando caças de sua própria frota.

Alexandre, ou Grande, como era conhecido, tinha uma enorme valentia e sempre protegeu a Amazônia. Havia salvado várias vidas durante suas campanhas na floresta. Nunca fora derrotado por ninguém.

Mas, infelizmente, isso mudou. Apesar de fazer inacreditáveis esquivas com sua possante nave, foi atingido pelos projéteis dos canhões de rastreio.

– Pessoal, minha nave foi alvejada!Vou ejetar!

Ouviu-se outra explosão.

– Não! Não! – gritou Vitã, inconformado.

– Alexandre, não! – bradou o Líder de Prata.

Cego pelo ódio e usando toda a sua habilidade e experiência, o líder investiu em disparos sequenciais, para todos os lados, destruindo tudo à volta.

– Senhor, os N5 passaram da área de segurança. Três deles foram derrubados, e dois insistem em se aproximar da área de lançamento.

– Você acha que essas duas naves, do jeito que estão, vão nos fazer algum estrago?

– Creio que não, Excelência.

– Ainda bem, general! Apronte os soldados. Vamos encerrar esta operação. Estou ansioso para entrar na base.

– Certo, senhor!

No solo, uma saraivada de bombas disparadas pelos H3 atingiu o líder dos blindados e arremessou seu tanque para o alto, destroçando-o. A resistência da infantaria começava a mostrar sinais de fraqueza.

O cenário não era dos melhores. Apenas dois N5 Armadillos passaram a lançar despistadores térmicos e projéteis, atravessando o corredor da morte. Mesmo assim, com movimentações de esquiva inimagináveis.

– Coronel, é necessário disparar. A fonte de energia da minha aeronave é precária. O míssil está energizado. Vamos ser atingidos! – informou Vitã, movimentando com força o manche, dando fortes guinadas.

– Aguente mais um...

Antes que o coronel pudesse completar sua fala, uma rajada de projéteis de plasma atingiu rasgando a fuselagem de sua nave.

– Dispare! – exclamou o Líder de Prata.

– Dispare, Helena! – ordenou Vitã.

Apareceu um alvo no ecrã da major cobrindo seus olhos, a major mirou na abertura do aeroporto voador, por onde saíam os H3. Segurou o gatilho com firmeza e atirou. Um forte estrondo denunciou o lançamento do míssil brilho de fogo.

O Líder de Prata conseguiu ejetar-se, sendo cuspido com violência, antes que seu N5 explodisse. O brilho de fogo passou pelos destroços à frente. Vitã, aproveitando a ocasião, fez com que a SIB mergulhasse em parafuso, escapando da aérea de impacto.

Com aceleração muito maior do que a dos caças, o artefato bélico voava em velocidade inacreditável. De suas laterais, surgiam milhares de raios, fazendo com que o míssil assumisse a forma de uma enorme bola de energia azulada, que ia envolvendo totalmente os adversários que encontrava em seu caminho.

Pegos de surpresa, os operadores do aeroporto voador ficaram sem reação, quando viram a imensa bola de energia do brilho de fogo colidir, com muita violência, contra a pista de lançamento, produzindo um curioso eco, antes da incrível explosão.

Em questão de segundos, a grande aeronave DYV-6 se tornou uma imensa bola de fogo, rolando pelos ares, e levando consigo todo o seu arsenal de Shamash H3. Major Vitã, ainda manobrando sua nave em rota de mergulho, percebeu o enorme estrago.

– Conseguimos! Helena, você destruiu os malditos! – comemorou ele, tentando, com dificuldade, abraçar a major.

Dentro da nave-mãe principal, apesar da gravidade artificial regulada, os tripulantes sentiram o possante reflexo da explosão, e foram empurrados para todos os lados. Na base-torre, atônitos, oficiais assistiam aos acontecimentos.

– Por Deus, o que foi isso? – indagou o comandante girando nos calcanhares rapidamente e olhando para o alto.

– Senhor, um dos aeródromos inimigo foi destruído. Pelo que pude observar, Vitã e sua equipe foram os responsáveis pela façanha – informou Nelson.

– Vitã! Você é demais, meu rapaz! – comemorou o Comandante, esboçando um pequeno sorriso.

No entanto, vários Shamash acabavam de reduzir a pó a infantaria terrestre. Somente o SNO revidava com armas da torre.

– Maldição! Esses lunáticos conseguiram destruir um de nossos importantes aeródromos! O Imperador não vai gostar nada disso! – esbravejou Hansemon, olhando os milhares de destroços que caíam.

– Sinto muito, majestade, mas eu avisei.

– General, poupe-me de suas frases idiotas e continue a operação! – disse o Quarto Conselheiro, em tom áspero, ao experimentar, pela primeira vez, uma grande perda.

– Major Helena, energia em baixa. Tempo estimado de voo: 49 segundos – alertou o sistema operacional da nave SIB.

– E agora, Helena? Sem energia, temos de pousar urgentemente – disse Vitã.

Porém, antes que o major pudesse fazer uma tentativa para o pouso, cinco H3 surgiram fazendo disparos.

– Droga! Não temos energia para aceleração e nenhuma arma! Somos alvos fáceis! – informou Helena para o major.

– SIB, libere nossas armas! Procedimento de ejeção!

O incrível armamento foi ejetado de seus assentos. Por uma alça pendurada sobre as costas, Vitã e Helena carregaram seus preciosos instrumentos de defesa. O major levantou uma estreita tampa transparente na lateral de seu console e puxou com força uma alavanca que desencaixou uma pequena caixa eletrônica prateada, fazendo com que a SIB 41 ficasse totalmente desativada.

– Vamos, Helena, ejete! – ordenou ele à amiga.

Os oficiais, colocando as mãos por debaixo de seus assentos, puxaram pequenas alavancas e foram arremessados, através de foguetes, para fora da nave. Os mísseis disparados pelos caças Shamash cruelmente atingiram em cheio a fuselagem da SIB 41, fazendo-a explodir.

Helena, triste, caindo de paraquedas, via a nave que havia salvado sua vida se tornar uma grande bola de fogo. Neste momento, procurou o seu companheiro.

– Vitã, tudo bem com você? – perguntou, através do sistema de comunicação de baixo alcance instalado em seu capacete.

– Tudo bem comigo e você?

– Nossa querida nave se foi...

– Não fique triste, ela será reconstruída, Helena. O cérebro eletrônico da SIB está comigo – revelou ele, descendo de paraquedas e avistando Helena ao longe.

– Você retirou o neurossistema?

– Está em minhas mãos.

– Graças!

Um tenente da base-torre, analisando seu painel, fez uma rápida leitura e percebeu que todos os caças do Esquadrão Amazônia haviam sido destruídos. O comandante Lemos, presenciando as imagens, tornou-se triste, percebendo a gravidade dos fatos.

25

Ataque na Torre

– Sadagat, desembarque as tropas! – ordenou Hansemon.
– Sim, senhor!

Do lado externo da base-torre, o aniquilamento imperava. Setores demolidos, máquinas destruídas, infantaria dizimada, soldados feridos, fogo e muita fumaça. Ainda ouvia-se alguns disparos vindo da torre, contra os H3 que a sobrevoavam, mais afastados.

Em meio a um triste cenário, apressadamente, um jovem casal de oficiais com armas em punho se desviava dos destroços de construções e engenhos de guerra e logo se aproximava de centenas de paramédicos e enfermeiros que socorriam soldados machucados com pequenas queimaduras e cortes no corpo. Vários gemiam de dor, jogados ao chão.

Um outro militar, caído ao lado do major, estava com sua armadura danificada e começou a ter convulsões, com tremores pelo corpo.

Imediatamente, Vitã retirou de seu traje uma pequena cápsula de sonífero, aplicando-a na vítima para servir como anestésico, o paciente entrando em sono profundo. Helena repetiu a mesma operação com outros dois militares próximos.

De repente, Vitã escutou um forte ruído de turbinas. Levantou-se, transtornado, e percebeu que os Shamash, por algum motivo, não atacavam nem a base-torre e nem os feridos no campo de batalha.

Vitã, atônito, olhou consternado os detalhes do cenário desolador e reconheceu muitos de seus amigos militares cambaleantes e alguns feridos, ao lado de maquinas destruídas, ficando muito abatido com o que viu.

Helena se aproximou e tentou confortá-lo, alisando suas costas.

– É muito triste que não tenhamos evitado esta catástrofe. Eu ainda não consigo acreditar em tudo o que está acontecendo. Minha gente, meus amigos... olha agora como estão... – lamentava o major, cabisbaixo e com voz balbuciante.

– Vitã, não se culpe. Sei que não é de nossa responsabilidade o que está acontecendo.

– Como não, Helena? Devíamos ter avisado ao comandante mais depressa!

– Nós avisamos, Vitã. Como iríamos saber que o inimigo tinha se antecipado? Não sabíamos! Não nos deram essa pista naquela maldita reunião! Não podemos nos culpar por isso. – disse Helena, abraçando Vitã carinhosamente.

– É... você deve estar certa. Vamos, temos que ajudar o comandante – pediu Vitã, tentando se conformar com a situação correndo à frente.

Da entrada principal da torre, parcialmente destruída, transitavam rapidamente as equipes de paramédicos, que tentavam resgatar os sobreviventes do campo de batalha. Vitã e Helena correram para perto dos profissionais e acompanharam toda a movimentação.

Os especialistas prestavam os primeiros socorros a seus amigos.

– Doutor, será que conseguirão se recuperar? Há soldados queimados.

– Fique tranquilo, major. Se sobreviveram até agora, com certeza conseguiremos recompor o tecido de seus corpos. As armaduras com revestimento energético que vocês usam salvou muitas vidas hoje.

– Bom ouvir isso, doutor – disse Vitã, apertando a mão do especialista.

– Por que não entramos na torre, agora? Os médicos cuidarão deles – disse Helena Vitã.

– Certo.

O casal correu para a entrada principal da torre, passando por equipes de enfermeiros e por sentinelas que vigiavam a entrada. No salão de comando, no último andar, todos estavam abalados com os recentes acontecimentos. Uma oficial saiu de seu posto para falar com o comandante Lemos.

– Senhor, todos os caças inimigos estão se afastando desta região. – Julia apontou no painel principal. – Os gráficos mostram que tomaram rota para interceptar nossas as naves de apoio.

– Droga! Os malditos querem impedir que recebamos ajuda de fora!

– Senhor, tentei avisá-los, mas as transmissões ainda estão inoperantes.
– Isso é ruim, oficial. Eles serão pegos de surpresa sem o nosso alerta. Temos de torcer para que vejam os inimigos a tempo.
– Senhor, já tenho o relatório de avarias... – relatou Nelson, se aproximando.
Uma voz metálica foi ouvida.
– O que houve, SNO? – perguntou o comandante, apreensivo.
– As munições das armas da torre estão acabando e ficarei impossibilitado de fazer novos disparos daqui a 5 minutos.
– Como assim, SNO? Detalhe! – ordenou Lemos.
– Senhor, as laterais do 25º e do 24º andar foram atingidas parcialmente por mísseis ar-terra. Os trilhos de acesso do subsolo para o paiol ficaram danificados com as recentes explosões. Os veículos de coleta e reposição de munições estão desativados.
– Malditos! – gritou o comandante, desferindo um soco em sua mão esquerda.
– Que azar, comandante!
– Não acho que seja azar, Nelson. Isso é obra dos espiões. Por isso, atacaram esse ponto vulnerável. Eles estão nos minando, mas não querem a torre destruída.
– Entendi, senhor. Eles devem saber exatamente o que fazemos aqui dentro.
– Sim, malditos espiões, nos entregaram – concluiu o comandante, com a mão na testa.
– Senhor, o novo relatório mostra que, realmente, houve muitas baixas. Todos os pelotões de nossa infantaria móvel foram derrotados. As armas da artilharia antiaérea estão completamente destruídas, e a maior parte dos militares que as operavam estão fora de combate.
– Por Deus! – exclamou Lemos, perplexo, solicitando imediatamente a SNO um relatório de avarias.
O neuroprograma instantaneamente mostrou os detalhes.
– Senhor, nossos vários setores externos foram demolidos por ação de mísseis. Os tubos de lançamento estão danificados. As estradas de acesso ao setor Sul, Leste e Norte bloqueadas por destroços. Todos os sistemas de comunicação a longa distância se encontram inoperantes.

O comandante se tornou pensativo.

– O quadro não é nada bom. As armas da torre cessarão os disparos por falta de munição, e creio que o apoio aéreo também não chegará. Nelson, quais os recursos que ainda temos para combater os inimigos?

– Temos as sentinelas, as armas portáteis e os mísseis de curto...

Um alerta estridente interrompeu os relatos do tenente, chamando a atenção dentro do salão de comando.

– Comandante, naves-mães estão liberando veículos aéreos de desembarque. Sensores mostram que todos estão repletos de soldados e robôs de ataque. – alertou a tenente Julia, olhando gráficos de seu console.

– Droga! O inimigo está chegando! Por isso, não fizeram disparos contra a torre. Eles pretendem invadi-la! – concluiu Lemos, com raiva estampada em seu rosto.

– SNO, relate as condições das estradas de acesso à base.

– Senhor, apenas a saída Oeste, setor 4, é que está pouco avariada. Veículos terrestres ainda podem passar por ela.

– Ótimo. Essa é a estrada de desembarque de suprimentos e exatamente a que precisamos para escapar.

– SNO, dispare o código Omega 3. Informe a todos que deverão rumar para o setor 4. Vamos fugir por terra.

– Alerta de evacuação ativado, senhor.

– Nelson, dê ordens para recolherem toda a documentação que puderem. Não vamos entregar nada ao inimigo. Retirem também os cristais de *back up* do sistema. Vamos precisar dos cubos-matrizes para recompor o SNO mais tarde.

– Correto, senhor – disse o oficial, correndo para os fundos do salão.

Com o alerta disparado, cientistas de vários setores agiram como se estivessem em treinamento e recolheram documentos e experimentos. Cortaram o link com o SNO e fugiram para os elevadores, levando seus estudos.

Na sala de comando, o alvoroço era geral. Todos se apressavam para a grande fuga. O comandante Lemos, bastante preocupado, parou por instantes e, ao olhar através de uma das janelas blindadas de seu departamento, vislumbrou o céu ameaçador.

Monstros alados de alta tecnologia pairavam no ar, trazendo homens impiedosos.

O inimigo estava mais perto do que imaginava. Seu semblante era pesado, mas a fé que trazia no peito o revigorava e, trincando os dentes de revolta, resolveu não desistir da batalha.

– Homens, enviem todas as sentinelas da torre com mísseis portáteis para o setor de hangares. Vamos combatê-los por terra e ajudar nosso pessoal a fugir! – ordenou, com voz firme e olhos semicerrados.

Nelson se aproximou.

– Senhor, poderíamos embarcar em aeronaves?

– Não. Seríamos alvos fáceis. O transporte por terra poderá camuflar nossa passagem quando entrarmos na floresta.

– Compreendido, senhor.

– SNO, ative o código 74K 29S 47D 90 Omega. Prepare-se!

– Senha reconhecida. Preparativos para autodestruição da inteligência artificial da base-torre. Sistemas em *stand-by*.

– Perfeito. Aguarde sinal.

– Ordem captada.

O grande corredor que dava acesso ao salão de comando fervilhava com a presença de militares e soldados. Eles organizavam a fuga, pelo elevador, dos cientistas que transportavam documentos de trabalho e partes de experiências.

Vitã e Helena saíram do mesmo elevador e correram na contramão, por entre a balbúrdia, rumo ao controle central.

– Ei, o que vocês estão fazendo? Vamos embora, pessoal! Os inimigos resolveram invadir a torre. Não fiquem por aqui. Temos de fugir! – alertou um oficial amigo de Vitã, que passava apressado por eles, carregando seus apetrechos científicos.

– Já sabemos disso. Estamos procurando o comandante. Você sabe se ele está nesse andar?

– Sim, eu o vi na sala de comando.

– Obrigado. Nos encontraremos depois. – agradeceu o major.

– Certo, mas tome cuidado.

Vitã fez um sinal de ok e, ao lado de Helena, se apressou em direção à sala de comando. Ao se aproximarem, encontraram o comandante, que saía junto a alguns soldados de arma em punho.

– Vitã? Helena? Graças a Deus vocês estão vivos! – disse Lemos, parando por instantes.

– Senhor, nós é que ficamos felizes em revê-lo! – disse o major, segurando o antebraço do comandante.

Helena olhou para ele.

– Certo, senhores. Não há tempo para conversarmos. Vamos descer. Temos de ajudar nosso pessoal a escapar por terra.

– Claro! – assentiu Helena, empunhando o multifuzil. O casal, junto ao comandante e as sentinelas de elite, ingressaram no lotado elevador eletromagnético, que os levou para o térreo.

Dentro da principal nave do império, o Quarto Conselheiro observava, através da grande tela projetada, a planta da base-torre fornecida por seu espião.

– Mestre, as primeiras fileiras de nossa infantaria pesada irão pousar no setor Sul da base inimiga. Estão descendo sobre as pistas destruídas de lançamento, como o senhor ordenou – explicou Sadagat.

– Perfeito! Programe os batedores metálicos para localizarem o comandante da torre. Quero-o com vida. Diga para os soldados não dispararem mísseis. Vamos ter cuidado para não danificar a torre. Preciso entrar nela, entendido?

– Sim, senhor! Deseja que apronte seu veículo?

– Sim. Descerei assim que a infantaria dominar o local. Tome conta das operações aéreas.

– Sim, senhor. Deseja mais alguma coisa?

– Por enquanto, é só.

– Correto, senhor.

A primeira nave das tropas inimigas chegou enfim ao solo. Fumaça, luzes piscantes e um ruído de metal se contorcendo denunciavam a aproximação. Das laterais do veículo, surgiu uma luz avermelhada, emitindo uma espécie de vapor.

Dúzias de robôs semelhantes a seres aracnídeos e um batalhão de soldados de elite do império com grossas armaduras de alta tecnologia, e fortemente armados, começavam a desembarcar em marcha, pisando no solo amazônico.

Os grandes elevadores eletromagnéticos da torre transportavam centenas de pessoas para a área de acesso terrestre, completamente lotada de máquinas e pessoas.

Em sua maioria, cientistas que tentavam salvaguardar parte de suas experiências, além de equipamentos, animais e plantas raras. Grandes filas se formavam na direção do setor de embarque.

Um imponente transportador terrestre de seis rodas deu marcha a ré dentro do pavilhão e se posicionou em área apropriada. Militares orientavam o embarque, guiando os cientistas e civis para o veículo gigante.

A operação tinha início. Na área da torre, outros veículos semelhantes estacionaram. De dentro de um dos elevadores, desembarcaram os últimos grupos. Nele, o comandante Lemos e seus soldados. Vitã e Helena os seguiam, apressados.

– Onde está o tenente Nelson? – perguntou Lemos, olhando para o casal de oficiais.

– Não sei, senhor, ele não desceu conosco – informou Helena.

O comandante, apreensivo, avistou ao longe o capitão Sampaio, que orientava seus soldados. Havia muitas pessoas e agitação por todos os lados. Enquanto se aproximavam do militar, ele retirou de sua cintura o pequeno aparelho comunicador portátil.

– SNO!

– Sim, comandante.

– Qual é a posição do inimigo? Já desembarcaram?

– Meus sensores mostram a presença do inimigo. Veículos já pousados. Uma aeronave permanece no setor sul, dentro da área de lançamento. Tropas fazendo desembarque. Pela trajetória de algumas das aeronaves, é possível prever pousos na face norte, precisamente no centro de treinamento militar.

– Certo. SNO, fique em stand by.

O comandante recolocou o aparelho na cintura e se aproximou do capitão. Ambos se cumprimentaram.

– Muita atenção. Pousaram em nossa área de lançamento no setor Sul. Temos de retirar os civis imediatamente daqui!

– Sim, senhor. Estou coordenando o pessoal. Os soldados já estão indo para os veículos e...

Enquanto Lemos e o capitão elaboravam a fuga em massa, do lado de fora no setor Sul, outras aeronaves inimigas aterrissavam, cumprindo o desembarque de tropas e batedores metálicos.

Uma grandiosa falange de soldados e robôs do império se espalhava por entre destroços da base. Aguardavam ordens para avançar. Os oficiais imperiais, protegidos pelos escombros, acionaram seus braceletes eletrônicos, fazendo regulagens. Através dos ecrãs, observavam o que os batedores metálicos viam.

Dentro do hangar, a operação de embarque dos civis chegava ao fim. Mais de oitocentas pessoas seriam transportadas em quatro enormes veículos terrestres. Os soldados da torre, em sua maioria, estavam nos jipes, esperando o aviso de saída. Outros, a pé, com lança-mísseis portáteis em punho, aguardavam instruções.

– Sampaio, chegou a hora dos civis escaparem da torre. Dê ordem para que alguns dos seus homens escoltem os veículos e que o restante venha comigo. Vamos tentar atrasar o ataque dos invasores – ordenou Lemos.

– Entendido, senhor! – disse o capitão, já correndo para o meio dos pelotões na torre.

– Comandante, sei que está cansado com tudo o que está acontecendo. Gostaria muito que não estivéssemos passando por essa situação, mas, infelizmente, não pudemos avisar a tempo. Perdoe-me – disse Vitã.

– O que é isso, major? Você não tem nada a ver com o que aconteceu. Você e a major fizeram muito bem o que deviam. Se o inimigo enganara a federação através de espiões e entraram na Amazônia, a culpa não é de vocês. Deveríamos tê-los detido antes que entrassem em nosso território. Mesmo assim, não podemos nos culpar. Eles têm tecnologia mais avançada.

Por favor, não se martirize, major – disse o comandante, colocando o braço sobre o ombro do major.

Vitã sentiu alívio ao ouvir as palavras confortadoras de Lemos.

– O que podemos fazer agora, e o que é mais importante, é evitar a morte de inocentes. E, para isso, teremos de ser grandes heróis, major.

Vitã respirou fundo.

– Vamos tentar atrasar os inimigos, criando uma linha defensiva à frente do setor Sul, enquanto nossos veículos fogem pela saída Oeste. Temos que fazer isso rapidamente, antes que comecem a pousar por trás. Não podemos ficar encurralados.

Um jipe militar fortemente armado se aproximou do comandante. Era o capitão Sampaio que o dirigia.

– Senhor, estamos prontos. Já podemos ir, se o senhor quiser.

– Ótimo. Oficial, mande os soldados da escolta aguardar meu sinal para saírem do hangar – ordenou o comandante, embarcando no veículo.

– Já estão esperando, senhor.

Os majores, de arma em punho, a pedido de Lemos, também ingressaram no carro flutuante. Helena assumiu a metralhadora de plasma, permanecendo em pé, dentro do transporte.

O comandante retirou o comunicador da cintura.

– SNO, como está a movimentação dos inimigos neste momento?

– Tropas se concentram no setor Sul, senhor. Não estão se movimentando ainda.

– E o pouso de outras aeronaves no setor Norte?

– Duas aeronaves de desembarque rumam para a seção Norte. Estão a meia milha de lá.

– Correto, SNO.

Ele virou-se para o capitão, recolhendo seu aparelho:

– Chegou a hora. Diga a seus homens que me acompanhem. Vamos para o setor Sul. Nós os pegaremos enquanto se agrupam.

– Certo! – respondeu Sampaio, transmitindo ordens através de seu comunicador.

Ouviu-se um forte estalo, e as portas do colossal hangar começaram a se abrir. Os jipes flutuantes, repletos de soldados, acompanhavam o veículo do comandante. Do lado de fora da base, entraram em contato com um cenário desolador.

Os inimigos a postos, mesmo distantes, perceberam a presença dos oficiais, que avançavam. Militares do império, alarmados com a inesperada aparição dos veículos em seus sensores, transmitiram ordens aos subordinados, que ajustaram os controles de seus braceletes eletrônicos.

Robôs batedores, com pernas metálicas, se movimentaram rapidamente, ao receber instruções dos oficiais. Os equipamentos mortíferos iam de encontro aos soldados da torre.

– Comandante, centenas de robôs batedores estão se aproximando – alertou Helena, observando as imagens em seu ecrã.

– Capitão, pare! Mande os soldados se espalharem sobre os destroços e disparar contra os robôs.

Sampaio repassou a informação, fazendo manobras rápidas com seu veículo, por entre escombros de edificações. Outros jipes correram à frente e se dispersaram, levando lançadores de mísseis portáteis.

– Capitão, dê ordem para a escolta levar os civis embora! – pediu Lemos.

Os formidáveis veículos deixaram o hangar, protegidos, em sentido oposto à área do conflito, e rumaram para a estrada do setor Norte, que passava por dentro da floresta Amazônica.

Alguns soldados da torre que corriam a pé, se aproximando do capitão, escutaram um ruído curioso ecoando pelo ar.

– Não! Voltem! – gritou Vitã, desesperado.

Após intensa explosão, os robôs batedores e suas armas letais fizeram as primeiras vítimas. Oficiais foram arremessados para o alto, caindo feridos ao solo. Uma batalha campal tinha início, revelando um mortífero combate entre homens e máquinas.

Major Vitã, presenciando o ataque, correu se protegendo entre escombros ele foi de encontro aos adversários.

– Vitã, não! – alertou Helena, correndo atrás dele, com seu multifuzil.

O comandante, ao lado do capitão, utilizou uma espécie de rifle eletrônico. Muitos soldados disparavam mísseis contra os robôs, que tentavam avançar. Helena e Vitã correram à frente e, com a ajuda dos multifuzis, acertavam, simultaneamente, vários robôs aracnídeos.

O conflito era intenso, e o som provocado pelos armamentos se tornou ensurdecedor. A sombra da morte pairava no ar. Vitã corria por dentro de um prédio destruído.

Helena protegia sua retaguarda. Subindo por escadas em ruínas, o major atravessou plataformas danificadas. Do terceiro andar, teve uma visão panorâmica da praça de guerra, onde viu máquinas derrotando homens.

Um robô-aranha, por trás dos entulhos, espreitava três incautos soldados, virados de costas para o perigo.

– Disparos de precisão! – ordenou o major para sua formidável arma.

Um som singular foi ouvido, feito o assovio do vento de um pequeno tornado. Os robôs foram atingidos em cheio. Carapaças metálicas voaram pelos ares. Vitã arrebentou as máquinas que ameaçavam seus companheiros.

Espantados com a explosão, os oficiais perceberam que alguém protegera suas vidas. Olharam para cima da construção e viram a figura do major em pé. Em agradecimento, fizeram acenos.

E os disparos continuavam. Alguns robôs insistiam em se infiltrar pela linha defensiva dos soldados da torre, mas eram sequencialmente massacrados pelos atiradores, grupo do qual também faziam parte o comandante e o capitão.

Em meio aos destroços, Helena, com ajuda de seu visor, percebeu a aproximação de outras máquinas. Para não se tornar alvo fácil, se afastou momentaneamente do major.

Ela correu se desviando dos tiros cruzados, e observou no ecrã que, no corredor entre duas construções destruídas, quatro batedores avançando em direção ao comandante e ao capitão.

Ao seu redor, havia soldados da torre feridos pelo chão. Entre alguns deles, descobriu um lança-míssil portátil intacto, ainda carregado. Novamente, com o auxílio do visor eletrônico, rastreou o ambiente e enxergou os inimigos em plena ação.

Em um movimento cinematográfico, saiu de seu esconderijo e disparou o multifuzil, dando uma cambalhota no ar. Em milésimos de segundos, ativou a armadura energética e, com mira certeira, atingiu os primeiros oponentes metálicos.

Logo depois, colocou sua arma a tiracolo e pegou o lança-míssil. De onde estava, viu que o sargento e o comandante ainda corriam perigo naquele corredor. Prontamente, fez alguns cálculos no ecrã, que ativou uma mira, e lançou o pequeno artefato contra os inimigos.

O projétil, com velocidade extrema, entrou em movimento ascendente e, após alguns segundos, acertou com precisão cirúrgica os quatro inimigos eletrônicos. O impacto provocou o desabamento de parte das paredes do corredor, massacrando os robôs.

O comandante e o sargento foram surpreendidos e dispararam suas armas. Atônitos, olharam para trás para entender o que havia acontecido. Escaparam da morte no final daquele sombrio corredor. Helena recuou para a posição anterior, se escondendo, na tocaia, por entre os destroços.

– Tenente, como está a situação dos civis? – perguntou o comandante, que consultava rapidamente seu comunicador. Depois de proceder alguns disparos certeiros, o comandante ouviu o relatório da tenente Júlia, que acompanhava os cientistas na fuga.

– Tudo transcorre bem, senhor. Os soldados me informam que já estão fora da área da torre. Estamos passando por uma estrada da floresta. O inimigo não deu as caras. – disse a militar, abaixada, ainda atenta aos ataques.

– É uma ótima notícia. Fico feliz que os civis estejam escapando. Quando eles se afastarem bem dessa região, será a nossa vez de escapar. – alertou Lemos, em plena ação de guerra.

– Sim, senhor!

Os oficiais do Império, ao lado das aeronaves de pouso, ficaram irritados ao perceberem a destruição de suas máquinas. Notando que a maioria dos robôs não conseguira vencer as tropas de elite da base-torre, deram ordens para que os milhares de soldados do império avançassem.

– Comandante, agora são os soldados que avançam! – disse Vitã, do alto de um escombro, observando no ecrã as imagens do deslocamento dos soldados, por entre as ruínas.

– Major, saia daí! A luta está mais perigosa, agora! – ordenou o comandante pelo comunicador.

Havia um barulho infernal no campo de batalha. Vários soldados da torre começavam a perder, incapazes de vencer tantos adversários. Helena também notou que os robôs haviam sido substituídos por uma ameaça maior. Então, decidiu sair de onde estava, indo para perto dos oficiais da base.

– Capitão, dê ordem para recuar! – gritou o comandante, ainda acertando alguns batedores. Os soldados se afastaram e se retiraram, disparando. Vitã correu apressadamente do perigo, mas nem por isso cessou suas investidas.

– Helena, cadê você? Fuja!– dizia Vitã, preocupado, através de seu aparelho de voz.

A major se aproximou do comandante Lemos.

– Vitã, não se preocupe! Estou ao lado do comandante. Fuja daí! Há milhares de soldados vindo em nossa direção!

Militares em menor número fugiam para se salvar. Muitos eram alvejados. O major, mais recuado, correu o máximo que pode, virando sua arma para trás, ainda disparando, sem olhar para os adversários. Acertou inimigos apenas com a ajuda do ecrã.

– Senhor, temos os homens feridos aqui! Não há como lutar mais! São milhares deles! Estão avançando! É melhor que o senhor fuja agora!

Um sinal sonoro no comunicador do comandante anunciou novamente a presença de SNO.

– O que houve?

– Comandante, aeronaves de desembarque pousando na área de treinamento do setor Sul – informou o neuroprograma.

– Droga, ficaremos encurralados! Capitão, recolha seus homens. Vamos embora! – ordenou Lemos.

– Sim, senhor.

– Major, venha para o jipe! – ordenou o comandante, pelo transmissor do capacete.

Havia um intenso disparo de projéteis. Homens e mais homens se rendiam ao abraço do inevitável. Vitã, enfurnado no campo de batalha, usava os sensores de seu traje e percebeu claramente seis soldados se aproximando pela retaguarda.

Eles estavam por detrás de edificações destruídas. Vitã resolveu montar tocaia, como única alternativa, deitando-se por entre blocos de concreto para se proteger.

– Multifuzil, configuração metralhadora.

Os soldados, rapidamente, partiram para cima de Vitã, abrindo fogo.

– Revestimento!

Como um ser espacial, o major se protegeu com o escudo energético, envolvendo-o por completo sua armadura. Ele rolou pelo chão, investindo contra os inimigos.

A ação de Vitã foi rápida. Com vários disparos precisos, ele os atingiu um a um, danificando a armadura dos adversários. Espantado com a própria estratégia, o major testemunhava sua eficácia, que provocava uma espécie de "efeito dominó". Os perversos soldados caíam em sequência pelo chão.

– Sinto muito, pessoal!

Soldados da torre continuavam a correr e a recuar, procurando escapar, porém, muitos não tinham tanta sorte como o major. Recebiam disparos pelas costas e caíam por terra, com suas armaduras anuladas. Eram sumariamente desativados por milhares de combatentes inimigos.

Outros oficiais conseguiram se aproximar de um jipe supostamente escondido para fugir. Porém, sem desconfiar, caíram em uma armadilha de robôs batedores que, do alto de uma construção, finalizaram o ataque, lançando projeteis. A ação dos sentinelas foi abafada pelo calor de um surdo clarão, que despedaçou o veículo em fragmentos flamejantes.

Helena, no jipe, ao lado do comandante e do capitão, assumiu a metralhadora antiaérea.

– Vitã, me dê sua posição. Vou buscá-lo! – disse o comandante pelo comunicador.

O major se movimentou por entre as ruínas, se esgueirando dos numerosos adversários.

– Senhor, estou indo para o hangar. Rastreie o sinal do meu traje – informou ele, ladeando, apressado, as paredes da torre.

– Certo. Vamos tentar buscá-lo.

– Entendido – respondeu Vitã, apressado e atento aos disparos à volta.

O combate continuava. Muitos dos soldados da torre eram encurralados e derrotados. Outros subiam em construções, tentando escapar do perigo. Alguns eram pegos por robôs batedores e suas armadilhas.

O major, bem mais adiantado em sua fuga, notou através do ecrã que soldados inimigos avançavam à esquerda, por entre os escombros. Ao correr mais alguns metros, passando por cima de entulhos, ele viu um jovem soldado caído, ferido na perna.

Ele estava acordado e desarmado, o pavor estampado no rosto.

– Você consegue se levantar? – perguntou Vitã, o examinando rapidamente.

– Senhor, fui atingido por máquinas assassinas. Não consigo mexer a perna esquerda – disse o combalido soldado, com uma ferida na face e hematomas espalhados pelo corpo.

– Está com a perna quebrada – concluiu Vitã em pensamento.

Os ataques se misturavam à fumaça, berros de homens desesperados e explosões em um cenário de destruição. Vitã, de joelhos, perto do soldado, olhou para trás, examinando a área.

Com ajuda dos sensores, visualizou no ecrã formas orgânicas em aproximação. Soldados do império vinham à sua captura. *"Não posso deixar este homem morrer assim!"* pensou Vitã.

Prontamente, ergueu o braço esquerdo do militar, que gemeu, e, com força, o jogou sobre seus ombros. Fez um grande esforço para salvá-lo. Soldados inimigos pareciam saber a posição do major.

Corriam em meio a destroços. Estavam a 90 metros do alvo. Dentro da aeronave principal, o Quarto Conselheiro e seu general sentiam o prazer de acompanhar o espetáculo terrível, através de um grande painel.

–Idiotas... Como esperavam nos vencer em menor número? – Gargalhou Hansemon.

– Excelência, e os veículos terrestres que levam os civis da torre? O que faremos com eles?

– Não vamos pensar nisso agora. Primeiro é preciso anular os focos de resistência que ainda persistem.

– Excelência, mas eles estão se afastando demais naquela estrada da floresta.

– Ah! Deixe que eles tenham a falsa sensação de segurança, Sadagat. Aguarde até que eu envie um dos nossos Shamash H3 para destruir a estrada. Vamos forçá-los a entrarem na Floresta. Vai ser muito interessante ver nossos soldados de combate os perseguindo. Trata-se de um belo teste de campo, não acha? – Comentou, rindo em altos brados

– Perfeito. E os soldados inimigos que forem capturados. Que faremos?

Hansemon pensou por alguns segundos.

– Vou pensar o que faço com eles depois. Esses imbecis pretensiosos se precipitaram nos enfrentando desse jeito. Nem quatro mil homens com essas armas ridículas poderiam nos vencer. – ironizou o Quarto Conselheiro.

Sadagat, a seu lado, também sorria com as imagens cruéis na tela.

– Senhor, veja isso! – apontou Sadagat para a tela energética, vendo o último guerreiro em fuga.

– Mas isso é impossível! – reagiu Hansemon, mudando de feição, ao reconhecer o major Vitã, que se desviava dos escombros e carregava um homem ferido em suas costas. – Esse infeliz ainda está vivo? General, quero esse homem com vida. Dê ordens para capturá-lo, sem feri-lo.

– Sim, grande Hansemon!

– Esse aí vai pedir para morrer! Vai me pagar pelos danos que me causou! – esbravejou Hansemon, batendo o punho na beirada do console.

Dando continuidade ao esforço hercúleo de arrastar o soldado ferido sobre os ombros, Vitã reparou, ao olhar para trás, que os inimigos estavam ainda mais próximos.

– Por favor, me deixe! Não morra por minha causa! – implorava o soldado ferido.

Mesmo sabendo que servia de alvo fácil, o major ignorou o pedido do moribundo e continuou a carregá-lo, fugindo pela trilha da morte. De súbito, seu traje soou o alarme. Soldados pularam a 50 metros à frente.

O ecrã travou mira nos inimigos. Vitã atacou, antes que os soldados disparassem, os atingindo. O impacto os jogou para longe. Ouviu-se mais um sinal de alerta. Outros soldados saíram dos escombros, pela retaguarda.

O multifuzil voltou a fazer disparos, provocando novas baixas. Muito cansado e respirando com dificuldade, Vitã foi tomado por dores nos tendões. Mesmo assim, o major prosseguia em sua fuga, tentando salvar suas vidas.

Enlouquecida, sua arma tecnológica cintilava, ao partir para ataques sequenciais. No ecrã, formas humanas por todos os lados. Vitã estava cercado. Um pelotão inteiro avançava por trás das construções.

Esgotado e percebendo o perigo, o major resolveu se esconder e montar tocaia. Rumou para um prédio em ruínas e permaneceu oculto atrás de pedaços de paredes, colunas e rochas.

Alguns soldados iam na direção de seu esconderijo, apontando armas. Vasculhavam a área, tentando achar um jeito de capturá-lo. O visor do oficial captou a presença dos primeiros invasores. Vitã analisou uma estratégia. Olhou para o alto e viu uma brecha. Através da ferragem retorcida, notou os vultos dos adversários.

Loucamente, dois soldados do império entraram no esconderijo. Mas antes mesmo que pudessem investir contra o major, se tornaram vítimas. Esferas luminosas os atingiram no peitoral, foram arremessados para trás.

Outros soldados escutaram o barulho e, percebendo que a armadilha não surtira efeito, tentaram fazer disparos, espreitando através das brechas no teto, mas Vitã agiu mais rápido e os acertou em cheio.

Um soldado tombou, atingido no ombro, e outro foi jogado para longe. Uma falange vinda de todos os cantos tentava invadir o abrigo, mas era afetada com ataques múltiplos, graças à mira infalível do major.

"*Meu Deus! Não há mais saída!*", pensou Vitã, ajoelhado, por cima do soldado moribundo, reparou que a energia da arma estava se esgotando em breve não poderia fazer mais disparos.

Do lado de fora do esconderijo, um veículo se aproximava.

Era o jipe do comandante Lemos e da major Helena. Ela utilizava a possante metralhadora, lançando projéteis de plasma contra os soldados. Muitos caíram e outros fugiram. Os projéteis pareciam fortes granadas e provocavam intensas explosões.

A investida de Vitã deixou momentaneamente um grupo de oficiais desnorteado. Os que estavam dentro do esconderijo, recuaram e foram alvejados. Vitã aproveitou a ocasião e colocou o soldado ferido novamente sobre as costas e correu, vendo o jipe se aproximar.

O capitão Sampaio, ao volante, manobrava o veículo, se posicionando ao lado do major. Rapidamente, Vitã colocou o militar ferido no assento da frente, e pulou para trás, se acomodando ao lado do comandante.

Helena, de pé, continuava a manusear sua metralhadora futurística, fazendo mais vítimas. O impacto dos projéteis que colidiam contra os destroços levantou grossas camadas de poeira, camuflando a posição da equipe. Mesmo com pouca visibilidade, os militares do império ainda revidavam.

Sampaio acelerou o jipe em velocidade máxima, a tempo de sair da área de risco. Helena disparava à retaguarda. O veículo flutuava à máxima velocidade e rapidamente se distanciou da base torre, deixando os inimigos longe.

O cenário de destruição começava a ficar para trás, os passageiros pareciam mais aliviados por não estarem sendo seguidos.

Após alguns minutos, percebendo que os soldados ficaram para trás, a major largou a metralhadora e se abaixou, observando apreensiva o exausto major.

– Que bom que você está aqui, Vitã! – disse, o examinando.

Muito cansado, o major, deitado no banco do veículo, esboçou um sorriso.

– Vitã, eu fiquei muito preocupada com você. Pensei que não ia conseguir, mas ainda bem que você está aqui comigo, agora – Sussurrou Helena, apoiando sua mão sobre o peito do oficial.

– Helena, ainda não consigo acreditar em tudo o que está acontecendo. Fiquei preocupado com você também.

Helena o encarou com olhos lagrimejantes. Vitã se esforçando e se erguendo, abraçou a companheira.

O sargento guiava velozmente o jipe e o soldado ferido se entregou ao sono. Porém, dentro da nave-mãe inimiga, o clima era de guerra.

– Excelência! O comandante da base e os majores espiões seguem de jipe em direção à estrada da floresta. Devo interceptá-los agora?

– É claro! Mas não os mate. Quero-os com vida. Vamos pegar alguns coelhos com uma só cajadada! – ordenou o Quarto Conselheiro, rindo sarcasticamente.

Sampaio, perspicaz no comando do fantástico jipe flutuante, passou rapidamente pela estrada oeste, na Floresta Amazônica, e já se encontrava a alguns quilômetros de distância da base.

Vitã, com a mão sobre o rosto de Helena, a encarava com um sorriso, tentando confortá-la, mas teve sua atenção desviada por um sinal de alerta, disparado em seu capacete.

– Pare! – gritou Vitã, ao se levantar do veículo.

Neste momento, ele viu um pequeno míssil vindo do céu, se aproximando com extrema velocidade. Então, tudo se sucedeu num piscar de olhos: o capitão tentou desviar o jipe, dando um cavalo de pau, mas os projéteis bateram na pista, bem à frente do carro, fazendo o veículo cair de lado.

Os passageiros foram lançados para o alto. Lemos, Helena e o sargento tombaram, desacordados, no meio da estrada. Vitã foi arremessado para dentro da floresta. Com o acidente e o impacto, iniciou-se um pequeno foco de incêndio na floresta.

Por algum tempo, os oficiais permaneceram desmaiados. Em meio ao fogo e à fumaça, Helena, com crises de tosse, foi a primeira a acordar. Sua testa estava machucada, e o capacete, danificado.

Ela sentia a perna esquerda e os pulsos doloridos. Ao ver o comandante a alguns metros, se levantou vagarosamente e tentou socorrê-lo. Passou a mão em seu pescoço e percebeu que ele estava vivo, apenas desmaiado. *"Meu Deus, onde está você, Vitã?"*, pensou a major, ainda tossindo.

Ela olhou em volta e retirou o capacete inoperante.

O capitão Sampaio, sujo, com o braço esquerdo quebrado e a perna direita ferida, procurou se levantar. Helena se aproximou para ajudá-lo, mas o inesperado aconteceu. Projéteis de energia acertaram em cheio o corpo do militar, que estremeceu com o choque, sendo lançado para trás.

Helena, assustada, assistiu à cena provocada pelos inimigos. Pela retaguarda, percebeu vultos que atravessaram a neblina de fumaça. Eram os impiedosos soldados do império que se aproximavam, fechando o cerco.

Lemos, com a testa e braço esquerdo machucados, tossia e respirava ofegante, ao despertar. A primeira coisa que viu foram os oficiais segurando os braços de Helena, que tentava livrar-se dos adversários, esperneando e se contorcendo.

"SNO, você não pode pertencer a estes bandidos!" pensou o comandante, ao se lembrar que o neuroprograma da torre ainda permanecia ativo. Com sacrifício, ele retirou o pequeno comunicador de sua cintura, que ainda funcionava, e abriu contato com o programa inteligente.

– SNO!

– SNO na escuta, senhor! – respondeu ele, com voz metálica.

– Dê início ao processo de... Argh!

Antes que pudesse concluir sua ordem, Lemos teve a mão esquerda atingida, com violência, pelo cabo de uma arma. O golpe danificou completamente o aparelho comunicador.

Sentindo fortes dores nos dedos e largado ao chão, Lemos avistou, entre a fumaça, o rosto do agressor e se espantou.

– Você? Por que fez isso? Ficou maluco?

– Desculpe, comandante, mas tenho de ajudar o império.

O comandante arregalou os olhos de surpresa.

– Agora entendo. Foi você quem nos traiu. Por que fez isso, Nelson? Por que teve de se corromper? – indagava Lemos em fortes brados.

– Comandante, não se trata disso.

– Não? Então, me diga, por que traiu seus companheiros? Por que ajudou esses inimigos a atacar nosso pessoal? Fale, covarde! – disparou o comandante, tentando se esquivar dos soldados inimigos que o seguravam.

– Não se trata de dinheiro. Na realidade, eu sou um oficial do império. Nasci e fui criado para esse trabalho.

– Um oficial do império?

– Sim. Eu e muitos outros que estão espalhados pelo planeta recolhemos informações de vários setores e centros militares como esse.

– Então, esses anos todos você permaneceu disfarçado.

– Sim, comandante. Ainda adolescente, recebi essa missão. Segui todos os trâmites legais e me tornei um oficial em sua torre.

Lemos era um misto de dor e frustração. Respirando fundo, tentou manter aquele diálogo.

– E você acha que valeu a pena trilhar esse caminho de sangue, ajudando esses malditos a lutarem contra inocentes?

– Comandante, há uma guerra do outro lado do planeta, e meu império precisa de informações para evoluir e se proteger. Não me culpe pela derrota de seus oficiais. Isso faz parte do jogo. Ao colocarem seus uniformes, sabiam do risco que estavam correndo.

– Você não tem a mínima consciência! Não vê que está do lado da injustiça e da estupidez?

O espião gargalhou.

– Não me venha falar em injustiça e estupidez, comandante. Não sei se você sabe, mas vivemos em um planeta onde o forte sempre dominou o mais fraco. Como haveria fronteiras e cidades, se não houvesse escravidão? Como as leis surgiriam, se o mais poderoso não as tivesse ditado? Como explica esses fatos, hein, comandante?

– Vejo que o ensino que recebeu de seu governo é totalmente equivocado. Mostraram apenas a banda podre.

– Como assim, comandante? Vai me dizer que estou errado no que falo? –perguntou, sarcástico.

– Não. Em certa parte você está certo. O homem do passado sempre usou a violência e escravizou muitos para que suas cidades e seus impérios fossem construídos. Também não nego que leis foram elaboradas por homens perversos da antiguidade. Mas você se esquece de a uma lei no universo, uma força poderosa que modificou tudo isso. Olhe para Roma. Veja o Egito. Cadê os césares? Cadê os faraós?

– Comandante, o senhor deve estar delirando. Fala coisas sem nexo. Acho que este acidente o deixou transtornado! – encarnou, gargalhando.

– Você ironiza! Seu império é sanguinário. Não vê que eles adoram deuses malignos e não ligam para a vida de inocentes? Estão fazendo tudo errado, como faziam os antigos. Saia deste meio enquanto há tempo!

– Ora, pare de me dar sermão! – exclamou o traidor, dando um chute na perna de Lemos que assumiu expressão de dor.

– Então, é isso que tem para argumentar comigo, Lemos? Pensei que fosse mais criativo! – falou rindo – seguia ele, desferindo um chute nas costas do militar.

Helena presenciava a cena e tentou atacar o agressor, mas foi impedida pelos soldados. Com ajuda de dois soldados, um oficial começou a algemá-la com um bracelete eletrônico.

Porém, ela resistiu à prisão. Tentou usar da força corporal para escapar, – Miseráveis! – xingou ela, cuspindo na cara do militar.

Irritado, o oficial pegou uma arma e ia dar uma coronhada no rosto da major. No entanto, não encontrou tempo. Um forte brilho, um assovio no ar, e a cintilante esfera azulada atingiu seu peito, arremessando-o para o alto, caindo desfalecido.

Os soldados inimigos ficaram atônitos com aquela ação inesperada. Olharam para frente e tentaram localizar quem havia feito o disparo. Então, por entre nuvens de fumaça, perceberam o vulto de um homem de capacete, arma em punho, de pé e com sua armadura brilhando.

– Senhores, nunca lhes ensinaram que não se bate em uma dama? – perguntou, em alto tom, o major, já descarregando sua arma em configuração de metralhadora contra os inimigos.

Mesmo com a ação limitada, os oficiais, ao verem Vitã enfurecido, dispararam. Porém, o major, muito mais rápido e se guiando pelas imagens do ecrã, acertou vários inimigos ao mesmo tempo, fazendo-os caírem por terra.

O combate era pesado. Uma chuva de projéteis colidia contra a armadura de Vitã, minando a energia do traje. O impossível acontecia: um único homem duelava contra vários soldados.

Exausto, mas ainda provocando baixas, Vitã tentava se aproximar de Helena, mas o impacto dos projéteis sobre sua armadura o empurrava lentamente para trás. Os ataques incessantes atingiram o multifuzil, que ficou danificado.

O valente major, desarmado, mas com toda a força que lhe restava, caminhava trôpego. O cansaço tomava conta de seu corpo. Em meio aos ataques, caiu de joelhos. Seu traje energético começou a se desfazer, cintilando.

Aproveitando o último fôlego, ergueu a cabeça e seu braço direito, observando Helena e as lágrimas em seus olhos. Com esforço, ele tentava se aproximar para soltá-la. Em meio aos inimigos, surgiu uma bola de energia, voando em alta velocidade, atingindo o solo perto de Vitã, arremessando-o para longe.

O major caiu desacordado. Os soldados pararam de atacar. O traje de Vitã se apagou.

– Não! – gritou Helena, presa pelos soldados e sem ação.

Muito nervosa e agitada, ela foi levada pelos oficiais. Olhou para trás e viu Vitã caído, desacordado. O comandante, ferido e com dores, assistia à violenta cena. Os soldados se aproximavam do major e arrancaram o minigerador de suas costas. Retiram também seu capacete e parte de sua armadura, arrastando-o desmaiado para dentro de um veículo militar.

Esquadrilhas de Shamash H3 despontaram no céu. Elas passavam em voo rasante, escoltando a nave do Quarto Conselheiro.

– Excelência, iremos pousar no setor Leste, no pátio externo destruído da base-torre. Os reféns estão sendo levados para esse ponto.

– Perfeito, oficial! – respondeu Hansemon, satisfeito, enquanto observava o cenário devastado através de uma escotilha.

Caças em formato de inseto rondavam a nave de desembarque, protegendo seu pouso. Oficiais e soldados do império, perfilados, aguardavam em terra, apreensivos, a presença de seu líder.

Após alguns segundos, a aeronave surgiu, dando início ao processo de aterrissagem em sentido vertical. Todos ficaram temerosos diante da expectativa. O veículo deu um pequeno giro de 45 graus, liberou o trem de pouso e, vagarosamente, chegou ao solo, expelindo uma fumaça esverdeada.

A pesada aeronave fez um leve balanço ao estacionar. Os caças Shamash H3 permaneciam voando em círculos, resguardando o perímetro aéreo e o Quarto Conselheiro de possíveis ameaças aéreas. A escotilha metálica se abaixou lentamente, dando passagem a um pelotão de soldados com uniformes diferentes dos demais.

Eram os soldados de elite da guarda principal do Conselheiro, que desembarcavam, descendo em marcha a rampa de acesso, com suas armas apontadas para cima. Os militares formaram um pequeno corredor humano e ficaram assim posicionados, bem à frente da abertura da nave.

Desceu, então, o Quarto Conselheiro, acompanhado por uma comitiva de arqueólogos, assiriologistas e biologistas. Alguns deles carregavam malas eletrônicas. Passando a tropa em revista, Hansemon parou diante dos oficiais de campo, que prestaram continência.

– Senhores, hoje estou benevolente. Apesar de ter tomado um grande prejuízo com a perda de nossa aeronave DYV, e de vocês terem fracassado na primeira investida com os equipamentos-robôs, não punirei ninguém.

Os oficiais e soldados ficaram desconfiados.

– Hoje é um dia especial para mim e para o império e, por isso, serei benevolente com todos. Não incluirei falhas em meu relatório. Entenderam?

Todos sentiram um imenso alívio, com a inacreditável informação. "*O Quarto Conselheiro, pela primeira vez, fez vistas grossas para um grande problema*", pensou um temeroso oficial de campo.

– Muito bem! Tragam-me os prisioneiros.

– Sim, excelência! – obedeceu outro oficial, que prestou continência e foi para os fundos das fileiras de soldado.

Em pouco tempo, Lemos, Vitã e Helena, algemados, foram empurrados à força por membros do pelotão, até ficarem frente a frente com Hansemon. Os pesquisadores colocaram suas malas no chão e, curiosos, olharam para o grupo.

O Quarto Conselheiro, deixando escapar um leve sorriso, rodeou o trio, examinando-os detalhadamente.

– Até que enfim foi pego, não é, Vitã? – ironizou Hansemon, acrescentando: – Creio que você e sua amiguinha Helena agora não poderão mais atrapalhar meus planos e nem causar prejuízos ao império. Estou certo? – peerguntou, sorrindo com ironia

Helena ficou surpresa, ao ver o líder chamando eles pelos nomes.

– Ora, ora! O major não quer falar? Quem sabe quando estiver na presença do Imperador Lugaleshi Sharrukin, ele não solte a língua? – debochou, gargalhndo zombeteiro

Com expressão de ódio, Vitã encarou Hansemon.

– Major, como teve a coragem de invadir o principal templo sagrado de meu Imperador e envergonhá-lo perante seus súditos? Vocês cometeram uma abominável blasfêmia! Prefiro não saber a sentença que lhes será imputada, mas uma coisa eu digo: seria melhor que morressem aqui, agora, a ter de sofrer torturas na mão do Imperador. O que tem a dizer, major?

Revoltado, Vitã abaixou a cabeça com raiva, enquanto Hansemon o interpelava.

– Bem, nosso amigo não quer falar. Deixemos isso com o Imperador. Comandante, creio que pela hierarquia, o senhor seja mais sensato e abra um diálogo conosco – disse o Quarto Conselheiro em tom sarcástico.

– Sim, posso falar – respondeu ele.

Vitã ficou surpreso ao ver que Lemos concordou com o inimigo.

– Muito bem! Então, teremos conversações. Vejo que o comandante de vocês é um homem ajuizado.

– Por que invadiu minha base? O que quer aqui dentro?

O que é isso, comandante Lemos? Não ignore minha inteligência. Claro que seus majores o avisaram da minha chegada. Além do mais, sei muito bem o que faz aqui dentro desta torre.

– O que está dizendo?

– Hum... não sabe? – gargalhou, olhando para o comandante

– Senhores, não percamos mais tempo, tragam os prisioneiros.

Hansemon fez rodar sua capa de cor púrpura e seguiu para a entrada da torre. Os estudiosos o seguiram. Os soldados de elite marcharam atrás, levando o comandante, Helena e Vitã algemados.

Ao entrarem na construção pela face Norte, o Quarto Conselheiro cumprimentou Nelson, o tenente espião, que os aguardava para guiá-los. Helena ficou revoltada, olhando com ódio para o espião.

– Comandante, meus parabéns! Essa torre realmente é um espetáculo! – elogiou, sarcástico, o Quarto Conselheiro.

– Eu não sou arquiteto e nem engenheiro. Apenas controlo a base. Se quiser agradecer, posso lhe apresentar os construtores – respondeu Lemos, nervosamente.

– Vejo que, mesmo derrotado, ainda não perdeu a pose, não é mesmo, comandante? – disse, rindo da situação e fazendo sinal para um dos soldados que puxava o prisioneiro.

O militar aplicou um soco no abdômen de Lemos.

– Covardes! – gritou Vitã, tentando se libertar.

Helena ficou furiosa com a cena. Hansemon fez mais um sinal e os soldados pararam de surrá-lo.

– Senhores, é tudo muito interessante, mas vamos logo aos fatos – disse o líder para o tenente.

Nelson levou o Quarto Conselheiro e a comitiva para o elevador. Do lado de fora da torre, caças H3 localizavam os veículos terrestres que levavam os cientistas fugitivos.

Os veículos já estavam a dezenas de quilômetros da base, escoltados por poucos soldados da torre, e atravessavam uma antiga estrada da floresta. A pequena escolta de militares sentiu a presença do inimigo por perto e, imediatamente, abriu fogo contra as aeronaves.

A pista à frente deles foi bombardeada, forçando os veículos a pararem. Pesquisadores apavorados abandonaram seus carros e correram para dentro da mata. Os soldados da escolta, em seus jipes, recuaram pelo caminho, tentando despistar os Shamash.

As valentes sentinelas dispararam metralhadoras de plasma para o alto. Mas, infelizmente, os jipes não eram capazes de competir com o terrível poderio bélico do inimigo.

Uma rajada, seguida de grande explosão, arremessou os veículos para os ares. Os cientistas ficaram totalmente atônitos e perdidos e continuaram a correr, em uma fuga sem rumo pela mata.

Dentro da torre, o elevador eletromagnético chegara à plataforma mais profunda. O primeiro a desembarcar foi Nelson, que liderava o grupo. O Quarto Conselheiro e a leva de soldados, pesquisadores e prisioneiros caminharam alguns metros e pararam diante de um gigantesco portal eletrônico.

– Majestade, para podermos avançar, o sistema de segurança tem de ser desativado. Somente o comandante tem a senha de acesso – explicou o traidor, olhando para Hansemon.

– Ouviu isso, comandante? Para podermos passar, é preciso um código.

Lemos ficou cabisbaixo e se manteve calado.

– Comandante, vai nos deixar passar? – perguntou Hansemon, antes de mudar de assunto: – Sim, quase ia me esquecendo de lhe informar. Desculpe-me, minha memória não anda muito boa. Enquanto nos divertimos por aqui, meus homens estão lá fora, brincando de caçar cientistas na floresta. Acionei meus simpáticos batedores para capturarem seu valioso pessoal. Creio que não gostará de ver nenhum deles fora do jogo, não é mesmo? – ameaçou o líder, fazendo um novo sinal para os soldados que carregavam Helena.

Um dos oficias puxou com toda força o braço da major, torcendo-o para trás. Helena berrou de dor. Vitã, cego de ódio, se debateu violentamente para ajudá-la, mas levou um soco no rosto e um chute na barriga, caindo ofegante ao chão.

Lemos ficou rubro de raiva.

– Maldito! – balbuciou o comandante.

– Então, comandante, vai cooperar ou não? Se preferir, posso explodir esse local. No entanto, ficará com um número reduzido de funcionários. Muito prejuízo para um oficial de sua estirpe. Não recomendaria essa estratégia – disse Hansemon.

O comandante refletiu por instantes. Por fim, respirou fundo e ergueu a cabeça.

– Se deixar meus oficiais e cientistas vivos, eu farei o que for necessário!

– Não! Não faça isso! Não dê o que ele quer! – implorou Vitã, apreensivo.

– Senhor, não confie nele! – emendou Helena, sendo levantada pelos soldados.

Lemos ficou hesitante.

– Ora! Ora! Temos um acordo aqui? Fique tranquilo, comandante. Se cooperar, dou minha palavra de que libertarei seus cientistas e os majores.

– Certo, vou cooperar! Preciso que me soltem!

– Soldados, soltem-no! – ordenou Hansemon.

Machucado, o comandante caminhou à frente, com dificuldade, e se aproximou de uma pequena coluna eletrônica à esquerda.

– 3345txw49511! – pronunciou o código.

A senha desativou o sistema de segurança, e o pesado portal blindado emitiu um sonoro estalo de tom metálico e se abriu lenta e pesadamente.

O Quarto Conselheiro sorriu, satisfeito.

– Perfeito! Isso é magnífico! Comandante, por favor, seja um bom anfitrião. Vá na frente e nos guie.

Sem opção, Lemos abriu caminho no recinto. Os soldados foram logo atrás, arrastando o casal de majores, seguidos pelo líder e demais integrantes da comitiva. Entraram em uma espécie de gruta mal iluminada, que os levava para baixo, através de corroídas escadas de pedra.

Os arqueólogos e assiriologistas do império ficaram surpresos com o que viram. Nas paredes da caverna, antigas inscrições cuneiformes e muitos desenhos talhados em baixo relevo.

O Quarto Conselheiro interrompeu a caminhada. Farraj e a equipe de pesquisadores abriram suas malas eletrônicas e retiraram pequenos equipamentos. Rapidamente, começaram a analisar os símbolos expostos.

– Muito interessante este lugar! Creio que tenha sido também residência de povos que viveram antes do dilúvio, não é mesmo, comandante? – indagou Farraj, o assiriologista.

Hansemon, com alegria estampada no rosto, se mostrava feliz por comprovar as evidências que o deixavam cada vez mais próximo de seu objetivo.

– Este local foi construído há milênios pelos antigos, para proteger o homem de sua própria ganância – explicou Lemos.

–Sim, e o que mais, comandante? – questionou, em tom de escárnio.

– Conselheiro, o universo é controlado por forças e leis que não podem ser explicadas pela vã compreensão humana. Não será você e seu pequeno reino maligno que irão decifrá-las.

Lemos conseguiu, enfim, mudar o semblante do grande líder.

– Não fale asneiras! Não tente me humilhar perante meus súditos! Posso mudar de atitude em relação a você, e isso não vai ser nada agradável, entendeu?

Cabisbaixo, o comandante se calou. Assiriologistas eufóricos se aproximaram do Conselheiro.

– Excelência! Excelência! Inacreditável! Estas inscrições são semelhantes as que encontramos em nossos territórios, décadas atrás!

– E daí, Farraj?

– Grande Hansemon, essa parte das inscrições completam os relatos que nós temos!

– Mas o que dizem, então, os relatos?

– Falam sobre o primeiro casal de humanos que surgiu na Terra e como deram origem aos povos.

– Sim, mas o que isso tem a ver com a árvore que procuramos?

– Senhor, as inscrições mostram que esse casal desobedeceu as restrições impostas e consumiu da árvore. Como castigo, foram banidos da região que habitavam. Essas inscrições nos dão um aviso para não nos aproximarmos da árvore!

Hansemon balançou a cabeça em sinal de desaprovação.

– Meu caro, isso me faz lembrar dos hieróglifos do Antigo Egito, que mostram lendas e maldições Pura superstição! Nas tumbas do faraós têm vários desses relatos para amedrontar imbecis! Venha, vamos ver o que interessa! – disse Hansemon, ignorando os pesquisadores.

A caravana do Império prosseguiu pelas antigas escadas de pedra. Na descida, morcegos debandaram em revoada e foram espantados. Água pingava do teto em vários pontos, formando pequenas piscinas nas rochas.

Raízes de árvores enroscadas em estalagmites, musgos e cogumelos lotavam as paredes da caverna. Um lagarto pulou de uma pedra para outra, se escondendo entre as frestas. Insetos peçonhentos infestavam o local.

Lacraias e escorpiões perambulavam por todos os cantos. Aranhas de tamanhos, cores e formas diferentes balançavam em suas teias. O grupo parou. Havia um enorme portão de ferro à frente.

– Comandante, o que significa isso? Estamos no caminho certo? – perguntou o Conselheiro.

– Sim, esse é o último obstáculo.

– Então, vamos. Nada de gracinhas ou o seu pessoal morre, entendido?

Calado e balançando a cabeça em sinal afirmativo, ele seguiu em frente, puxando a argola enferrujada do portão. Com ajuda de três soldados, o empurrou para o lado. A comitiva ingressou pela passagem e prosseguiu, descendo a velha escadaria.

Após alguns minutos de caminhada pela sinuosa e apertada entrada, surgiu uma luz no fim do túnel. Hansemon sorriu. Eufórico e entorpecido pela ansiedade, passou à frente do comandante.

Os soldados forçaram o resto do grupo a andar mais depressa. Com passadas rápidas, o Quarto Conselheiro chegou ao outro lado da caverna. A claridade ofuscava sua visão, obrigando-o a proteger seus olhos com as mãos.

No entanto, assim que conseguiu enxergar novamente, não acreditou no que presenciava.

– Pelos deuses! Inacreditável! – surpreende-se, desnorteado com a descoberta.

"*Meu Deus! Então, existe mesmo?*", pensou Vitã, esfregando os olhos.

– Que maravilha! – exclamou Helena, tentando se acostumar com a claridade.

Soldados e pesquisadores ficaram boquiabertos de emoção, mesmo com dificuldade de visualizar o rutilante tesouro. Lemos, a contragosto, assitia àquela cena sem poder se opor.

Diante da comitiva, um amplo pavilhão de pedra, com teto altíssimo, incrustado de cristais cintilantes. Em sua parte central, havia uma grande abertura por onde penetrava singular luminosidade.

Ao fundo, uma cachoeira subterrânea formava um lago de águas cristalinas, onde pequenos peixes e crustáceos transitavam em seu leito. Plantas e flores exóticas compunham o magnífico cenário.

Tudo era atraente e inédito. No entanto, nada se comparava à beleza majestosa de uma árvore, esplendorosa, que imperava em frente ao lago, bem no meio da caverna. Dotada de um longo tronco e galhos grossos, ela ostentava largas folhas de um verde claro e frutos curiosos de cascas brancas, lembrando o formato de peras.

Vitã e Helena, de olhos arregalados, não acreditavam que viam a incrível árvore.

Os biólogo da equipe de cientistas, tomados pelo impacto e eufórico, abriram novamente suas maletas futurísticas e, agarrando apetrechos tecnológicos, passaram a rastrear a incrível árvore, enquanto que Nelson, o tenente traidor, estava visivelmente desnorteado.

– Eu sabia! Meus instintos nunca falham. – Gargalhou o Quarto Conselheiro. – Eu tinha certeza de que iríamos encontrar este tesouro! Hoje é um dia muito especial para nosso reino. Seremos os primeiros a mostrar esta árvore magnífica ao mundo! – comemorava Hansemon, ansioso e emocionado como uma criança.

O biólogo, com seu equipamento ativado, rastreava incessantemente a árvore, estudando em profundidade toda a estrutura orgânica.

– Minha nossa! – exclamou o cientista, espantado com os resultados de sua pesquisa

– O que houve, Abid? – indagou Hansemon.

– Não é possível! A composição orgânica desta árvore é diferente de tudo que já vi.

– Que diferença é essa, fale logo! – ordenou Hansemon.

– Senhor, meu aparelho mostra que há vários tipos de composição mineral correndo pela seiva desta árvore, misturas exóticas de baixa radiação que estão alimentando suas células!

Todos dentro da caverna ficaram curiosos com a nova informação.

– Você quer me dizer que minerais alimentam a árvore? – perguntou Hansemon, olhando curioso para Abid.

– Isso mesmo, meu senhor, é inacreditável! Esta árvore é um vegetal que se alimenta de minerais exóticos. É algo espetacular, e nunca vi nada parecido antes – comentou o pesquisador, conferindo incessantemente os gráficos de seu seu aparelho.

– Bem, é realmente interessante, e mostra que esta árvore não pertence a este planeta. Isso me deixa ainda mais ansioso para comer seus frutos.

Farraj se aproximou apressado do Quarto Conselheiro, ao ouvir a última frase.

– Excelência, se quiser consumir os frutos, será necessário fazermos o ritual descrito nas placas cuneiformes. Podemos iniciá-lo?

Hansemon, curiosos e hipnotizado pela beleza da árvore, concordou com a ideia. Pouco se importava com as lendas. Buscava apenas o poder.

Lemos, Vitã e Helena permaneciam juntos, encostados em uma das paredes da caverna, sob a vigilância de quatro robustos soldados que observavam o estranho ritual de seus superiores.

Vitã olhou para os lados e para os guardas, tentando enxergar alguma possibilidade de ação. Estava preocupado com Helena e, aproveitando a distração dos guardas, se aproximou com cautela da major.

– Vitã, eu estou com medo. Não sei se conseguiremos sair desta – sussurou, ao pé do ouvido do major.

– Helena, não se preocupe, vou descobrir uma forma de nos tirar daqui, confie em mim.

A oficial momentaneamente se encostou ao corpo de Vitã, como se quisesse abraçá-lo, buscando alento.

– Helena, quero que saiba que se sairmos desta, gostaria muito de ficar com você – sussurrou ele ao seu ouvido.

Apesar de triste e cabisbaixa, ela deixou escapar um sorriso.

– Vitã, você me deixou contente nesses últimos dias. Gostei muito de ver como você age com as pessoas e com a natureza. Confesso que você me surpreendeu, e fico feliz em saber que tenho um amigo de bom coração.

Vitã a encarou, sorrindo, mas teve sua atenção desviada quando Helena olhou para o lado, espantada, vendo a aproximação de um militar.

Um dos soldados, vendo a falha que tinha cometido, se aproximou rapidamente e bateu com o cabo de sua arma nas costas do major, que caiu de joelhos ao solo, enquanto o militar xingava em sua língua nativa.

Por sorte, o golpe não tinha sido muito forte, e Vitã levantou lentamente.

– Não se preocupe, Helena, vamos sair daqui em breve – falou, todo empoeirado, sendo arrastado para perto do comandante.

– Vitã, você está bem, meu jovem?

– Sim, comandante, estou bem. Senhor, será que há algum jeito de sairmos daqui? Podíamos tentar nos livrar e pegar a arma de um dos soldados, e obrigá-lo a nos soltar.

– Vitã, como podemos agir se estamos presos as estas algemas? Confesso que não sei o que fazer – comentou, resignado.

– Tenho que pensar em algo, senhor – respondeu o jovem oficial, contorcendo as mãos, tentando se livrar das algemas.

– Estamos num beco sem saída, major. Estou receoso por saber que capturaram nosso pessoal na floresta e... argh!

Repentinamente, os soldados chutaram o comandante para que ele se calasse. Vitã tentou partir para cima dos agressores, mas eles apontaram suas armas em sua direção, o deixando sem ação.

– Larguem eles, miseráveis! – ordenou Helena, sendo arrastada por um dos inimigos.

Um dos soldados colocou os três juntos, de joelhos, esbravejando algo em sua língua nativa.

Enquanto isso, no centro da caverna, debaixo da árvore, os asseclas de Hansemon, com ajuda dos militares, abriram suas várias malas tecnológicas, e delas retiraram estranhas roupas e curiosos artefatos de ouro, e começaram a se vestir com curiosos mantos bordados.

– Senhores, precisamos preparar o Conselheiro – informou um dos pesquisadores, tocando levemente as peças.

Arqueólogos desenrolaram túnicas de linho fino, separaram uma tiara prateada e colares de ouro e desembrulharam um cajado. E o Conselheiro foi preparado para a cerimônia.

– Senhor, seguimos todas as instruções descritas nas placas de Zargal e daremos início ao ritual. As peças criadas por nossos ourives são essas. E o linho é da melhor procedência. Já podemos começar.

Hansemon, com sorriso diabólico, olhou para os prisioneiros. Usando trajes religiosos, parecia incorporar o Senhor do Mundo. Porém, antes de iniciar os trabalhos, chamou um dos serviçais, sussurrando em seus ouvidos.

– Assim que sairmos dessa caverna, quero que mate todos. Não levaremos prisioneiros. Entendeu?

– Correto, majestade.

– Então, vá!

Ajoelhados, os majores viram de longe o quarto conselheiro vestido com a estranha vestimenta.

"Pelo menos esses malditos oficiais serviram para alguma coisa: me ajudaram a descobrir o poder"! – pensou, com um sorriso maligno.

– Senhor, já podemos ir para debaixo da árvore – disse Farraj.

Com o cajado na mão esquerda, Hansemon caminhou e fixou o olhar em um fruto próximo, pendurado em um galho baixo. Sabia que o consumiria após o ritual. Todos observavam o Quarto Conselheiro com curiosidade, metido em panos ritualísticos.

Os pesquisadores formaram um círculo em volta de Hansemon e, de mãos dadas, começaram a entoar um estranho cântico em uma antiga língua morta. O chefe dos assiriologistas entrou na roda com a última placa prateada deixada por Zargal e começou a pronunciar seu significado.

Um vento leve, uma espécie de vórtice soprou entre os membros da cerimônia. Um leve assovio ecoou, enquanto o leito do lago agitava-se progressivamente. Luzes faiscantes foram emitidas dos cristais no teto. Ainda de mãos dadas, o grupo forçosamente entoava palavras e sons perdidos no tempo.

Hansemon, de braços abertos, via toda a árvore se iluminar como por encanto. Faixas luminosas giravam em volta do tronco, e os seus frutos cintilavam.

Afastados, os oficias capturados escutavam ruídos. Levantando as cabeças, enxergaram o inusitado. Toda a árvore irradiava luzes. O comandante, com expressão de espanto, percebeu a árvore emitindo pulsos luminosos.

Uma brisa uivante dançava sedutora em torno da equipe de pesquisadores, e as luzes vibravam ainda mais intensamente.

Sem quebrar o círculo, os cientistas cessaram o incompreensível cantar. Hansemon, de olhos vidrados, se concentrava no fruto resplandecente à sua frente.

Farraj terminou de ler as últimas inscrições da placa e se dirigiu ao líder.

– Excelência, apanhe um fruto agora e o coma – orientou ele, apontando para os galhos.

Hipnotizado pelas luzes, pelo vento e pelo brilho, o Conselheiro nada falou. Aproxima-se mais da árvore e colheu um fruto cintilante. Vitã, sem conter a curiosidade, ergue-se para observar os acontecimentos.

Tomada pela admiração, Helena via luzes e pequenos redemoinhos a correr pela caverna.

Os soldados que vigiavam os militares prisioneiros também se viam espantados pelos incríveis efeitos da árvore.

Quase desfalecendo de emoção, o Conselheiro apreciou o fruto mágico que brilhava em sua palma da mão.

— Coma-o! Não deixe que se apague! – alertou o pesquisador-chefe.

Hansemon rapidamente aproximou o fruto de sua boca, tirou um naco, mastigou poucas vezes e engoliu toda a energia concentrada. O zunido dos ventos, o faiscar dos pequenos raios e o tremular agitado das águas do lago ainda eram perceptíveis. Uma grande expectativa tomava conta de todos.

Ao virar-se na direção contrária da árvore, o Quarto Conselheiro percebeu seu corpo inteiro brilhar, sentindo uma grande euforia, um pleno estado de expansão, como se sua alma tivesse visitado outros planos da existência. Ele foi tomado por um grande bem-estar.

— Eu estou bem! Eu estou bem! Deu certo! – comemorava ele, apalpando-se e notando sua pele modificada.

Pesquisadores curiosos, vendo a mudança física de seu líder, passaram a usar aparatos médicos e a rastrear o corpo de Hansemon.

— Inacreditável! Nossos sistemas indicam que todo seu organismo contém traços de minerais exóticos. A classificação de um deles mostra que é parecido com o silício. Seu corpo emite uma baixa radiação e está revestido por uma fina película que parece ser um tipo de cristal flexível – informou o líder do grupo científico.

Os efeitos dentro da caverna não cessaram. Luzes e ventos dominavam a área. Os pesquisadores aplaudiram o Conselheiro, que saboreava um estado de êxtase.

Com novo aspecto, e sentido um poder indescritível, foi a frente e, girando nos calcanhares, parou defronte a um militar.

— Senhores, o grande momento chegou! Quero que monitorem o que vai acontecer. Provarei minha imortalidade! – bradou Hansemon, com uma certeza em mente, brilhando ainda com mais intensamente e tornando seu corpo mais rígido.

— Oficial, dispare sua arma contra o meu corpo! – ordenou o líder.

Ninguém entendeu a reação do Quarto Conselheiro. O militar ficou temeroso com a ordem. Os cientistas, frente a atitude do líder, se apressaram em verificar os gráficos de seus aparelhos.

— Vamos, dispare! – berrou ele, convicto de que passaria no teste.

As luzes insistiam. O vento emitia um fraco chiado, mas ainda se mostrava presente. Sem opção, temeroso, o militar apontou sua arma para o ombro esquerdo do conselheiro, decidido a não acertar pontos vitais em seu líder.

– Vamos, miserável, atire! – bradou, ansioso.

O soldado, sem opção, deflagrou sua arma para cima do Quarto Conselheiro.

O inacreditável aconteceu. O projétil, em seu voo mortal, atingiu o ombro do Quarto Conselheiro, mas de modo espantoso não lhe casou dano algum, batendo-lhe contra o ombro e ricocheteando.

Os cientistas consultaram seus equipamentos e rapidamente perceberam pelos gráficos que Hansemon estava bem, e que sua pele, na altura em que o projétil acertara, se apresentava com rigidez maior do que aço especial de blindagem.

O Quarto Conselheiro gargalhou alto, fazendo sua pele voltar ao normal.

Helena, mais ao longe, não resistindo à curiosidade, se erguera um pouco e testemunhara o inacreditável resultado.

"O que será de nós agora? Ele conseguiu o que queria!", pensou, surpresa.

Vitã, de olhos vidrados e muito espantados, percebeu que a situação não era nada boa.

– Malditos! – berrou o comandante.

O Quarto Conselheiro, eufórico, parecia um ser de outro mundo. Ele passou a mão pelo corpo, sentindo a fina camada mineral que lhe envolvia, tendo a certeza de se tornara um imortal.

Após um instante, se distanciou da árvore e foi em direção aos prisioneiros.

A comitiva o seguiu.

– Comandante Lemos, é uma pena que um líder de sua estirpe não tenha usufruído dos frutos desta árvore. Acho que não estaria nessa situação degradante.

Lemos, com raiva estampada no rosto, o encarou. se levantando.

– Hansemon, pensei que você fosse mais inteligente, mas me enganei, você é somente um idiota que brinca com a própria vida! – disse Lemos, por entre os dentes cerrados.

Hansemom lhe deu um tapa no rosto, gargalhando ao ouvir as frases do comandante.

Vitã e Helena tentaram se aproximar de seu comandante, mas foram barrados pelos soldados.

– Lemos! Lemos! Lemos! Eu em breve pretendo dominar o oriente, e com este novo poder, quem sabe até o mundo! – disse, sarcástico, colocando a mão sobre o ombro do comandante que respirava ofegante.

– Hansemon, você é louco! Não sabe com que está lidando!

– Comandante, esbravaje à vontade, mas sua hora já passou. Só tenho que lhe agradecer, por guardar esta árvore para mim – disse em tom hirônico, afastando-se.

O comandante, extremamente nervoso, se debatia, tentando se livrar das algemas, mas foi forçado pelos soldados a se ajoelhar novamente.

– Ora, o que é isso, comandante? Parece um lunático! Está apavorado? Não se preocupe, não serão torturados, não quero reféns desta vez. Você e toda sua equipe ficarão por aqui mesmo. Tem minha palavra de que seu fim será rápido! Homens, podem dar cabo deles, agora! – berrou Hansemon, rindo da situação.

Mesmo algemado, Vitã correu para frente de Helena.

Os soldados miraram as armas em direção aos prisioneiros, prontos para disparar.

"Não"!

Para o espanto de todos, uma voz profunda surgiu das entranhas da Terra, como o som de trovão a sacudir as paredes da caverna. Um pequeno desmoronamento de rochas encheu de temor o coração dos homens.

Atordoado, Hansemon e sua equipe tiveram a atenção voltada para a grande árvore. Ela desprendeu uma energia poderosa, como se fosse pegar fogo. A força tomou conta do cenário. Perante os olhos dos presentes, a caverna parecia se desmaterializar, dando lugar a uma paisagem exótica, deixando a todos vislumbraram uma outra dimensão, um outro plano de existência.

Era possível se observar um imenso vale coberto de vegetação desconhecida, criaturas de quatro patas que corriam ao fundo ou seres alados que riscavam o ar rapidamente. Um imenso rio o cortava, abastecendo toda sua estranha biodiversidade.

De onde estavam, no alto de um monte, podiam vislumbrar uma formidável edificação, composta por altíssimas colunas de cristal azulado, e, mais ao fundo, uma magnífica metrópole alienígena.

No céu, sobrevoava a mais curiosa raça de seres alados, além de algumas aeronaves de formatos e tamanhos diferenciados. Havia algumas estrelas no firmamento, em pleno dia, juntamente com três grandes planetas, um com tom esverdeado e os outros dois com a tonalidade do barro.

Todos ficaram espantados ao ver se aproximar um grupo de alienígenas, pequenos humanoides, à frente de quatro gigantes barbudos de três metros e de armaduras prateadas.

Em meio a eles, dois seres com aparência humana usando trajes espaciais com um brilho como do arco-íris, se destacaram, aproximando-se, curiosos, e observando o grupo de humanos perto da árvore.

Pesquisadores e militares, pasmos diante dos fatos, tentavam achar alguma saída, mas, por algum motivo, seus corpos ficaram paralisados. Vitã, Helena e o comandante, em pé e com os olhos vidrados, observavam o indescritível.

Nesse momento, a voz das profundezas também invadiu os céus.

"Vocês são malignos! No começo do universo, os filhos do senhor do tempo habitavam essa dimensão, e esse lugar que chamam de Terra é apenas uma passagem para vocês. Mas nem todos poderão ver a outra face desse tempo, devido às suas más condutas.

A árvore do universo foi gerada para que, no final da Terra, só aqueles que praticam o que é certo possam entrar na dimensão que você agora veem, e conhecer o senhor do tempo.

Mas o Mal, o homem de coração maligno e seus exércitos serão sempre destruídos pelos guardiões das espadas flamejantes, se ousarem comer do fruto desta árvore sagrada!

"E assim sempre foi e sempre será. Que seja cumprida a lei do senhor das dimensões!" – finalizou, vociferando a voz enigmática.

O cenário fantástico desvaneceu, dando lugar à caverna novamente.

Estalos. Ruídos. Tremores. Vendaval. Redemoinho de fogo. Luzes faiscantes. Pontos luminosos. Calor!

— Estou cego! Estou cego! Façam alguma coisa! — urrava Farraj, tomado pela pior das dores e correndo a esmo com a mão sobre os olhos.

Os soldados e os pesquisadores, apavorados, não conseguiam mover seus corpos. Nelson, o tenente traidor, chorava, ao notar que estava imobilizado. Hansemon muito espantado caiu de joelhos, com a mão sobre o pescoço.

De sua pele surgiam vários pontos que borbulhavam. A carne e os ossos do Quarto Conselheiro ferviam lentamente. O vento continuava a soprar com violência e o calor entorpecia suas almas. Gotas de luz se desprendiam dos frutos, que voavam a favor da corrente de ar.

No céu sobre a Amazônia, todas as nuvens se tornaram escuras e ameaçadoras, com trovões e relâmpagos como nunca se tinha visto antes. O firmamento parecia querer desabar sobre o mundo.

Barulho dentro da caverna... pequenos redemoinhos de energia cobria os corpos dos soldados e começava a desintegrá-los. Aos berros, começaram a se tornar um pó translúcido.

Sobre o céu enegrecido da Amazônia, entre raios e trovões, surgiu uma incrível anomalia, uma colossal espiral de energia azulada, de dentro da qual saíram milhares de vultos luminosos, de cinco metros de comprimento, voando em extrema velocidade, provocando pequenos tornados e se agrupando no céu.

Dentro da caverna, caído, Hansemon ardia de dor, testemunhando a fúria dos seres de outra dimensão.

Por sobre a mata, ouviu-se um forte estampido, todas as formas de luz voando como se fossem pequenos meteoros rumo às grandes naves do Império.

O general Sadagat, no controle principal da nave-mãe, ficou atônito quando percebeu os vultos que se aproximavam, sem nada entender.

Os espectros de energia, com velocidade incomensurável, perseguiram todos os caças Shamash H3 sobre a grande floresta e, um a um, começaram a destruir o poder bélico dos inimigos, os pilotos surpreendidos, ao serem tomados de assalto pelos impulsos energéticos vindos da grande espiral.

Em questão de segundos, os vultos dispararam uma descomunal onda de energia contra a fuselagem das máquinas voadoras, os aeródromos, destroçando naves, caças e todo o aparato aéreo, sem deixar vestígios, tamanha a força que consumia tudo a sua volta.

A Floresta Amazônica assistia a um verdadeiro espetáculo pirotécnico. Algumas formas luminosas, em voo rasante, passaram rente ao solo, eliminando aeronaves pousadas, máquinas, robôs e soldados do império. Os cientistas da torre, presos pelos invasores, foram libertados pelas forças da luz.

Dentro da caverna, estudiosos, oficiais e soldados do Império berravam, vendo seus corpos se transformar em estatuas de cristal e desintegrar. Hansemon, gritando e muito apavorado, presenciou os últimos acontecimentos sentindo seu corpo ser atingido por feixes luminosos, e viu quando sua pele se tornou endurecida, seu último berro morrendo em sua garganta e despencando para trás, se quebrando e se transformando em pó translucido.

Os majores, ao lado do comandante Lemos, permaneciam em pé estarrecidos observando o incrível cenário e a força desconhecida em ação. Na área externa da torre, não havia mais equipamentos, aeronaves ou soldados do império. Tudo fora reduzido à cinzas.

Os vultos luminosos terminaram a missão. Agrupando-se em pleno ar, voaram com velocidade incomensurável para dentro da imensa espiral de energia e rapidamente transpassaram as barreiras do tempo, desaparecendo na imensidão, junto à espiral.

Dentro da caverna a luz da árvore cessou. O vento carregou o pó dos corpos e o tremor interrompeu-se, tudo se tornando calmo e silencioso. Naquele momento, somente o ruído da cachoeira subterrânea podia ser ouvido.

Epílogo

Vitã percebeu a calmaria e se levantou, ainda espantado, e examinando tudo em volta se limpando. Perto de onde estava, descobriu as chaves das algemas caídas no chão, libertando Helena e Lemos. Com espanto e curiosidade, todos constataram que o mal havia mesmo perdido.

Lemos andou de um lado para o outro, com olhar serio, examinando detalhes dentro da caverna e se sentindo aliviado.

– E os pesquisadores? Ainda estão prisioneiros? – Perguntou Helena, olhando preocupada para Vitã.

– Temos de verificar se há mais inimigos lá fora. – conclui Vitã, se dirigindo ao comandante.

Com preocupação, Lemos encontrou um pequeno comunicador no chão. Espanando a fuligem com as mãos e, após algumas tentativas, conseguiu fazer contato com o programa de inteligência artificial da torre.

– SNO, onde estão os pesquisadores da base? Localize-os para mim.

– Senhor, registro os sinais vitais dos cientistas. Todos estão vivos, no interior da Floresta Amazônica, a alguns quilômetros deste ponto. – Orientou, mostrando as coordenadas.

– Graças! – Suspirou o comandante.

Helena deixou escapar um sorriso com os acontecimentos, ao ver Vitã se aproximar dela.

– SNO, e as naves inimigas?

O sistema demorou alguns segundos para responder.

– Senhor, os aeroportos voadores, as naves de grande porte e todos os caças inimigos foram completamente exterminados por forças desconhecidas aos meus sensores.

Dentro da caverna, os ex-prisioneiros comemoravam e se abraçavam, ao ouvirem a boa notícia.

– Senhor, então quer dizer que, além de dar vida eterna, esta árvore é uma espécie de portal para uma outra dimensão? – perguntou Helena, curiosa.

– Eu não sei muita coisa a respeito e, assim como vocês, também estou espantado com tudo que aconteceu. Só sei que esta árvore era diferente e foi trazida para cá há muito tempo, a fim de ser protegida do alcance de ditadores. Minha missão maior, nesta torre, era protegê-la, como fizeram antigos oficiais da Amazônia. Seu verdadeiro lugar é no Oriente Médio, e é para lá que ela será mandada, assim que tudo estiver resolvido no planeta. – comentou olhando tudo a sua volta. – Venham, vamos, depois falarei mais a respeito. Agora, estou muito preocupado com nosso pessoal, e como será a reconstrução da base torre. Precisamos sair logo daqui. Vocês precisam fazer exames e descansar. Passaram por muitas coisas ruins – complementou, caminhando à frente do casal.

Vitã se aproximou de Helena e segurou suas mãos, olhado-a nos olhos.

– Estou muito feliz por ter dado tudo certo, Helena. Gosto muito de você e não iria me perdoar se algo de ruim tivesse acontecido. Eu quero muito que v...

Helena abafou a de Vitã com um forte beijo em seus lábios.

O comandante, se virando e vendo o casal abraçado e se beijando, pigarreou.

– Desculpe, senhor – falou Vitã, se recompondo, meio envergonhado

– Não foi nada, Vitã – respondeu o comandante, sorrindo e indo à frente.

– Vitã, acho que precisamos de umas férias. – Sugeriu Helena olhando para o comandante que sorria.

– É uma ideia bastante justa, senhorita. Pois bem, considerem-se de férias! – concordou Lemos.

– Vitã, eu aceito seu pedido – disse Helena, beijando-o novamente.

– Helena, iremos nos divertir muito – comentou ele, seguindo apressado e puxando a namorada para perto do comandante.

Sorridente, Helena virou-se para o comandante:

– Este líder não contava com este imprevisto, não é mesmo?

— Sim, senhorita, um imprevisto. Como dizia o antigo poeta, havia uma pedra no meio do caminho...

Abraçados, os sobreviventes sorriam aliviados e logo alcançam a saída da caverna secreta.

Equipes de cientistas militares e políticos corriam, meio apavorados, para a primeira sala do trono, quando escutaram os alarmes estridentes dentro do Império.

Tudo estava em polvorosa dentro da fortaleza de Nova Mesopotâmia, com um Imperador extremamente irritado com coisa que nunca tinha presenciado em sua vida. Ao assistir as imagens flutuantes e percebe a destruição de seu poderio bélico, constatou que sua enorme frota voadora havia sido aniquilada por forças estranhas, dentro da Amazônia.

Andando de um lado para outro, acompanhado de assustados assessores, ele estava transtornado.

— Maldição! Não acredito que o Quarto Conselheiro falhou em sua mais importante missão! Como ele foi pego naquela região? Não consigo entender, eu sei que as forças armadas da Amazônia não têm tanto poder para nos vencer no ar! Como isso foi acontecer? — perguntou, berrando para seus assessores, que se aproximavam.

Vários grupos de cientistas espantados tentavam lhe responder a pergunta intrigante, quando um deles se destacou entre os demais.

— Majestade, minha equipe conseguiu, através dos nossos recursos, descobrir o que eram aqueles vultos de energia que nos atacaram.

Lugaleshi girou nos calcanhares, olhando para o pesquisador à sua frente.

— Então... me diga, que força e essa?

O pesquisador foi para o meio do salão e, colocando luvas paramétricas e um quadrivisor, mostrou imagens holográficas dos vultos luminosos. Através de gestos, foi ampliando e depurando as imagens, revelando de que se tratava os vultos de luz. Lugaleshi não acreditava no que via.

— Mas isso é impossível!

As imagens, agora congeladas e amplificadas, mostravam veículos aéreos poderosos.

— Mas... mas isso é possível?

– Sim, majestade, é possível. As aeronaves que derrotaram nossos homens têm a mesma aparência da aeronave que temos em nosso poder.

– Estou vendo, são artesanatos voadores!

– Sim, majestade, os registros o confirmam.

O Imperador passou de uma expressão de raiva para a curiosidade.

– Minha nossa! Mas então... existem mesmo os deuses?

– Senhor, as naves não são deste planeta.

– Sim, essas aeronaves pertencem ao passado da humanidade. Eu devia ter prestado mais atenção nas placas e não só na imortalidade. Há mais coisas envolvidas nisso tudo.

Um físico importante da Companhia do Império se levantou e se pronunciou, atraindo a atenção de Lugaleshi.

– Senhor, os meus homens estão estudando as imagens. Alguns cogitaram que esses veículos passaram por uma espécie de Buraco de Minhoca que se formou sobre o céu amazônico. Em breve, teremos mais detalhes do que realmente aconteceu, senhor.

– Buraco de Minhoca, uma passagem dimensional?

– Sim, majestade. De alguma forma, aqueles seres conseguiram abrir tal passagem em nossa atmosfera. O ataque também comprova que há vida fora da Terra.

– Esses deuses ou alienígenas agora me preocupam. Quero de imediato que todos os cientistas deste império se empenhem e se aprofundem nas imagens colhidas e nos estudos, em relação a essas aeronaves alienígenas. E, senhores, quero saber com o que estamos lidando e de onde vieram. Tenho que rever as placas cuneiformes de Zargal e encontrar mais pistas.

O Imperador olhou os subordinados por um instante.

– Há muito mistério envolto nessa história. Quero que estudem profundamente o equipamento alienígena e descubram a fonte de sua energia. Sei agora que ela possui armas extremante poderosas e quero saber todos os seus detalhes tecnológicos, bem como de onde veio. Vamos tentar copiar esse veículo para potencializar nossos equipamentos de guerra. Se conseguirmos dominar tal força, poderemos vencer tudo e a todos, e quem sabe até uma outra dimensão – disse, olhando para as imagens e encerrando suas ordens.